En un acto

DIEZ PIEZAS HISPANOAMERICANAS

Second Edition

Edited by

Frank Dauster
Rutgers University

Leon F. Lyday
The Pennsylvania State University

HH **Heinle & Heinle Publishers, Inc.**
Boston, Massachusetts 02210 U.S.A.

Cover Design
Carol H. Rose

Illustration
Dave Blanchette
of Phil Carver & Friends, Inc.

Production
Joan M. Flaherty

Manufactured in the United States of America.

ISBN 0-8384-1229-7

10 9 8 7

Contenido

Preface v

Introduction vii

Sergio Vodanović 1
El delantal blanco 3

Carlos Solórzano 17
✓Los fantoches 19

Antón Arrufat 37
La repetición 39

Emilio Carballido 53
✓El censo 55

Gabriela Roepke 69
Una mariposa blanca 71

Demetrio Aguilera-Malta 91
El tigre 93

Virgilio Piñera 111
Estudio en blanco y negro 113

José de Jesús Martínez 123
✓Juicio final 125

Osvaldo Dragún 147
Historia de un flemón 149

Jorge Díaz 159
El génesis fue mañana 161

Vocabularios
Español–Inglés 183
Inglés–Español 213

Preface

En un acto: Diez piezas hispanoamericanas is the second edition of a collection of one-act plays for intermediate Spanish courses or as an introduction to Spanish-American theater. It may also be used as a supplement to a general survey of Spanish-American literature. The plays have been selected for their literary merit, and the texts have not been altered in any way. The authors included represent seven Spanish-American countries.

In preparing this revised edition, the editors have deleted two plays from the original text *(El juego sagrado* and *El Mayor General hablará de teogonía)* and have added three new ones in their stead: *Una mariposa blanca* by Gabriela Roepke; *Estudio en blanco y negro* by Virgilio Piñera; and *Historia de un flemón* by Osvaldo Dragún. Each of these three plays has achieved acclaim in its own country, and together they afford the anthology added variety in theme and type. The engaging whimsical humor of *Una mariposa blanca,* the absurdist-tinged dialogue of *Estudio en blanco y negro,* and both the innovative form and biting satire of *Historia de un flemón* make for fascinating reading. In addition, all three works are linguistically viable at the intermediate level, and each lends itself to staging in a classroom or club environment.

The book opens with a short introduction in English on the theater in Spanish America. The plays follow in order of linguistic complexity, with footnotes for unusual or complicated constructions and for unfamiliar references. Each play is accompanied by a brief commentary in English about the dramatist and his works and is followed by a set of exercises consisting of (1) *Preguntas:* questions in Spanish, pinpointing the action and ideas of the play, to be answered orally in class or in written form); (2) *Temas:* a group of statements stressing the underlying themes and idea of the play, which may be the subjects of written compositions or of prepared discussions; and (3) *Modismos y expresiones:* a set of sentences to be expressed in Spanish, each utilizing one of a supplied list of idioms and unusual constructions.

The editors are convinced that the one-act play is especially well suited as a vehicle to develop the nascent language skills stressed in intermediate courses. Its relative brevity, concentration on the spoken language, lack of extraneous descriptive and narrative materials, and the immediacy of its dramatic element all promote the development of oral and written skills.

Introduction

Although little known until recently, there has been theater in Spanish America since before the Conquest by the Spaniards. The chroniclers of the Conquest repeatedly commented on certain dances and spectacles they called *comedias,* a term that in the sixteenth century meant much the same as our modern *play.* They were especially prevalent among the Maya of Yucatan and the surrounding area, the Aztecs of central Mexico, and the Quechua or Inca of Peru and the Andean highlands. The *comedias* seem to have varied a good deal, but we have some idea of their basic form from the *Rabinal Achí,* a Mayan dance-drama discovered in the nineteenth century. It is characterized by a clear ritual nature with an ending closely resembling a rite of human sacrifice.

Within a few years of the Conquest, the transplanted Spaniards established a theater very similar to the one they knew at home. There were religious works based on medieval sources, quite often translated into Indian languages to assist in the task of conversion. By the end of the sixteenth century, universities and seminaries were presenting works in Latin based on European Renaissance models to a public composed of teachers and students. At least that early, American-born sons of Spaniards and resettled Europeans were composing works primarily for the sake of amusement, although this often included one of the primary sources of any popular spectacle—the religious festival. As the Spanish theater flourished with Lope de Vega and others, their followers in America cultivated a theater that was often indistinguishable from the Spanish model in its form, but that gave proof of its New World origin in geographical and linguistic references.

By the end of the seventeenth century, the theater in Spain had become a huge spectacle, dependent on colossal stage effects and technical tricks. In a similar manner the theater in Spanish America simulated earthquakes, volcanos, and shipwrecks. A reaction to this trend sought to simplify and purify the stage of such devices through adherence to neoclassical rules. This reaction had only relative success in Spain and was even less effective in Spanish America. Generally speaking, then, the Spanish-American professional stage was an imitation of the Spanish. There were, however, some playwrights who were capable of better work. Some wrote delightful farces reminiscent of the eighteenth-century French comedy. Others wrote lengthy tragedies in native

American languages or tried to cast native American themes into the forms of the European theater. Many of these plays have been lost and most are little known, but they point to an effort to do something American, to an awareness that there were new things to be done. And at the same time, virtually unknown to the white community, the Indians continued to practice their ancient religious rituals, many of which included dramatic elements.

The political independence that came to most of Spanish America early in the nineteenth century brought a measure of cultural freedom as well. The theatrical models were often of French rather than Spanish origin, and it was no longer forbidden to present themes considered offensive or dangerous by a nervous Spanish political structure. Much Romantic drama in Spanish America was as exaggerated, rhetorical, and generally weak as many of its models in France and Spain, but there were occasional plays that reached beyond this level. The satirical tradition important in Peruvian letters of the colonial period became, in the nineteenth century, a flourishing comic theater of manners and morals. There was also a considerable amount of comic drama based on local customs and types, culminating at the end of the century in the *gaucho* theater of Argentina and Uruguay.

It is with the twentieth century that Spanish-American drama has achieved its real independence. The flourishing of the novel and the lyric at the turn of the century had little effect on the theater, but there were strong realistic movements in several countries, often with social concerns. The *gaucho* theater soon became a more broadly based drama of rural problems and of the crushing poverty of the mushrooming cities, and in almost every major Spanish-American city this sort of social realism competed with a frivolous light theater or comedy of manners. As the twentieth century advanced, small experimental groups appeared one after another, and by 1930 Buenos Aires, Mexico City, Havana, and other cities had the opportunity to present local productions of the most recent European avant-garde drama. There were local variants that gave the theater of each metropolis its own special flavor. In Buenos Aires, for example, the new movement had its source in anarchist workers' centers, and it never really lost this social tone. As the dramatic arts grew, a whole alternative theater developed—the so-called independent theater—that coexisted with the Argentine commercial stage, often using the same actors, directors, or playwrights, but presenting plays of a far more serious and interesting nature. The current theater of Puerto Rico has its roots in a historians' movement dating to 1930, and it retains the same basic orientation: a search for the identity of a nation that is neither independent nor truly part of another country.

Spanish-American dramatists are also engaged in formal experimentation, attempting to find the validity in older dramatic forms or seeking new forms more adequate to the stresses of the modern world. Playwrights in Cuba, Argentina, and Uruguay have been deeply influenced by the *sainete*, a popular musical and satirical theater that had its vogue at the turn of the century; Argentines are also working with the grotesque, a dramatic form that evolved in Buenos Aires over fifty years ago to express the social and psychological problems facing the masses of unassimilated immigrants. Other dramatists are exploring the possibilities of a theater based on obsessive and repetitious rituals, which they believe to be at the heart of human behavior. Perhaps the most original form to come from Spanish America thus far is collective creation, in which each member of the company participates in every aspect of the creative process, and there is no system of star actors or directors.

There are serious political problems that deeply affect the theater, as well as every other sphere of life in Spanish America. Many nations suffer from severe censorship; political turbulence has disrupted virtually all cultural activity in many nations. Dramatists are taking sides in the international conflicts that ravage the world, with the result that the theater is more politicized than ever before. The collective creation movement has its roots in the student unrest of 1968; nearly all these companies are still primarily political. Other dramatists are writing under the influence of playwrights such as Artaud and Weiss, who attempt to shock the audience into awareness. Yet, with all these difficulties, there is still a developing community of Spanish-American theater. It is no longer unusual for companies of one nation to visit another, and the dramatists of each nation no longer work in virtual isolation. They form a functioning community, and often engage in joint creative ventures. International drama festivals have become relatively common, and Spanish-American plays are regularly staged in Paris, London, New York, and on the campuses of American universities. Much of Spanish-American drama today is harsh and violent, a response to a harsh and violent world, but it is also more powerful than ever before and reaching out to newer and wider audiences.

The plays in this collection do not necessarily present this view of today's world. In fact, they run the gamut from farce to ritual theater. The playwrights represent a sampling of the abundance of creative talent and the versatility that characterize current Spanish-American theater.

No genre changes as rapidly or as vividly as the theater. It is impossible to predict what theater will be like in Spanish America ten years from now or even next year, but it is safe to say that it will be vigorous and exciting.

Sergio Vodanović

Sergio Vodanović was born in 1926 in Chile. His first play was produced in 1947, and he has been active as playwright and director since then. At present he is a member of the faculty of the Catholic University of Chile. His early works encompass both attacks on public and political corruption, and light comedies. The latter include *Mi mujer necesita marido* (1953) and *La cigüeña también espera* (1955). *El Senador no es honorable* (1952) and *Deja que los perros ladren* (1959) are realistic portraits of the intolerable pressures—public and private—which conspire against morality in government.

It is this last line which Vodanović has followed since the considerable success of *Deja que los perros ladren*, which was awarded the Municipal Drama Prize and was later filmed. *Viña* (1964) is a trilogy of one-act plays including *La gente como nosotros*, *Las exiladas*, and *El delantal blanco*, all of which underline the falsity of accepted values. *Los fugitivos* (1965) is an effort to capture the psychological solitude of both young and old, while *Perdón . . . ¡estamos en guerra!* (1966) demonstrates the process of corruption which attacks a group of patriotic citizens spying on the enemy. It offers no answers but condemns violence and deceit in any guise. *Nos tomamos la universidad* is a sympathetic portrait of students enmeshed in a trap of hypocrisy and deceit in their effort at just reform.

Vodanović's earlier plays presented straightforward critical realism, but in his later works his characters have become more complex, his attitudes more provocative. *El delantal blanco* is a warning and a lesson as it shows the superficial nature of accustomed values based on surface appearance and the barely hidden resentment of those locked into subordinate positions. It is also a fascinating dramatic exercise in the role of game-playing and the exchange of identities.

PERSONAJES

La Señora
La Empleada
Dos Jóvenes
La Jovencita
El Caballero Distinguido

El delantal blanco

La playa.

Al fondo, una carpa.

Frente a ella, sentadas a su sombra, la SEÑORA y la EMPLEADA.

La SEÑORA está en traje de baño y, sobre él, usa un blusón de toalla blanca que le cubre hasta las caderas. Su tez está tostada por un largo veraneo. La EMPLEADA viste su uniforme blanco. La SEÑORA es una mujer de treinta años, pelo claro, rostro atrayente aunque algo duro. La EMPLEADA tiene veinte años, tez blanca, pelo negro, rostro plácido y agradable. 5 10

LA SEÑORA: (*Gritando hacia su pequeño hijo, a quien no ve y que se supone está a la orilla del mar, justamente, al borde del escenario.*) ¡Alvarito! ¡Alvarito! ¡No le tire arena a la niñita! ¡Métase al agua! Está rica[1] . . . ¡Alvarito, no! ¡No le deshaga el castillo a la niñita! Juegue con ella . . . Sí, mi hijito . . . juegue . . . 15

LA EMPLEADA: Es tan peleador . . .

LA SEÑORA: Salió al padre[2] . . . Es inútil corregirlo. Tiene una personalidad dominante que le viene de su padre, de su abuelo, de su abuela . . . ¡sobre todo de su abuela!

LA EMPLEADA: ¿Vendrá el caballero[3] mañana? 20

LA SEÑORA: (*Se encoge de hombros con desgano.*)[4] ¡No sé! Ya estamos en marzo, todas mis amigas han regresado y Álvaro me tiene todavía aburriéndome en la playa. Él dice que quiere que el niño aproveche las vacaciones, pero para mí que es él quien está aprovechando. (*Se saca el blusón y se tiende a tomar sol.*) ¡Sol! ¡Sol! Tres meses tomando sol. Estoy intoxicada de sol. (*Mirando inspectivamente a la EMPLEADA.*) ¿Qué haces tú para no quemarte? 25

LA EMPLEADA: He salido tan poco de la casa . . .

LA SEÑORA: ¿Y qué querías? Viniste a trabajar, no a veranear. Estás recibiendo sueldo, ¿no? 30

LA EMPLEADA: Sí, señora. Yo sólo contestaba su pregunta. . .

La SEÑORA permanece tendida recibiendo el sol. La EMPLEADA

1. Está rica *it's great.* 2. Salió al padre *He's just like his father.* 3. el caballero: el marido de la señora. 4. Se . . . desgano. *She shrugs her shoulders disinterestedly.*

saca de una bolsa de género[5] *una revista de historietas fotografiadas*[6] *y principia a leer.*

LA SEÑORA: ¿Qué haces?

LA EMPLEADA: Leo esta revista.

5 *LA SEÑORA:* ¿La compraste tú?

LA EMPLEADA: Sí, señora.

LA SEÑORA: No se te paga tan mal, entonces, si puedes comprarte tus revistas ¿eh?

La EMPLEADA no contesta y vuelve a mirar la revista.

10 *LA SEÑORA:* ¡Claro! Tú leyendo y que Alvarito reviente, que se ahogue[7]...

LA EMPLEADA: Pero si está jugando con la niñita...

LA SEÑORA: Si te traje a la playa es para que vigilaras a Alvarito y no para que te pusieras a leer.

15 *La EMPLEADA deja la revista y se incorpora para ir donde está Alvarito.*

LA SEÑORA: ¡No! Lo puedes vigilar desde aquí. Quédate a mi lado, pero observa al niño. ¿Sabes? Me gusta venir contigo a la playa.

LA EMPLEADA: ¿Por qué?

20 *LA SEÑORA:* Bueno... no sé... Será por lo mismo que me gusta venir en el auto, aunque la casa esté a dos cuadras. Me gusta que vean el auto. Todos los días, hay alguien que se para al lado de él y lo mira y comenta. No cualquiera tiene un auto como el de nosotros... Claro, tú no te das cuenta de la diferencia. Estás dema-

25 siado acostumbrada a lo bueno... Dime... ¿Cómo es tu casa?

LA EMPLEADA: Yo no tengo casa.

LA SEÑORA: No habrás nacido empleada, supongo. Tienes que haberte criado en alguna parte, debes haber tenido padres... ¿Eres del campo?

30 *LA EMPLEADA:* Sí.

LA SEÑORA: Y tuviste ganas de conocer la ciudad, ¿ah?

LA EMPLEADA: No. Me gustaba allá.

LA SEÑORA: ¿Por qué te viniste, entonces?

LA EMPLEADA: Tenía que trabajar.

35 *LA SEÑORA:* No me vengas con ese cuento. Conozco la vida

5. bolsa de género *cloth bag.* 6. revista... fotografiadas *Type of magazine very popular in Europe and Latin America, consisting of stories similar to television soap operas or cheap love magazines, with accompanying photographs.* 7. que... ahogue *who cares what happens to Alvarito, let him drown.* (*Spoken ironically, of course.*)

de los inquilinos en el campo. Lo pasan bien. Les regalan una cuadra para que cultiven. Tienen alimentos gratis y hasta les sobra para vender. Algunos tienen hasta sus vaquitas... ¿Tus padres tenían vacas?

LA EMPLEADA: Sí, señora. Una. 5

LA SEÑORA: ¿Ves? ¿Qué más quieren? ¡Alvarito! ¡No se meta tan allá que puede venir una ola! ¿Qué edad tienes?

LA EMPLEADA: ¿Yo?

LA SEÑORA: A ti te estoy hablando. No estoy loca para hablar sola. 10

LA EMPLEADA: Ando en[8] los veintiuno...

LA SEÑORA: ¡Veintiuno! A los veintiuno yo me casé. ¿No has pensado en casarte?

La EMPLEADA baja la vista y no contesta.

LA SEÑORA: ¡Las cosas que se me ocurre preguntar! ¿Para 15 qué querrías casarte? En la casa tienes de todo: comida, una buena pieza, delantales limpios... Y si te casaras... ¿Qué es lo que tendrías? Te llenarías de chiquillos, no más.

LA EMPLEADA: (*Como para sí.*) Me gustaría casarme...

LA SEÑORA: ¡Tonterías! Cosas que se te ocurren por leer 20 historias de amor en las revistas baratas... Acuérdate de esto: Los príncipes azules ya no existen. No es el color lo que importa, sino el bolsillo. Cuando mis padres no me aceptaban un pololo[9] porque no tenía plata, yo me indignaba, pero llegó Álvaro con sus industrias y sus fundos y no quedaron contentos hasta que lo 25 casaron conmigo. A mí no me gustaba porque era gordo y tenía la costumbre de sorberse los mocos,[10] pero después en el matrimonio, uno se acostumbra a todo. Y llega a la conclusión que todo da lo mismo,[11] salvo la plata. Sin la plata no somos nada. Yo tengo plata, tú no tienes. Ésa es toda la diferencia entre nosotras. ¿No te 30 parece?

LA EMPLEADA: Sí, pero...

LA SEÑORA: ¡Ah! Lo crees ¿eh? Pero es mentira. Hay algo que es más importante que la plata: la clase. Eso no se compra. Se tiene o no se tiene. Álvaro no tiene clase. Yo sí la tengo. Y podría 35 vivir en una pocilga y todos se darían cuenta de que soy alguien. No una cualquiera. Alguien. Te das cuenta ¿verdad?

8. Ando en: tengo aproximadamente. 9. no... pololo *wouldn't accept one of my boyfriends.* 10. sorberse los mocos *sniffle.* 11. todo da lo mismo *nothing makes any difference.*

LA EMPLEADA: Sí, señora.

LA SEÑORA: A ver . . . Pásame esa revista. (*La EMPLEADA lo hace. La SEÑORA la hojea. Mira algo y lanza una carcajada.*) ¿Y esto lees tú?

5 *LA EMPLEADA:* Me entretengo, señora.

LA SEÑORA: ¡Qué ridículo! ¡Qué ridículo! Mira a este roto[12] vestido de smoking. Cualquiera se da cuenta que está tan incómodo en él como un hipopótamo con faja . . . (*Vuelve a mirar en la revista.*) ¡Y es el conde de Lamarquina! ¡El conde de Lamarquina! A 10 ver . . . ¿Qué es lo que dice el conde? (*Leyendo.*) «Hija mía, no permitiré jamás que te cases con Roberto. Él es un plebeyo. Recuerda que por nuestras venas corre sangre azul». ¿Y ésta es la hija del conde?

LA EMPLEADA: Sí. Se llama María. Es una niña sencilla y 15 buena. Está enamorada de Roberto, que es el jardinero del castillo. El conde no lo permite. Pero . . . ¿sabe? Yo creo que todo va a terminar bien. Porque en el número anterior Roberto le dijo a María que no había conocido a sus padres y cuando no se conoce a los padres, es seguro que ellos son gente rica y aristócrata que perdieron 20 al niño de chico o lo secuestraron . . .

LA SEÑORA: ¿Y tú crees todo eso?

LA EMPLEADA: Es bonito, señora.

LA SEÑORA: ¿Qué es tan bonito?

LA EMPLEADA: Que lleguen a pasar cosas así. Que un día 25 cualquiera, uno sepa que es otra persona, que en vez de ser pobre, se es rica; que en vez de ser nadie se es alguien, así como dice Ud . . .

LA SEÑORA: Pero no te das cuenta que no puede ser . . . Mira a la hija . . . ¿Me has visto a mí alguna vez usando unos aros así? ¿Has visto a alguna de mis amigas con una cosa tan espantosa? 30 ¿Y el peinado? Es detestable. ¿No te das cuenta que una mujer así no puede ser aristócrata? . . . ¿A ver? Sale fotografiado aquí el jardinero . . .

LA EMPLEADA: Sí. En los cuadros del final. (*Le muestra en la revista. La SEÑORA ríe encantada*).

35 *LA SEÑORA:* ¿Y éste crees tú que puede ser un hijo de aristócrata? ¿Con esa nariz? ¿Con ese pelo? Mira . . . Imagínate que mañana me rapten a Alvarito. ¿Crees tú que va a dejar por eso de tener su aire de distinción?

LA EMPLEADA: ¡Mire, señora! Alvarito le botó el castillo de 40 arena a la niñita de una patada.

12. roto (Chil.) *member of the urban poor class.*

LA SEÑORA: ¿Ves? Tiene cuatro años y ya sabe lo que es mandar, lo que es no importarle los demás. Eso no se aprende. Viene en la sangre.

LA EMPLEADA: (*Incorporándose.*) Voy a ir a buscarlo.

LA SEÑORA: Déjalo. Se está divirtiendo. 5

La EMPLEADA se desabrocha el primer botón de su delantal y hace un gesto en el que muestra estar acalorada.

LA SEÑORA: ¿Tienes calor?

LA EMPLEADA: El sol está picando fuerte.

LA SEÑORA: ¿No tienes traje de baño? 10

LA EMPLEADA: No.

LA SEÑORA: ¿No te has puesto nunca traje de baño?

LA EMPLEADA: ¡Ah, sí!

LA SEÑORA: ¿Cuándo?

LA EMPLEADA: Antes de emplearme. A veces, los domingos, 15 hacíamos excursiones a la playa en el camión del tío de una amiga.

LA SEÑORA: ¿Y se bañaban?

LA EMPLEADA: En la playa grande de Cartagena. Arrendábamos trajes de baño y pasábamos todo el día en la playa. Llevábamos de comer y . . . 20

LA SEÑORA: (*Divertida.*) ¿Arrendaban trajes de baño?

LA EMPLEADA: Sí. Hay una señora que arrienda en la misma playa.

LA SEÑORA: Una vez con Álvaro, nos detuvimos en Cartagena a echar bencina al auto y miramos a la playa. ¡Era tan gracioso! 25 ¡Y esos trajes de baño arrendados! Unos eran tan grandes que hacían bolsas[13] por todos los lados y otros quedaban tan chicos que las mujeres andaban con el traste afuera. ¿De cuáles arrendabas tú? ¿De los grandes o de los chicos?

La EMPLEADA mira al suelo taimada. 30

LA SEÑORA: Debe ser curioso . . . Mirar el mundo desde un traje de baño arrendado o envuelta en un vestido barato . . . o con uniforme de empleada como el que usas tú . . . Algo parecido le debe suceder a esta gente que se fotografía para estas historietas: se ponen smoking o un traje de baile y debe ser diferente la forma 35 como miran a los demás, como se sienten ellos mismos . . . Cuando yo me puse mi primer par de medias, el mundo entero cambió para

13. hacían bolsas *they bagged out.*

mí. Los demás eran diferentes; yo era diferente y el único cambio efectivo era que tenía puesto un par de medias . . . Dime . . . ¿Cómo se ve el mundo cuando se está vestida con un delantal blanco?

LA EMPLEADA: (*Tímidamente.*) Igual . . . La arena tiene el mismo color . . . las nubes son iguales . . . Supongo.

LA SEÑORA: Pero no . . . Es diferente. Mira. Yo con este traje de baño, con este blusón de toalla, tendida sobre la arena, sé que estoy en «mi lugar», que esto me pertenece . . . En cambio tú, vestida como empleada sabes que la playa no es tu lugar, que eres diferente . . . Y eso, eso te debe hacer ver todo distinto.

LA EMPLEADA: No sé.

LA SEÑORA: Mira. Se me ha ocurrido algo. Préstame tu delantal.

LA EMPLEADA: ¿Cómo?

LA SEÑORA: Préstame tu delantal.

LA EMPLEADA: Pero . . . ¿Para qué?

LA SEÑORA: Quiero ver cómo se ve el mundo, qué apariencia tiene la playa cuando se la ve encerrada en un delantal de empleada.

LA EMPLEADA: ¿Ahora?

LA SEÑORA: Sí, ahora.

LA EMPLEADA: Pero es que . . . No tengo un vestido debajo.

LA SEÑORA: (*Tirándole el blusón.*) Toma . . . Ponte esto.

LA EMPLEADA: Voy a quedar en calzones . . .

LA SEÑORA: Es lo suficientemente largo como para cubrirte. Y en todo caso vas a mostrar menos que lo que mostrabas con los trajes de baño que arrendabas en Cartagena. (*Se levanta y obliga a levantarse a la EMPLEADA.*) Ya. Métete en la carpa y cámbiate. (*Prácticamente obliga a la EMPLEADA a entrar a la carpa y luego lanza al interior de ella el blusón de toalla. Se dirige al primer plano y le habla a su hijo.*)

LA SEÑORA: Alvarito, métase un poco al agua. Mójese las patitas siquiera . . . No sea tan de rulo[14] . . . ¡Eso es! ¿Ves que es rica el agüita? (*Se vuelve hacia la carpa y habla hacia dentro de ella.*) ¿Estás lista? (*Entra a la carpa.*)

Después de un instante, sale la EMPLEADA vestida con el blusón de toalla. Se ha prendido el pelo hacia atrás y su aspecto ya difiere algo de la tímida muchacha que conocemos. Con delicadeza se tiende de bruces sobre la arena. Sale la SEÑORA abotonándose aún su delantal

14. No sea tan de rulo. (fig.) *Don't be afraid of the water.* (*This Chilean expression means 'a sterile piece of land', 'a waterless area'.*)

blanco. Se va a sentar delante de la EMPLEADA, pero vuelve un poco más atrás.

LA SEÑORA: No. Adelante no. Una empleada en la playa se sienta siempre un poco más atrás que su patrona. (*Se sienta sobre sus pantorrillas y mira, divertida, en todas direcciones.*) 5

La EMPLEADA cambia de postura con displicencia. La SEÑORA toma la revista de la EMPLEADA y principia a leerla. Al principio, hay una sonrisa irónica en sus labios que desaparece luego al interesarse por la lectura. Al leer mueve los labios. La EMPLEADA, con naturalidad, toma de la bolsa de playa de la SEÑORA un frasco de 10 *aceite bronceador y principia a extenderlo con lentitud por sus piernas. La SEÑORA la ve. Intenta una reacción reprobatoria, pero queda desconcertada.*

LA SEÑORA: ¿Qué haces?

La EMPLEADA no contesta. La SEÑORA opta por seguir la lectura. 15 *Vigilando de vez en vez con la vista lo que hace la EMPLEADA. Ésta ahora se ha sentado y se mira detenidamente las uñas.*

LA SEÑORA: ¿Por qué te miras las uñas?

LA EMPLEADA: Tengo que arreglármelas.

LA SEÑORA: Nunca te había visto antes mirarte las uñas. 20

LA EMPLEADA: No se me había ocurrido.

LA SEÑORA: Este delantal acalora.

LA EMPLEADA: Son los mejores y los más durables.

LA SEÑORA: Lo sé. Yo los compré.

LA EMPLEADA: Le queda bien. 25

LA SEÑORA: (*Divertida.*) Y tú no te ves nada de mal con esa tenida.[15] (*Se ríe.*) Cualquiera se equivocaría. Más de un jovencito te podría hacer la corte . . . ¡Sería como para contarlo![16]

LA EMPLEADA: Alvarito se está metiendo muy adentro. Vaya a vigilarlo. 30

LA SEÑORA: (*Se levanta inmediatamente y se adelanta.*) Alvarito! ¡Alvarito! No se vaya tan adentro . . . Puede venir una ola. (*Recapacita de pronto y se vuelve desconcertada hacia la EMPLEADA.*)

LA SEÑORA: ¿Por qué no fuiste tú? 35

LA EMPLEADA: ¿Adónde?

LA SEÑORA: ¿Por qué me dijiste que yo fuera a vigilar a Alvarito?

15. tú . . . tenida *you don't look bad at all in that outfit.* 16. ¡Sería . . . contarlo! *It would be worth seeing.*

LA EMPLEADA: (*Con naturalidad.*) Ud. lleva el delantal blanco.

LA SEÑORA: Te gusta el juego, ¿ah?

Una pelota de goma, impulsado por un niño que juega cerca, ha caído a los pies de la EMPLEADA. Ella la mira y no hace ningún movimiento. Luego mira a la SEÑORA. Ésta, instintivamente, se dirige a la pelota y la tira en la dirección en que vino. La EMPLEADA busca en la bolsa de playa de la SEÑORA y se pone sus anteojos para el sol.

LA SEÑORA: (*Molesta.*) ¿Quién te ha autorizado para que uses mis anteojos?

LA EMPLEADA: ¿Cómo se ve la playa vestida con un delantal blanco?

LA SEÑORA: Es gracioso. ¿Y tú? ¿Cómo ves la playa ahora?

LA EMPLEADA: Es gracioso.

LA SEÑORA: (*Molesta.*) ¿Dónde está la gracia?

LA EMPLEADA: En que no hay diferencia.

LA SEÑORA: ¿Cómo?

LA EMPLEADA: Ud. con el delantal blanco es la empleada; yo con este blusón y los anteojos oscuros soy la señora.

LA SEÑORA: ¿Cómo? . . . ¿Cómo te atreves a decir eso?

LA EMPLEADA: ¿Se habría molestado en recoger la pelota si no estuviese vestida de empleada?

LA SEÑORA: Estamos jugando.

LA EMPLEADA: ¿Cuándo?

LA SEÑORA: Ahora.

LA EMPLEADA: ¿Y antes?

LA SEÑORA: ¿Antes?

LA EMPLEADA: Sí. Cuando yo estaba vestida de empleada . . .

LA SEÑORA: Eso no es juego. Es la realidad.

LA EMPLEADA: ¿Por qué?

LA SEÑORA: Porque sí.

LA EMPLEADA: Un juego . . . un juego más largo . . . como el «paco-ladrón».[17] A unos les corresponde ser «pacos», a otros «ladrones».

LA SEÑORA: (*Indignada.*) ¡Ud. se está insolentando!

LA EMPLEADA: ¡No me grites! ¡La insolente eres tú!

LA SEÑORA: ¿Qué significa eso? ¿Ud. me está tuteando?

LA EMPLEADA: ¿Y acaso tú no me tratas de tú?

LA SEÑORA: ¿Yo?

17. paco-ladrón *cops and robbers.*

LA EMPLEADA: Sí.

LA SEÑORA: ¡Basta ya! ¡Se acabó este juego!

LA EMPLEADA: ¡A mí me gusta!

LA SEÑORA: ¡Se acabó! (*Se acerca violentamente a la EMPLEADA.*) 5

LA EMPLEADA: (*Firme.*) ¡Retírese!

La SEÑORA se detiene sorprendida.

LA SEÑORA: ¿Te has vuelto loca?

LA EMPLEADA: Me he vuelto señora.

LA SEÑORA: Te puedo despedir en cualquier momento. 10

LA EMPLEADA: (*Explota en grandes carcajadas, como si lo que hubiera oído fuera el chiste más gracioso que jamás ha escuchado.*)

LA SEÑORA: ¿Pero de qué te ríes?

LA EMPLEADA: (*Sin dejar de reír.*) ¡Es tan ridículo!

LA SEÑORA: ¿Qué? ¿Qué es tan ridículo? 15

LA EMPLEADA: Que me despida . . . ¡Vestida así! ¿Dónde se ha visto a una empleada despedir a su patrona?

LA SEÑORA: ¡Sácate esos anteojos! ¡Sácate el blusón! ¡Son míos!

LA EMPLEADA: ¡Vaya a ver al niño! 20

LA SEÑORA: Se acabó el juego, te he dicho. O me devuelves mis cosas o te las saco.

LA EMPLEADA: ¡Cuidado! No estamos solas en la playa.

LA SEÑORA: ¿Y qué hay con eso? ¿Crees que por estar vestida con un uniforme blanco no van a reconocer quién es la 25 empleada y quién la señora?

LA EMPLEADA: (*Serena.*) No me levante la voz.

La SEÑORA exasperada se lanza sobre la EMPLEADA y trata de sacarle el blusón a viva fuerza.[18]

LA SEÑORA: (*Mientras forcejea.*) ¡China! ¡Ya te voy a 30 enseñar quién soy! ¿Qué te has creído? ¡Te voy a meter presa!

Un grupo de bañistas han acudido al ver la riña. Dos JÓVENES, una MUCHACHA y un SEÑOR de edad madura y de apariencia muy distinguida. Antes que puedan intervenir la EMPLEADA ya ha dominado la situación manteniendo bien sujeta a la SEÑORA contra la 35 arena. Ésta sigue gritando ad libitum[19] *expresiones como: «rota cochina» . . . «ya te la vas a ver con mi marido»*[20] *. . . «te voy a mandar presa» . . . «esto es el colmo», etc., etc.*

18. a viva fuerza *by sheer strength* 19. ad libitum (Lat.) *freely.* 20. «ya . . . marido» *you'll have to answer to my husband for this.*

UN JOVEN: ¿Qué sucede?
EL OTRO JOVEN: ¿Es un ataque?
LA JOVENCITA: Se volvió loca.
UN JOVEN: Puede que sea efecto de una insolación.
5 *EL OTRO JOVEN:* ¿Podemos ayudarla?
LA EMPLEADA: Sí. Por favor. Llévensela. Hay una posta por aquí cerca...
EL OTRO JOVEN: Yo soy estudiante de Medicina. Le pondremos una inyección para que se duerma por un buen tiempo.
10 *LA SEÑORA:* ¡Imbéciles! ¡Yo soy la patrona! Me llamo Patricia Hurtado, mi marido es Álvaro Jiménez, el político...
LA JOVENCITA: (*Riéndose.*) Cree ser la señora.
UN JOVEN: Está loca.
EL OTRO JOVEN: Un ataque de histeria.
15 *UN JOVEN:* Llevémosla.
LA EMPLEADA: Yo no los acompaño... Tengo que cuidar a mi hijito... Está ahí, bañándose...
LA SEÑORA: ¡Es una mentirosa! ¡Nos cambiamos de vestido sólo por jugar! ¡Ni siquiera tiene traje de baño! ¡Debajo del blusón
20 está en calzones! ¡Mírenla!
EL OTRO JOVEN: (*Haciéndole un gesto al JOVEN.*) ¡Vamos! Tú la tomas por los pies y yo por los brazos.
LA JOVENCITA: ¡Qué risa! ¡Dice que está en calzones!
Los dos JÓVENES toman a la SEÑORA y se la llevan, mientras ésta
25 *se resiste y sigue gritando.*
LA SEÑORA: ¡Suéltenme! ¡Yo no estoy loca! ¡Es ella! ¡Llamen a Alvarito! ¡Él me reconocerá!
Mutis de los dos JÓVENES llevando en peso[21] *a la SEÑORA. La EMPLEADA se tiende sobre la arena, como si nada hubiera su-*
30 *cedido, aprontándose para un prolongado baño de sol.*
EL CABALLERO DISTINGUIDO: ¿Está Ud. bien, señora? ¿Puedo serle útil en algo?
LA EMPLEADA: (*Mira inspectivamente al SEÑOR DISTINGUIDO y sonríe con amabilidad.*) Gracias. Estoy bien.
35 *EL CABALLERO DISTINGUIDO:* Es el símbolo de nuestro tiempo. Nadie parece darse cuenta, pero a cada rato, en cada momento sucede algo así.
LA EMPLEADA: ¿Qué?
EL CABALLERO DISTINGUIDO: La subversión del orden

21. llevando en peso *carrying off bodily.*

establecido. Los viejos quieren ser jóvenes; los jóvenes quieren ser viejos; los pobres quieren ser ricos y los ricos quieren ser pobres. Sí, señora. Asómbrese Ud. También hay ricos que quieren ser pobres. Mi nuera va todas las tardes a tejer con mujeres de poblaciones callampas.[22] ¡Y le gusta hacerlo! (*Transición.*) ¿Hace mucho tiempo que está con Ud.?

LA EMPLEADA: ¿Quién?

EL CABALLERO DISTINGUIDO: (*Haciendo un gesto hacia la dirección en que se llevaron a la SEÑORA.*) Su empleada.

LA EMPLEADA: (*Dudando. Haciendo memoria.*)[23] Poco más de un año.

EL CABALLERO DISTINGUIDO: ¡Y así le paga a Ud.! ¡Queriéndose hacer pasar por una señora! ¡Como si no se reconociera a primera vista quién es quién! (*Transición.*) ¿Sabe Ud. por qué suceden estas cosas?

LA EMPLEADA: ¿Por qué?

EL CABALLERO DISTINGUIDO: (*Con aire misterioso.*) El comunismo . . .

LA EMPLEADA: ¡Ah!

EL CABALLERO DISTINGUIDO: (*Tranquilizador.*) Pero no nos inquietemos.[24] El orden está restablecido. Al final, siempre el orden se restablece . . . Es un hecho . . . Sobre eso no hay discusión . . . (*Transición.*) Ahora, con permiso señora. Voy a hacer mi footing diario.[25] Es muy conveniente a mi edad. Para la circulación ¿sabe? Y Ud. quede tranquila. El sol es el mejor sedante. (*Ceremoniosamente.*) A sus órdenes, señora. (*Inicia el mutis. Se vuelve.*) Y no sea muy dura con su empleada, después que se haya tranquilizado . . . Después de todo . . . Tal vez tengamos algo de culpa nosotros mismos . . . ¿Quién puede decirlo? (*El CABALLERO DISTINGUIDO hace mutis.*)

La EMPLEADA cambia de posición. Se tiende de espaldas para recibir el sol en la cara. De pronto se acuerda de Alvarito. Mira hacia donde él está.

LA EMPLEADA: ¡Alvarito! ¡Cuidado con sentarse en esa roca! Se puede hacer una nana en el pie[26] . . . Eso es, corra por la arenita . . . Eso es, mi hijito . . . (*Y mientras la EMPLEADA mira*

22. poblaciones callampas *extensive urban slums.* 23. Haciendo memoria. *Pretending to try to remember.* 24. no nos inquietemos *let's not worry.* 25. Voy . . . diario. *I'm going to take my daily walk.* 26. Se puede . . . pie *You can hurt your foot.*

con ternura y delectación maternal cómo Alvarito juega a la orilla del mar se cierra lentamente el Telón.)

Reprinted by permission of the author.

Ejercicios

A. Preguntas

1. ¿Cómo describe el dramaturgo a las dos mujeres?
2. ¿Cómo es la actitud de la empleada en la primera parte del drama?
3. ¿Qué clase de revista tiene la empleada consigo?
4. ¿Por qué le gusta a la señora venir a la playa con la empleada?
5. Según la señora, ¿cuál es, en el fondo, la diferencia entre ella y la empleada?
6. ¿Cuál es la reacción de la señora cuando sabe que la empleada y sus amigos antes arrendaban trajes de baño?
7. ¿Por qué quiere la señora que la empleada le preste su delantal?
8. ¿En qué difiere el aspecto de la empleada cuando sale de la carpa con el blusón?
9. ¿Qué hace la señora cuando la empleada le dice que vaya a vigilar a Alvarito?
10. Según la empleada, ¿cómo ve ella la playa ahora, y por qué?
11. ¿A qué propósito menciona la empleada el juego «paco-ladrón»?
12. ¿Qué ocurre cuando la señora dice que el juego se ha acabado?
13. ¿Qué creen las personas que acuden a la riña entre la empleada y la señora?
14. ¿De qué le habla a la empleada el caballero distinguido?
15. ¿Qué debemos creer al final del drama cuando la empleada lo llama a Alvarito su hijito, y lo mira con ternura y delectación maternal?

B. Temas

1. La función dramática del hijo.
2. La personalidad de la señora.

3. La personalidad de la criada.
4. La transformación que se nota en las dos mujeres después de cambiarse de ropa.
5. La relación entre la historia que lee la criada en su revista y lo que pasa en el drama.
6. La ironía que se encuentra en el último parlamento del caballero distinguido.
7. Juego y realidad en el drama.
8. *El delantal blanco* como obra de comentario social.

C. Modismos y expresiones

Escriba usted las oraciones en español. En cada una emplee uno de los modismos o expresiones siguientes:

al borde de	**en vez de**	**hacer memoria**	**más de**
a primera vista	**tener calor**	**en todo caso**	**a cada rato**
bajar la vista	**ni siquiera**	**de bruces**	**atreverse a**

1. Their house is situated precisely on the edge of the forest.
2. The women would be very hot if they had to wear coats tonight.
3. Paul saw the movie more than twenty times, but he still doesn't understand it.
4. She doesn't want to see him, not even for five minutes.
5. But I saw her fall headlong on the street!
6. Every once in a while she tells him to go, but he's still here.
7. I wouldn't dare to swim in that lake.
8. One can't always distinguish between the rich and the poor at first sight.
9. I don't really like to swim, but in any case I didn't bring a suit.
10. Remembering things of that type can be very difficult.
11. Instead of coming here, he has gone to the beach with his grandmother.
12. The boy looked down when he saw his mother coming.

Carlos Solórzano

Although born in San Marcos, Guatemala in 1922, Carlos Solórzano is most closely identified with the theater in Mexico, where he has lived since 1939. He holds a degree in architecture and a doctorate in literature from the National University of Mexico. He also studied drama in Paris from 1948 to 1951 and was deeply influenced by French theater, especially by Camus and Ghelderode. Solórzano was Director of the professional University Theater in Mexico from 1952 to 1962, Director of the National Theater Museum, and Chairman of Graduate Literature Programs at the University, where he is at present Professor of Drama and Spanish American Literature. In addition to his plays, he has published two novels, *Los falsos demonios* and *Las celdas*, two books on Latin-American theater, and three anthologies of Spanish-American drama.

Solórzano's theater is committed to the examination of man's freedom and the forces which work to oppress him. *Doña Beatriz* (1952) presents the conflict between two opposing concepts of life: medieval Spain with its cargo of intolerance, and America. The play contrasts the sterility of the Old World with the vital fertility of the New. *El hechicero* (1954) uses the search for the magical philosopher's stone, capable of transmuting lead into gold, to show man's need to defend himself from tyranny. His finest full length play, *Las manos de Dios* (1956) uses highly imaginative staging and the structure of the medieval religious allegory to condemn religious and social oppression.

In the last fifteen years, Solórzano has written only one-act plays and novels. The plays are versatile and exhibit a variety of forms. *El crucificado* (1958) is based on an event which took place in a rural Mexican village, when an Indian playing the role of Christ in a Passion play was actually crucified. Solórzano's play presents in bare realistic form a parable of the real meaning of Christ's sacrifice. *Cruce de vías* (1966) uses expressionist techniques—depersonalization, the use of little scenery, the avoidance of emotional identification—to present the frustrated encounter of two people unable to overcome their fears and solitude.

In *Los fantoches* (1958), Solórzano utilizes a popular Mexican custom—the burning of fireworks attached to puppets—as a framework to ask questions concerning the real meaning of man's presence in the world and his relationship with God.

PERSONAJES

El Viejo que hace a los muñecos
Su Hija, Niña

LOS FANTOCHES

La Mujer, que ama
El Joven, que trabaja
El Artista, que sueña
El Cabezón, que piensa
El Viejito, que cuenta
El Judas, que calla

Lugar: Este mundo cerrado.

Los fantoches

MIMODRAMA PARA MARIONETAS

DECORADO

Un almacén en que se guardan muñecos de «carrizo»[1] *y papel pintado en el estilo popular. Se ven por todas partes figuras grotescas y coloridas. Una sola pequeña ventana en lo alto de uno de los muros grisáceos. Una pequeña puerta.*

Al correrse el telón está la escena en penumbra, luego entra por la ventanilla un rayo de luz que va aumentando y entonces se ve a los fantoches en posturas rígidas que recuerdan las del sueño. Al hacerse la luz total[2] *se van incorporando uno tras otro con movimiento de pantomima. Este movimiento se alternará, a juicio del director con movimientos reales y otros rítmicos según la ocasión.*

ACLARACIÓN AL LECTOR EXTRANJERO

Esta obra tiene su origen en la costumbre mexicana de la «Quema del Judas». El sábado de Gloria,[3] *consumada la Pasión de Cristo, el pueblo da salida a su deseo de venganza, todos los años, quemando en las calles públicamente, unos muñecos gigantescos hechos en bambú y papel pintado a los que se ata una cadena de petardos en las coyunturas y a lo largo de todo el cuerpo, con lo cual se castiga, simbólicamente, al traidor más grande de la Humanidad.*

Los muñecos han ido cambiando poco a poco y adoptando diferentes formas de hombres y mujeres que representan a los personajes más populares del momento, en la política, el cinematógrafo, etc., pero subsisten otros tradicionales en el arte popular como el Diablo y la Muerte.

En «Los fantoches» se ha elegido una serie de muñecos, especialmente significativos para el gusto del Autor, para hacerse representar con ellos un drama contemporáneo, de la misma manera que algunos pintores mexicanos han hecho la trasposición de «Los Judas» a las artes plásticas para sugerir con ellos la existencia de un mundo que, tras su brillante colorido aparente, encierra un fondo desgarrado y cruel.

1. muñecos de «carrizo» *puppets made of reeds.* 2. Al . . . total *When the lights are fully on.* 3. sábado de Gloria *Easter Saturday.*

Los personajes vestidos todos con mallas coloridas de manera caprichosa, tendrán la cara pintada del mismo color del vestido y representarán «tipos» conocidos dentro de la tradición de los muñecos de arte popular de la manera siguiente:

EL JOVEN: Representa un atleta con grandes músculos, la cara rubicunda y el andar fanfarrón. Grandes ruedas rojas en las mejillas. Pelo brillante hecho con piel de conejo teñida de negro. Lleva un tambor colgado del cuello.

EL VIEJITO: Figura muy conocida, representa un anciano jorobado, de cara picaresca y andar defectuoso. Pelo y barbas hechos con piel de borrego.

LA MUJER: Vestido blanco, en el que son muy visibles «los picos» del bambú. Es «la muñeca del arte popular».[4] *Ojos muy grandes, enormes pestañas y las mejillas muy rojas. Pelo rojizo que cae en cascada.*

EL ARTISTA: Representa un «joven romántico». Traje a rayas, patillas y bigote con grandes puntas y gran corbata. Una gorra negra.

EL CABEZÓN: Es una de las figuras más conocidas en el arte popular: Gran cabeza de calabaza hecha de cartón por la que asoma una cara pintada del mismo color que la calabaza. Vestido con hojas. Andar inestable a causa del gran peso de la cabeza.

EL JUDAS: Cara y vestido verdes con dos grandes serpientes en los brazos, «las sierpes de la maldad», en cuyas cabezas centellean los ojos cobrizos.

EL VIEJO QUE HACE LOS MUÑECOS: Representa la figura de un anciano con hábito monacal blanco hasta el suelo. Gran barba y peluca larga hecha de fibra blanca.

LA NIÑA, SU HIJA: Representa una «muerte catrina»[5] *vestida*

4. «la muñeca del arte popular» *The Woman represents a widespread popular art form in which figures of women, made of strips of bamboo or other fibers, are represented in typical regional costume. Since* muñeca *may also have the colloquial meaning of "pretty", the dangerous bamboo strips are an ironic comment on woman's role.* 5. «muerte catrina» *Mexican popular art makes great use of skeletons, death's heads, and similar figures, many of which seem to date back to the pre-Conquest civilizations of the fifteenth century and earlier. These figures are often dressed in "typical" costume. Among the most common of these are the skeletons in* vaquero *or cowboy garb, and those dressed in sophisticated city clothing of the nineteenth century. Since* catrín *was a slang term roughly equivalent to our Western "dude" or "city slicker", the skeleton dressed in such costume is known as a* muerte catrina.

de niña, blanco, con volantes y encajes. Gorra, medias y zapatitos blancos. Máscara de la «Muerte sonriente».[6]

Durante la representación irá cambiando la luz solar hasta hacerse brillante y luego convertirse en luz de tarde para terminarse en luz azul de luna. Todos los fantoches llevan pintados un cartucho en el pecho y las ramificaciones en el cuerpo como un sistema circulatorio visible.

EL JOVEN: (*Incorporándose.*) Ya es de día.

EL VIEJITO: Uno más. (*Se moverá siempre como si le dolieran las articulaciones.*)

EL JOVEN: Es un hermoso día.

EL VIEJITO: Dices siempre lo mismo al despertar.

EL JOVEN: No hay que perder el tiempo. A trabajar. (*Se sienta y se apodera de un tambor. Con este tambor, a veces sonoro, a veces sordo expresará el latido del corazón y la naturaleza de sus emociones.*)

LA MUJER: Ah . . . ya empezaste a trabajar . . . Hagan que se calle. (*El JOVEN la ve embelesado mientras baja el ruido del tambor. La MUJER se despereza con voluptuosidad.*) Qué sueños tan acariciadores.[7]

EL JOVEN: (*Hosco.*) Deberías trabajar tú también.

EL ARTISTA: Sí . . . pero en algo bello, algo artístico, como yo . . .

EL JOVEN: Ja . . . Ja . . . (*Golpea fuerte.*)

Comienza el golpeteo sonoro.

LA MUJER: ¿Qué haces?

EL ARTISTA: Estoy cambiando estas rayas color de rosa, que el viejo me ha pintado, por otras color violeta.

LA MUJER: (*Coqueta.*) Me gusta lo que haces; pero ¿no hacías lo mismo ayer?

EL ARTISTA: No, ayer cambié las rayas violeta por otras color de rosa.

LA MUJER: (*Con admiración ingenua.*) Debe de ser difícil.

EL JOVEN: (*Golpeando.*) Es absurdo.

EL ARTISTA: Pero es bello. Tú no eres artista. No puedes saber . . .

6. «Muerte sonriente» *smiling death's head.* 7. Qué . . . acariciadores *What caressing dreams.*

EL VIEJITO: ¿Quieres callarte con ese maldito ruido? Vas a volvernos locos—qué tonto es—.

EL JOVEN: Sí. (*Con ira.*) Ya sé lo que piensan de mí . . .: Un burro de carga . . . (*Golpea aún más fuerte.*)

LA MUJER: ¿Por qué te enojas? . . . ¿Sabes? . . . Tienes un pelo que me gusta. Tú eres el único a quien el viejo (*señala para fuera*) ha puesto un pelo tan brillante.

EL JOVEN: (*Arrobado, suspende el trabajo.*) ¿Te parece?

LA MUJER: Me gusta el pelo brillante.

EL ARTISTA: Cualquier pelo puede ser brillante si lo pintas de negro . . .

EL VIEJITO: Eso se dice a tus años.

EL ARTISTA: Yo con el arte puedo hacer que parezca lo que no es.

EL VIEJITO: Tú eres un fanfarrón.

EL ARTISTA: ¿Cómo te atreves? (*Se lanza contra el VIEJITO pero la MUJER se interpone y los separa.*)

EL VIEJITO: Ay . . . Ay . . .

LA MUJER: ¿Qué pasa?

EL VIEJITO: Me has lastimado con uno de los picos de tu vestido. (*Al JOVEN.*) ¿Quieres callarte tú, imbécil?

LA MUJER: Déjalo . . . (*Al CABEZÓN que está sentado con la cabeza entre las manos.*) Y tú ¿qué haces?

EL CABEZÓN: Pienso; para algo me ha hecho el viejo esta cabeza tan grande.

LA MUJER: (*Coqueta.*) Me gustan las cabezas grandes.

EL CABEZÓN: (*Al principio la ve arrobado, luego se endurece.*) No; debo pensar todo el día.

LA MUJER: (*Desilusionada.*) ¿Para qué?

EL CABEZÓN: Para saber.

LA MUJER: Saber ¿qué?

EL CABEZÓN: Lo que se puede deducir . . . Por ejemplo; como llegar a esa ventana, como alcanzar la luz.

LA MUJER: Me gusta esta penumbra.

EL CABEZÓN: (*Burlón.*) A ti, todo te gusta.

LA MUJER: No . . . no soy tan tonta . . . A veces también me aburro.

EL CABEZÓN: ¿Por qué no tratas de pensar?

LA MUJER: No puedo . . . Mira qué cabeza tan pequeña me ha puesto el viejo . . . (*Al ARTISTA.*) Tal vez tú puedas ayudarme.

EL ARTISTA: ¿A qué?

LA MUJER: A suprimir estos picos de mi vestido. Me separan de todo . . . Te daré un beso. (*Se acerca al ARTISTA.*)

EL ARTISTA: (*Gritando.*) Ay . . . Ay . . . Me has pinchado.

LA MUJER: (*Riéndose.*) Es divertido. Así no me aburro . . . ¿Y tú, viejito?

El VIEJO cuenta con movimiento mecánico unos papeles que tiene en la mano.

EL CABEZÓN: (*Poniéndose de pie increpa al VIEJO.*) No me deja pensar por estar contando esos papeles. Todo el día haces lo mismo . . . Es estúpido.

LA MUJER: (*Con simpatía.*) ¿Tienes muchos?

EL CABEZÓN: Claro . . . Como lleva mucho tiempo encerrado aquí, ha ido juntando esos papeles de colores que son restos de los materiales con que el viejo nos hizo.

EL VIEJITO: ¿Y qué? . . . No molesto a nadie . . .

EL CABEZÓN: No puedes pasarte todo el tiempo contando.

EL JOVEN: Déjalo . . . Métete en tus asuntos. (*Golpea fuerte.*)

EL CABEZÓN: (*Cubriéndose los oídos.*) ¿Quién puede pensar en nada cuando se está rodeado de idiotas . . . ?

EL JOVEN: Ya estoy harto de eso . . . Te voy a romper esa cabezota . . . (*Se abalanza contra él pero tropieza y cae de bruces. Todos ríen . . .*)

EL CABEZÓN: ¡Idiotas!

LA MUJER: No se peleen . . . ¿Es mucho pedir que podamos vivir en paz? (*Al VIEJO.*) ¿Y ese papel rojo?

EL VIEJITO: (*Enseñándole.*) Es resto del material con que el viejo hizo un diablo. Sólo tengo tres. Son muy valiosos.

EL ARTISTA: A mí me gustan sólo los rosas y los violetas.[8]

EL VIEJITO: No valen nada . . . Hay muchos . . .

De pronto, otra figura que estaba en la penumbra se pone de pie con movimientos angustiosos y contorsionados. Es JUDAS. Siempre estará de espaldas al público. Los fantoches lo ven asombrados.

LA MUJER: Se ha levantado.

EL JOVEN: (*Golpeando.*) Siempre se levanta tarde . . . Es un holgazán . . .

LA MUJER: Hoy me parece más alto que otros días.

EL VIEJITO: (*Contando.*) Es igual que siempre. Te gusta engañarte a ti misma.

8. los rosas y los violetas: los papeles color de rosa y de violeta.

LA MUJER: Bueno . . . Es como si no supiera algo de lo que pasa aquí . . . Me hago la ilusión de que hay algo nuevo que descubrir.

EL VIEJITO: Nunca hay nada nuevo en ninguna parte. (*Comienza a contar, ahora en voz alta.*) Uno, dos, tres . . .

EL CABEZÓN: (*Dando un violento manotazo.*) Ah, no . . . En voz alta no . . .

El VIEJO sigue contando en voz alta.

LA MUJER: Hoy sé algo nuevo de él. (*Señala a JUDAS.*) Sé que tiene un nombre.

EL VIEJITO: (*Distraído.*) ¿Un nombre?

LA MUJER: Sí. Ayer oí a la niña decirlo. Se llama Judas.

EL VIEJITO: ¿Judas?

EL JOVEN: (*Tirando violentamente del brazo de la MUJER.*) ¿Te gusta? di ¿te gusta?

LA MUJER: (*Contenta.*) ¿Estás celoso? . . . Me gustan las dos serpientes de oro que el viejo le puso en los brazos. Quisiera verle la cara. (*Al Joven, provocativa.*) ¿Crees que es guapo?

EL JOVEN: (*Brutal.*) No tengo tiempo para pensar en eso. Tengo que trabajar. (*Vuelve a su lugar y sigue el golpeteo silencioso.*)

EL VIEJITO: Dicen que hizo algo malo.

LA MUJER: No lo creo . . . Tiene un cuerpo hermoso . . . Además, si fuera malo, el viejo no lo habría puesto aquí, encerrado con nosotros.

EL CABEZÓN: A lo mejor, el viejo es malo también.

LA MUJER: ¿Cómo puede ser malo si nos ha hecho a imagen y semejanza suya?

EL CABEZÓN: Tenemos cabeza y piernas y brazos como él, pero no somos iguales.

EL VIEJITO: Es que él es ciego . . . nos hace al tacto. No sabe cómo es él, ni cómo somos nosotros . . . (*A la MUJER.*) ¿O tú crees que alguno aquí es perfecto, tú con ese vestido lleno de picos . . . ?

LA MUJER: Cállate. No todo es tan feo aquí . . . Estamos juntos, podemos hablar, caminar. Estamos viviendo el tiempo. ¿Qué más quieres?

EL CABEZÓN: Lo que nunca he podido comprender es por qué nos tiene encerrados.

EL JOVEN: Ya nos tocará nuestro turno de salir.

LA MUJER: Sí, como los que se fueron ayer, y antier y todos los días.

EL JOVEN: ¿A dónde habrán ido?

EL ARTISTA: A distintos lugares . . . A la libertad.

LA MUJER: ¿La libertad? ¿Qué es eso? 5

EL ARTISTA: No lo sé bien . . . Algo que está fuera de aquí; algo azul y brillante, una meseta elevada, o la cresta más alta en el oleaje del mar.

LA MUJER: Me gustaría ir ahí . . . A la libertad . . .

EL JOVEN: ¿Para qué? 10

LA MUJER: Pues . . . para alcanzar algo que no tengo. (*Se palpa el pecho.*) De pronto he sentido como si esto me pesara más.

EL VIEJITO: No te preocupes. El viejo nos ha puesto a todos la misma cantidad de polvo negro y un cartucho del mismo tamaño.

EL CABEZÓN: Creo que ese cartucho es lo que nos atormenta. 15

LA MUJER: Quizás. Me has puesto triste.

EL CABEZÓN: Bah . . . Todos los días te levantas muy alegre, te entristeces otro rato y luego cantas. Todos los días igual.

LA MUJER: Es cierto. Resulta monótono. ¿No?

EL JOVEN: Lo monótono es la felicidad. 20

EL VIEJITO: Sólo así se llega a viejo.

EL ARTISTA: Lo que ustedes no saben es que el polvo que llena el cartucho tiene un nombre.

TODOS: ¿Un nombre?

EL ARTISTA: Sí. Lo vi ayer . . . En la caja que traía el viejo 25 decía: Pólvora, explosivo.

EL CABEZÓN: (*Se pone de pie violentamente.*) Explosivo. Eso es . . . Es lo que se siente . . . algo que va a estallar . . .

EL VIEJITO: (*Poniéndose también de pie.*) Yo no siento eso . . . A mí me duelen las coyunturas. Sobre todo las de las manos. 30

EL CABEZÓN: (*Irónico.*) Es de tanto contar. ¡Explosivo! . . . Sí . . . algo que va a estallar aquí y aquí y aquí. (*Se palpa los lugares en que tiene los cartuchos.*)

LA MUJER: Basta.

EL JOVEN: (*Al CABEZÓN.*) Idiota. ¿No ves que la asustas? 35

EL CABEZÓN: (*Sentándose.*) Yo también me asusté . . .

Silencio. De pronto JUDAS comienza una pantomima de angustia, siempre de espaldas.

LA MUJER: ¿Qué hace?

EL VIEJITO: Se tortura. 40

LA MUJER: ¿Por qué?
EL VIEJITO: Por remordimientos . . .

Mientras JUDAS hace su pantomima, el VIEJO cuenta en voz alta, el JOVEN martillea fuertemente, el ARTISTA se pasea viendo al 5 *cielo*[9] *con actitud de ensueño, el CABEZÓN con la cabeza entre las manos se revuelve frenético en su asiento, la MUJER, en mitad de la escena ve al vacío como en éxtasis. De pronto cesa el movimiento de espasmo y todo vuelve a la normalidad.*

LA MUJER: (*Al VIEJITO.*) ¿Tú crees que volverán?
10 *EL VIEJITO:* ¿Quiénes?
LA MUJER: Los que se fueron.
EL ARTISTA: Si están libres, ¿a qué han de volver?
EL VIEJITO: Llevo aquí mucho tiempo oyéndoles decir, cuando se marchaban, que habrían de volver algún día, pero no, 15 aquí nadie vuelve, el que se va, no vuelve jamás.

Se oyen pasos afuera y luego la risa de la NIÑA.

LA MUJER: Es el viejo barbudo . . .
EL VIEJITO: Viene con la niña, con su hija . . .
LA MUJER: Ah . . . Siempre que ella viene alguien se va . . . 20 Tal vez me toque ahora mi turno para ir a la libertad.
EL JOVEN: O a mí . . .
EL ARTISTA: O a mí . . .
EL VIEJITO: Sería justo que me sacaran a mí. Llevo aquí encerrado tanto tiempo.

25 *Los fantoches quedan estáticos en actitud de ofrecerse. Se descorre el cerrojo, la puerta se abre y entra el VIEJO BARBUDO, llevado de la mano por la NIÑA, vestida de blanco, que entra dando saltitos.*

LA NIÑA: Me gustan estos fantoches . . . Si no fuera por ellos, ¿qué haría yo? La luz no es buena aquí . . .
30 *EL VIEJITO:* (*Mueve la cabeza con una sonrisa ausente.*) Jo. Jo. Jo.
LA NIÑA: Pero no importa. Los escojo al azar. (*Se pasea delante de los fantoches. De pronto en medio de una risa loca se pone a girar y a girar y en el lugar donde suspende su giro señala . . .*) Éste.
35 *EL VIEJITO:* (*Que ha esperado con los ojos cerrados.*) ¿Quién es?
LA NIÑA: Resultó ser el Judas . . . Me gusta este Judas . . . vamos . . . es tu turno. (*Lo empuja. El JUDAS inicia una marcha*

9. viendo al cielo *looking up.*

torpe, como si protestara, en una breve pantomima trata de increpar a los otros que lo ven asombrados.) Ya les tocará a ellos también . . . (*La NIÑA lo empuja violentamente, el JUDAS sale girando como perdido en el aire, detrás de él la NIÑA, llevando de la mano al VIEJO BARBUDO que anda con torpeza.*) 5

Se cierra la puerta tras ellos. Los fantoches vuelven a sus posturas normales.

LA MUJER: (*Triste.*) Se lo llevaron a él . . . Le vi la cara. Era guapo . . .

EL ARTISTA: (*Airado.*) ¿Por qué le dan la libertad a Judas? 10 Era un traidor.

EL JOVEN: ¿Traidor?

EL ARTISTA: Sí, entregó a alguien, por algo que le dieron. No conozco bien la historia.

EL JOVEN: Siempre estuvo aquí. 15

EL VIEJITO: No. Era otro como él . . . Pero no era el mismo. Mañana, el viejo le pondrá el cartucho explosivo a otro igual. Nunca ha faltado aquí un Judas. Siempre está de espaldas, sin hablar.

LA MUJER: Somos menos ahora. 20

EL JOVEN: Es triste.

EL ARTISTA: Triste y monótono.

EL VIEJITO: No es importante. Nada es importante.

EL CABEZÓN: Mira . . . por la ventana . . .

EL VIEJITO: (*Indiferente.*) ¿Qué? 25

EL CABEZÓN: Me parece que están colgando a Judas . . . Es la niña la que lo cuelga de una cuerda.

EL VIEJITO: No veo nada. Ni me importa.

LA MUJER: Ni yo veo. (*Se para en puntas.*)

EL ARTISTA: (*Al CABEZÓN.*) Préstame tus hombros . . . Me 30 subiré sobre de ti y veré . . . Les contaré lo que pasa . . .

EL JOVEN: Yo quiero ver . . .

EL CABEZÓN: (*Lo hace a un lado*[10] *violentamente.*) Soy yo el que debe ver. Vamos . . . Ayúdenme.

El JOVEN, el ARTISTA y el CABEZÓN se suben uno en los hom- 35 *bros del otro. El CABEZÓN ve por la ventana.*

EL JOVEN: ¿Ves algo?

EL CABEZÓN: Sí, Judas cuelga . . . la niña le acerca una cosa encendida . . . ¿qué va a pasar? (*De pronto se oye un violento*

10. Lo hace a un lado *He pushes him to one side.*

estallido de cohetes acompañado de la risa de la NIÑA y de un grito estridente del CABEZÓN.) No . . .

Caen los fantoches al suelo arrastrando los papeles del VIEJITO.

EL VIEJITO: Imbéciles . . . Mira lo que han hecho con mis
5 papeles . . . (*Se inclina a recogerlos.*)
EL CABEZÓN: (*Balbuciendo.*) ¿Qué pueden . . . importar . . . tus papeles . . . ante lo que . . . ha pasado . . . ?
TODOS: ¿Qué ha pasado?
EL CABEZÓN: La niña . . . acercó la cosa encendida al pecho
10 . . . al cartucho. (*Todos se llevan la mano al pecho.*) Y de pronto . . . se hizo una luz más fuerte que la luz del día . . . Un río de fuego recorrió el cuerpo de Judas dejándole al descubierto los ejes que lo sostenían . . . Luego, una sacudida violenta . . .
TODOS: ¿Y después?
15 *EL CABEZÓN:* (*Hundiendo la cara entre las manos.*) Nada . . . Judas . . . Ya no era nada . . .
EL JOVEN: ¿Cómo? . . . Si era Judas era algo . . .
EL ARTISTA: Era Judas y era a la vez otra cosa . . .
LA MUJER: O dejó de ser Judas y se convirtió en algo dife-
20 rente.
EL CABEZÓN: No . . . No era nada. ¿Me oyen? Nada, polvo, cenizas . . . nada . . .
EL JOVEN: Pero entonces . . . ¿Eso es lo que les pasa a los que se van?
25 *LA MUJER:* Y eso . . . nada . . . ¿Qué es?
EL CABEZÓN: Yo lo vi. (*Con desesperación.*) Nada.
AL ARTISTA: Ahora recuerdo. En el cajón del polvo negro decía: pólvora . . . explosivo . . . Peligro de muerte.
LA MUJER: (*Con estupor.*) Muerte ¿es eso? . . . ¿Ser nada? . . .
30 *EL CABEZÓN:* No lo comprendo. Lo vi y no puedo comprenderlo, con esta cabeza tan grande sobre los hombros.
EL VIEJITO: (*Indiferente.*) Bah. Tonterías. Voy a contar mis papeles. (*Se sienta a contar.*)
EL JOVEN: No te servirán de nada. Están hechos con el mismo
35 material que nosotros. El día menos pensado . . . pum . . . al aire, al viento.
EL VIEJITO: No . . . esto es algo, se puede tocar, contar. (*Cuenta en voz alta.*) Mil doscientos tres, mil . . .
EL JOVEN: (*En un arrebato de ira se lanza sobre él, le arrebata*

los papeles y comienza a romperlos.) Mira lo que hago con tus papeles.

EL VIEJITO: No . . . No . . . son míos. (*Le arrebata algunos y se sienta en un rincón, con aire medroso y triste.*)

EL ARTISTA: Peleándose. Idiotas . . . Todos somos idiotas. ¿Qué esperamos aquí? Les pregunto. 5

LA MUJER: ¿Esperar? Nada. Estamos viviendo.

EL ARTISTA: Si ése ha de ser nuestro fin, vamos a juntarnos todos, acerquemos a nosotros una cosa encendida y volaremos por el aire en un solo estallido, como una bomba gigantesca y todos 10 ésos como nosotros a quienes el viejo no ha puesto aún el terrible cartucho en el centro del cuerpo y mis rayas de colores y tus papeles y tu vestido con picos . . . Tal vez ésa . . . es la única libertad que podemos desear.

LA MUJER: No . . . yo quiero convertirme en otra cosa . . . 15 Algo que salga de mí . . . quiero, quiero.

EL CABEZÓN: Un momento. Hay que recobrar la calma. Pensemos. A Judas le sucedió . . . eso . . . porque era malo . . . era traidor . . .

EL JOVEN: Es verdad. 20

EL CABEZÓN: (*Con esfuerzo.*) Quiere decir que el viejo lo destruyó porque era malo.

EL JOVEN: Entonces el viejo es bueno.

EL ARTISTA: ¿Y si no es así? ¿Y si viene por cualquiera de nosotros y nos hace arder en el mismo fuego que a Judas? 25

LA MUJER: Cállate. (*Con tristeza.*) Entonces la vida aquí no tendría sentido . . .

EL ARTISTA: (*Intenso.*) Sería . . . La desesperación.

EL VIEJITO: Bah . . . los oigo hablar y no digo nada. Pero ya es tiempo de que me oigan . . . No hay nada de temible en lo que le 30 pasó a Judas . . . Yo sé, desde hace tiempo, que a los fantoches como nosotros, hechos a semejanza de un anciano, ciego, que está sumido en la indiferencia, les llega un día en que todo se disuelve en el viento. Pero pienso que ya es bastante hermoso sentir el peso de este envoltorio negro en el centro del cuerpo y saber que eso le da 35 sentido a nuestra presencia en este lugar . . . Yo lo sé desde hace mucho . . . pero creo que en el fondo hay que dar gracias a ese viejo que nos ha puesto aquí . . . pues hemos vivido, hemos estado haciéndonos compañía, yo he tenido mis papeles de colores y a veces me ha sucedido que siento unas ganas muy grandes de gritar 40 y si no lo he hecho fuertemente, es por temor de que este envoltorio se desbaratara y me arrastrara en un incendio voraz y aniquilador . . . (*Con tristeza.*) La niña no ha querido llevarme . . . siempre me pongo en lugar visible . . . pero ya llegará . . . espero el momento.

LA MUJER: (*De pronto con frenesí, al JOVEN.*) Ayúdame tú a
5 vivir en algo, que quede después de que yo arda para siempre. Dame un beso.

EL JOVEN: (*Señalando los picos.*) Me lastimaría.

LA MUJER: No importa. Acércate . . . Odio estos picos que no me dejan sentirme confundida contigo, que no permiten nunca
10 que dos sean uno solo, indivisible . . . Dos en uno. Sería bueno, para oponerle mayor resistencia a la niña.

EL JOVEN: Sería inútil. Dos cartuchos de pólvora negra arden más de prisa que uno solo. No hay defensa.

EL CABEZÓN: Es necesario inventar una.
15 *EL ARTISTA:* No . . . Ahora sé que todas las esperas conducen a la muerte. No hay defensa.

LA MUJER: (*Con un paso provocativo.*) Ayúdame—tú.

El JOVEN la sigue. Ella huye y se acerca al mismo tiempo. Cuando el JOVEN está muy excitado, ella se deja caer. Él la levanta y sin
20 *reparar en los picos del vestido se confunde con ella en un abrazo y un beso espasmódicos . . . Luego, se separan, ella se arregla el vestido y los cabellos. Él queda en el suelo como herido.*

LA MUJER: Está bien. El viejo se encargará de lo demás.

EL JOVEN: (*Como soñando.*) ¿El viejo?

25 *De pronto se oyen los pasos afuera precedidos por la risa de la NIÑA. Todos los fantoches se ponen de pie al mismo tiempo.*

EL ARTISTA: Vienen otra vez. ¿A quién le tocará ahora?

EL JOVEN: No los dejemos entrar.

EL CABEZÓN: Todos contra la puerta. El peso de cinco
30 cuerpos es mayor que el de dos. Física pura.

EL VIEJITO: (*Con una risita.*) Es inútil . . . Ella empujará la puerta y ustedes se sentirán livianos. ¡Nuestro cuerpo! Es tan deleznable que al menor soplo suyo caería hecho pedazos. Nuestro peso, el peso de cinco fantoches, de diez, de mil, no bastaría para
35 impedir que esa niña cruel con un dedo abriera la puerta y entrara a elegir entre nosotros.

EL JOVEN: Ya vienen.

EL ARTISTA: (*Con gran temor.*) A empujar.

EL CABEZÓN: Con todas nuestras fuerzas. Así, con una viga.

(*Se apodera de una viga y todos juntos empujan.*) El brazo de palanca es largo, ayudará. Eso es científico e indudable . . .

A pesar de que empujan con todas sus fuerzas se ve que la puerta va cediendo; los fantoches van retrocediendo atónitos. Entran la NIÑA y el VIEJO. 5

LA NIÑA: (*Burlona.*) No me querían dejar entrar. (*Ríe.*)

EL ARTISTA: No te rías.

LA NIÑA: ¿Por qué?

EL ARTISTA: Eres cruel.

LA NIÑA: No sé. Soy como soy. Mi padre es responsable de como soy. 10

EL ARTISTA: Pero ¿por qué? ¿Por qué nos haces esto? ¿Con qué derecho?

LA NIÑA: (*Divertida.*) ¿Derecho? No conozco esa palabra . . .

EL CABEZÓN: No comprendo cómo pudo entrar. Eso es contra todas las leyes de la ciencia. 15

LA NIÑA: ¿Por qué me ven tan extrañados? Es necesario que este lugar quede libre. Hay otros muñecos esperando a que mi padre les ponga las venas de pólvora.

LA MUJER: (*De rodillas a la NIÑA.*) Yo quiero . . . uno nuevo. 20

LA NIÑA: (*Se vuelve de espaldas con disgusto.*) Eso no es asunto mío.

LA MUJER: (*De rodillas al VIEJO.*) Quiero uno nuevo.

EL VIEJO BARBUDO: (*Sordo.*) ¿Eh? 25

LA MUJER: Dame un pequeño fantoche con una pequeña bomba nueva. Él y yo (*señala al joven*) nos hemos amado.

El VIEJO va a un rincón, toma un muñeco pequeño, y lo da a la MUJER.

LA MUJER: Lo quiero. Lo quiero. Duérmete y sueña. (*Lo arrulla cantando en voz baja.*) 30

LA NIÑA: (*Alegre.*) Es divertido. Todo esto me divierte mucho. Y bien. Hoy no elegiré al azar. Hoy vendrá alguien que me guste.

TODOS: ¿Quién? 35

LA NIÑA: (*Los ve con sonrisa cruel, mientras los fantoches en actitud de miedo retroceden.*) Tú (*señala al ARTISTA*).

TODOS: ¡El artista!

LA NIÑA: ¿Artista? Nunca oí palabra más tonta. ¿Qué quiere decir? 40

EL ARTISTA: Nada . . . algo que es aún más inútil que todo lo demás.

LA NIÑA: Vamos, de prisa. (*Lo empuja imperativa.*)

EL ARTISTA: No, no iré.

5 *LA NIÑA:* (*Riéndose.*) Se niega a ir.

EL ARTISTA: Conmigo tú no puedes nada.

LA NIÑA: ¿No?

EL ARTISTA: No . . . yo hago que sea lo que no es, que el tiempo no transcurra, que el rosa sea violeta, que el sueño sea ver-
10 dad, que la vida no termine.

LA NIÑA: (*Con asombro.*) ¡Estás loco!

EL ARTISTA: Sí . . . pero no puedes hacerme nada. Yo te ignoro a ti, tengo el poder de olvidarte . . . de matarte en un pensamiento.

15 *LA NIÑA:* (*Impaciente.*) Vamos.

EL ARTISTA: No iré.

LA NIÑA: Voy a acercar a ti una llama y todos ellos volarán contigo por el aire . . .

LA MUJER: No, mi pequeño.

20 *EL JOVEN:* (*Se adelanta y se encara con el ARTISTA.*) No . . . No tienes derecho. Es tu muerte. Sólo tuya.

EL ARTISTA: (*Con desesperanza.*) Ya sabía yo que me dejarían solo . . . en el último momento . . .

La NIÑA le da un empujón violento y sale tras él . . . El VIEJO
25 *BARBUDO se ha sentado mientras tanto de espaldas a los fantoches . . . Se oye otro violento estallido que los paraliza.*

EL CABEZÓN: (*Se acerca al VIEJO BARBUDO con aire de pedir una explicación.*) ¿Por qué haces esto? Explícame. Quiero comprender. No sé si lo que te propones es bueno o malo. Durante
30 mucho tiempo pensé que esperábamos aquí algo luminoso, le habíamos llamado libertad . . . Ahora sé que desde que nos haces, pones dentro de nosotros, como condición para vivir, la bomba misma que ha de aniquilarnos . . . ¿Por qué entonces no nos haces felices? ¿O por qué no haces que la destrucción sea la felicidad al
35 mismo tiempo? Contesta. (*El VIEJO continúa de espaldas. El CABEZÓN se dirige a la MUJER.*) Háblale tú. Tal vez una mujer . . .

LA MUJER: (*Se acerca al VIEJO BARBUDO con gran comedimiento. Lleva al pequeño muñeco en los brazos.*) Tú sabes que
40 te he querido, que pensaba en ti y te agradecía que me hubieras

hecho diferente a ellos. Sabía que esa diferencia serviría para algo. Hoy sé que es sólo para prolongar nuestra estirpe de fantoches pintados por tu mano, a tu capricho. Creí que nuestra tarea era la de ser felices y me gustaba todo y veía en nuestros colores la más variada colección de hermosuras. Nunca me preocupé por comprender pero ahora, me has dado un pequeño muñeco nuevo y lo quiero. ¿Por qué tengo que querer lo que no comprendo? ¿Por qué no hablas? ¿Eres mudo además de ser sordo y ciego? Habla. (*Llora.*)

El VIEJO calla.

EL VIEJITO: Déjame hablarle. Yo soy viejo ya en este lugar. Por misterioso que él parezca he vivido mucho tiempo junto a su misterio. (*Le habla con familiaridad.*) No te pido explicaciones. Para mí es claro. No hay mucho que comprender; pero yo como tú, soy viejo y sé que nunca se es el mismo.[11] Cuando era joven también me desesperé y pregunté, pero tú ¿nunca te has hecho preguntas a ti mismo? ¿No has hallado la respuesta? Creo que en el fondo eres tan ignorante como nosotros. Sin embargo podrías tener un gesto de piedad. ¿Por qué permitiste que esa niña se llevara al artista, que era joven, y no a mí que tanto le he pedido que me lleve? He visto morir a muchos jóvenes y siempre me ha causado horror. Pon una nueva medida a tu ministerio, un poco de lógica, o ¿no puedes? ¿o lo que quieres es que nunca estemos satisfechos de nada? Tú mismo ¿estás satisfecho? Responde una vez, una sola vez.

EL JOVEN: No contesta. ¿No sabe hablar?

EL VIEJITO: Acaso nuestro error está en esperar de él una respuesta.

EL JOVEN: Mira, se ha quedado dormido. No ha oído nada.

EL VIEJITO: Está cansado como yo. Viejo y cansado.

LA MUJER: Pero entonces ¿qué hay que hacer para que nos oiga? Él duerme pero ha dejado a esa niña loca con libertad para elegir. Ella es la única que es libre. Todos nosotros atados de pies y manos con estas terribles cuerdas y ella libre y desenfrenada. (*Al VIEJO gritándole.*) ¿Es ésa la única libertad que has sido capaz de crear?

Se oye fuera de nuevo la risa de la NIÑA.

EL VIEJITO: Dios mío... Dios mío... ¿A quién se llevará ahora?

11. nunca se es el mismo *things constantly change.*

EL JOVEN: Valor. Hay que tener valor. (*Le tiende la mano a la MUJER que se la toma con desesperación y permanecen así, asidos de la mano.*)

EL CABEZÓN: Si yo pudiera comprender la psicología de este
5 viejo . . .

La NIÑA, que venía corriendo, se detiene jadeante en el umbral de la puerta. Desde ahí observa a los fantoches con una mueca altanera.

LA MUJER: (*Apretando al muñeco pequeño.*) Que no sea yo . . . todavía.

10 *EL JOVEN:* (*Apretando con calor la mano de la MUJER.*) Ni tú, ni yo . . .

EL VIEJITO: Un tiempo antes . . . un tiempo después . . .

EL CABEZÓN: (*A la NIÑA.*) Dame tiempo para que yo pueda explicarme a mí mismo . . .

15 *LA NIÑA:* (*Interrumpe alegre.*) Volveré a seguir mi costumbre. Elegiré, como siempre, al azar. (*Se lanza de nuevo a girar vertiginosamente en mitad de la escena: Los fantoches hacen una pantomima en torno a ella como queriendo escabullirse del dedo de la NIÑA que señala al vacío.*

20 *Música disonante.*

LOS FANTOCHES: No . . . yo no . . . yo no.

(*El VIEJO duerme tranquilamente. Súbitamente con un acorde disonante, fuerte, la NIÑA detiene su giro, en mitad de la escena, señalando con el índice al lunetario, con un gesto firme y amenazador,*
25 *al mismo tiempo que se corre muy rápido el telón.*)

Ejercicios

A. Preguntas

1. ¿Cómo están vestidos los fantoches, y qué representan ellos?
2. ¿Cuál es la función del tambor que tiene el Joven?
3. ¿A qué se dedica el Viejito todos los días, y qué opinión tiene el Cabezón de esta ocupación?

4. ¿Por qué no cree la Mujer que el Viejo pueda ser malo?
5. ¿Por qué se enoja el Artista cuando la Niña escoge a Judas y se lo lleva?
6. ¿Qué puede significar la frase del Viejito: «Nunca ha faltado aquí un Judas.»?
7. ¿Por qué está tan espantado el Cabezón cuando ve lo que le pasa a Judas?
8. Al darse cuenta el Artista de que el fin de todos ellos va a ser la nada, ¿qué propone él hacer?
9. Según la Mujer, ¿bajo qué condición no tendría sentido la vida para ellos?
10. ¿Cuál es la actitud del Viejito frente al Viejo y a la vida en general?
11. Según la Niña, ¿por qué es necesario que ella siga llevándose a los fantoches?
12. ¿Por qué pide la Mujer un pequeño muñeco, y qué cambios se notan en ella después de recibir este muñeco?
13. Al final del drama, ¿qué ya comprende el Cabezón acerca de la existencia de los fantoches?
14. ¿Hay un comentario social en el hecho de que los otros fantoches se niegan a ayudar al Artista cuando la Niña está para llevárselo?
15. ¿Cómo escoge la Niña a su víctima la última vez, a quién escoge, y qué significado puede tener para nosotros?

B. Temas

1. La intención del dramaturgo al emplear fantoches en vez de personas como los personajes de esta obra.
2. El simbolismo que se ve en las figuras del Artista, la Mujer, y el Cabezón.
3. La figura de la Muerte (la Niña) en el drama.
4. El concepto de la libertad que tienen los fantoches.
5. Dios, tal como se le ve representado por el Viejo Barbudo.
6. La existencia de los fantoches en el cuarto y nuestra existencia en la sociedad de hoy.
7. Los cambios de actitud que se notan en los fantoches después de darse cuenta ellos de lo que les va a pasar al salir del cuarto con la Niña.
8. Los varios niveles de interpretación del drama.

C. Modismos y expresiones

Escriba usted las oraciones en español. En cada una emplee uno de los modismos o expresiones siguientes:

al tacto	**en medio de**	**apoderarse de**	**ponerse de pie**
a semejanza de	**siempre que**	**estar de espaldas**	**al azar**
junto a	**harto de**	**a lo largo de**	**de prisa**

1. Whenever that occurs, he looks for a new doctor.
2. When he saw the serpent, he got to his feet and began to shout.
3. The poor man is blind, and therefore he has to make them by touch.
4. We're fed up with not being able to read more plays each week.
5. I believe you'll find soldiers all along the highway.
6. I want you to go, and quickly!
7. The students were chosen at random by one of the secretaries.
8. He found himself in the midst of a large forest.
9. Their car was probably the one next to the bus.
10. The government would take possession of the island tomorrow, if it could.
11. We can see her, but she still has her back turned.
12. Why would you say that they aren't made like the first ones?

Antón Arrufat

Like many of his collaborators in recent Cuban theater, Arrufat, born in 1935, lived in New York during the last years prior to the Revolution. Since 1959 he has lived in Havana and has been active as a director and playwright. He is particularly interested in the *teatro bufo*, a comic form related to the musical comedy or music hall theater. Arrufat has written extensively on this form and has edited a volume of *bufo* plays. He has also directed revivals of *bufo* hits from the late nineteenth and early twentieth centuries.

Arrufat's own plays show the *bufo* influence in their mad disregard for plausibility, the use of stock comic characters, and the oscillation between comedy and seriousness. *El caso se investiga* (1957) is a murder investigation reminiscent of the silent film comedies. *El vivo al pollo* (1961) is a wildly illogical modern version of a famous *bufo* play. Even in these comic works, however, Arrufat is obsessed by man's place in time and its effect on him. Whether in *El último tren* (1963), a study of the stagnant emotional life of the province, or in *La repetición* (1963), Arrufat's characters are trapped in a time which fatally corrodes their lives. *La repetición* is one of the author's most effective presentations of this fatal effect of time on human lives. Not only does time rob us of youth and joy, but it also takes away the capacity for seeing any escape. The use of masks and the circular structure of the play underline Arrufat's intention to present more than simply a vignette of the depressing existence of the poor.

In later plays, Arrufat has attempted a broader perspective. *Todos los domingos* (1965) uses ritual to strip the motivations of an abandoned woman. The play's relationships are like a shifting gallery of mirrors which make the truth always seem to evade us. In 1968 Arrufat received the Cuban Writers' and Artists' Union prize for *Los siete contra Tebas*, an adaptation of Aeschylus' *Seven Against Thebes*. Although never produced because of the furor caused by its obvious relation to the political situation in Cuba, the play is a sensitive handling of the theme of brothers at war and demonstrates that Arrufat has evolved still further in his examination of the Cuban psyche.

PERSONAJES

La Muchacha
La Vecina
El Marido
El Vendedor

Época: 1940

La repetición

Dos planos sostenidos por una escalera de caracol.[1] *La luz enciende sobre el plano más elevado: la habitación de la MUCHACHA, que sirve a la vez de cocina, comedor y dormitorio, sin paredes. Al fondo, una baranda cóncava de hierro que dará idea de un balcón. Fogón pequeño de losetas rojas. Cuelgan cacharros relucientes. Palanganero de color mandarina. Bombilla con pequeña pantalla de cartón amarillo. Mesa con hule. Coqueta con espejo ovalado, encima un jarro de aluminio.*[2] *Cama con cobertor a cuadros. Tiestos con plantas. Una cuerda para colgar ropa cruza la habitación. La MUCHACHA está lavando medias, pañuelitos, etc., en el palanganero. Viste a estampados,*[3] *pelo recogido. Máscara de mujer joven. Canta fragmentos de varias canciones que tratan de la soledad. Va hacia la cómoda, toma el jarro, vierte agua en el palanganero y vuelve a lavar. Deja el jarro en el suelo. Tiende en el cordel.*

La luz se enciende sobre el plano más bajo: la habitación de la VECINA. Es igual a la de la MUCHACHA, con los mismos muebles y objetos, pero más viejos y sucios. Los mismos tiestos con las mismas plantas, pero medio muertas, marchitas. Están en escena la VECINA y su MARIDO, que será también el VENDEDOR. Usan máscaras fijas. La VECINA es una mujer gorda, con años. Vive en desacuerdo con lo que le rodea. El MARIDO viste un overall azul. Están desayunando. Es sábado.

1

LA VECINA: Te digo que es imposible vivir así. Nunca se sabe si te darán trabajo. ¿Vas a ir hoy? (*El MARIDO asiente.*) Bueno, trabajar todos los días está bien, pero ir a buscar todos los días y no encontrar . . . Sí, ya sé. A veces encuentras. Hay que estar horas esperando . . . Juanito quiere un disfraz. ¿Está bueno el café? Me imagino . . . ¿No te parece que ya va siendo hora de que las cosas cambien? Sí, ya sé lo que vas a decirme. Sé que a veces yo soy lo

1. Dos . . . caracol. *Two levels separated by a winding staircase.* 2. Fogón . . . aluminio *A small cookstove of small, red flagstones. Shining cooking pots hang above it. An orange-colored washstand and basin. A hanging light bulb with a small shade of yellow cardboard. A table with an oilcloth cover. A vanity with an oval mirror and an aluminum pitcher on it.* 3. Viste a estampados *She is wearing a cotton print dress.*

que se dice «una fatalista». Mi madre, que en paz descanse, siempre me decía: «Así no levantarás cabeza»[4] . . . Esta semana todavía no hemos pagado el alquiler del cuarto . . . Tengo que hacer milagros para llegar a fin de mes . . . Las galletas están viejas. Ese maldito
5 chino, y seguramente me apuntó de más en la cuenta[5] . . . (*El MARIDO se levanta y sale. La VECINA sube la escalera y entra en el cuarto de la MUCHACHA.*)

2

LA VECINA: ¿Se puede? ¡Ya estoy dentro! ¿Qué tal, hija? ¿Cómo pasó la noche? ¿Yo? ¡Espantosa! Casi no pude pegar los
10 ojos . . .

Se apaga la luz sobre el cuarto de la VECINA.

LA MUCHACHA: ¿Está enfermo su hijo?

LA VECINA: ¡Enferma me pondrá a mí como lo deje![6] Siempre quiere algo distinto. Ahora no existe en el mundo quien le
15 saque de la cabeza que tiene que disfrazarse. Todo el día de ayer se lo pasó pidiéndomelo. Y tú sabes, vecina, que el dinero está en el pico del aura[7] . . . Bueno, como te iba diciendo, anoche Juanito no se durmió y me dejó tranquila hasta que le prometí[8] coserle un disfraz para esta tarde. Los niños son implacables . . . Con tal de
20 salirse con la suya[9] la llevan a una a la tumba . . . ¿Y qué hago ahora? (*Se sienta en la cama.*) Mi marido está sin trabajo. En los muelles un día hay y otro no. No sé, no hay nada seguro. ¡Está bueno el colchón![10] (*Pausa.*) Ayer apunté un número a la bolita, pero ni se enteró.[11] «Monja que camina por el techo»[12] . . . ¿Qué
25 será? Ése es el versito de la charada de hoy.

LA MUCHACHA: No tengo la menor idea. ¿«Monja que camina por el techo»?

LA VECINA: Ni te preocupes. Yo apunto cualquier número venga bien o mal. La cosa es entrar en el juego. El premio le cae a
30 cualquiera.

4. «Así . . . cabeza» *You'll never get ahead that way.* 5. me . . . cuenta *he charged too much on the bill.* 6. ¡Enferma . . . deje! *He's making me sick!* 7. el dinero . . . aura *things are pretty uncertain.* 8. me . . . prometí *he didn't leave me in peace until I promised him.* 9. Con . . . suya *For the sake of getting their own way.* 10. ¡Está . . . colchón! *The mattress is very good!* 11. Ayer . . . enteró. *Yesterday I took a chance on the lottery, but it wasn't even close.* 12. «Monja . . . techo» A line whose hidden meaning must be guessed to qualify for the lottery.

LA MUCHACHA: (*Que ha dejado de tender, se seca las manos y se sienta junto a la VECINA.*) Dios aprieta pero no ahoga.

LA VECINA: Ay, chica, ese tipo no se entera de nada. (*Se levanta.*) Bueno, quiero preguntarte una cosa, ¿te casas o no te casas? 5

LA MUCHACHA: (*Sorprendida.*) ¡No tengo novio todavía!

LA VECINA: (*Rápida.*) Las ganas no te faltan. (*Palmeando.*) ¡A buscarlo! No creas en eso de que «matrimonio y mortaja del cielo baja».[13] (*Camina hasta el fogón y levanta la tapa de una cazuela.*) Las once de la mañana y los fogones fríos. ¿Qué haré de almuerzo? 10

LA MUCHACHA: No sé. Cualquier cosa.

LA VECINA: A mí se me devanan los sesos[14] pensando en la comida. Nunca sé lo que voy a hacer. Es mi tragedia. ¿Qué cocino hoy? (*Extiende el brazo, gira la mano con el índice apuntando.*) Ven acá, chica. ¿Tienes alguna telita que no te sirva por ahí? 15

LA MUCHACHA: Tengo un pedazo de tafetán rojo.

LA VECINA: (*Exclamando.*) ¡Ése mismo!

La MUCHACHA busca en las gavetas de la cómoda. Saca un pedazo de tela. Mientras tanto la VECINA vuelve al fogón y destapa otra cazuela. 20

LA VECINA: ¡Qué horror! ¡Vacía! Si al menos hubiera aquí algo que me diera idea de lo que debo cocinar. ¿Qué cocinaré hoy?

LA MUCHACHA: (*Regresando.*) Me sobró de un vestido que me hice los otros días con Onelia. La muy viva[15] se quería quedar con el retazo. Y yo, ahora, creí que lo había botado. 25

LA VECINA: ¡Ni comprada en la tienda![16] (*Pausa.*) ¡Nunca se bota nada!

LA MUCHACHA: ¿No te parece muy pequeño?

LA VECINA: Ya se me ocurrirá algo. (*Pausa.*) Eso mismo. ¡Ya lo tengo! Le haré un pañuelo para la cintura y otro para el cuello. 30 Un sombrero de yarey que tengo por ahí, ¡y ya está el disfraz! Un guajiro.

LA MUCHACHA: (*Sonriente.*) Me alegro. (*Tiende alguna ropa.*) Si necesitas algo más no tengas pena.[17]

13. «matrimonio . . . baja» *marriage and death come from heaven* (*lit., matrimony and the shroud come down from heaven*). 14. A mí . . . sesos *I rack my brains.* 15. La muy viva *The scoundrel.* 16. ¡Ni comprada . . . tienda! *As good as any bought in the store.* 17. no tengas pena *don't be afraid to ask.*

LA VECINA: Ay, sí, vieja. Yo siempre digo: Quien necesita, grita.

LA MUCHACHA: ¿Y dónde llevarán al muchacho esta tarde?

5 *LA VECINA:* A dar una vueltecita,[18] y si hay plata hasta los caballitos. Le compraremos helados, galleticas y tal vez una matraca. ¡Y ya está! Todo lo que él quiere es disfrazarse. Con eso le basta. Cuando se disfraza se cree otra persona. Esta tarde será un guajiro. No te molesto más. Si necesito algo volveré. (*Se oyen* 10 *cantos por la calle y música.*) Caramba, empiezan temprano. (*Comienza a salir. Se vuelve, señala el tendido.*) Se secarán pronto, hay buen sol. Hasta luego y muchas gracias. A lo mejor[19] cosiendo se me ocurre algo para el almuerzo. (*Sale. Comienza a bajar la escalera, se arrepiente y regresa.*) Se me olvidó preguntarte a dónde 15 irás esta noche.

LA MUCHACHA: Me quedaré aquí.

LA VECINA: (*Con asombro.*) ¿Y qué harás entre estas cuatro paredes?

LA MUCHACHA: (*Enumerando cómicamente para crear una* 20 *atmósfera de vacío.*) Limpiaré el cuarto, me lavaré la cabeza, plancharé una blusita para ir al trabajo el lunes, me sentaré en la butaca, sacaré un crucigrama, me asomaré al balcón, cocinaré, me comeré las uñas. (*Pausa, irónica.*) ¡No tengo un sólo minuto libre!

La VECINA empieza a gesticular. La música de la calle no deja oír 25 *lo que habla. La MUCHACHA camina hacia el público reflejando inquietud. Sale la VECINA. Se enciende la luz de su cuarto. Saca un costurero y se sienta a coser.*

3

La MUCHACHA retira el palanganero del centro de la escena. Arregla el cuarto. Quita cosas y las vuelve a colocar en el mismo lugar 30 *después de una vacilación. Desviste la cama y la vuelve a vestir. Toma una cacerola y la frota. Impresión de desasosiego.*

LA MUCHACHA: La vecina me dejó la cabeza llena de humo. El cuarto ahora me parece más feo que antes. Quisiera salir esta noche. ¿Podré ir a un baile sin compañero? ¿Y si nadie me saca a 35 bailar? Me tendré que pasar la noche sentada mirando a los otros divertirse. ¿Será peor ir que quedarme? Aquí cierro el balcón y me

18. A dar una vueltecita *To take a stroll.* 19. A lo mejor *Perhaps.*

acuesto a dormir. (*Se sienta en el borde de la cama y saca una galleta de un cartucho y comienza a comerla. Se levanta, se mira al espejo, se peina. Se oye una conga lejana. La MUCHACHA comienza a hacer gestos ante el espejo. Cesa la música. Ríe nerviosamente.*)

4

Aparece el VENDEDOR en la escalera. Máscara de hombre joven. Viste guayabera y trae una maleta grande en la mano. Se detiene ante el cuarto de la VECINA. El VENDEDOR está indeciso. No sabe si llamar o subir. Levanta la mano para llamar en la supuesta puerta de la VECINA. Se detiene. Saca una moneda y la tira al aire echando suertes.[20] *Sube y llama a la puerta de la MUCHACHA. La MUCHACHA corre al espejo, se arregla. Parece preguntarse quién será. El VENDEDOR vuelve a llamar. La MUCHACHA se quita el delantal, lo deja sobre la cama y abre.*

EL VENDEDOR: (*Sonriente, mecánico.*) Buenos días, señora.

LA MUCHACHA: Buenos días. ¿Qué desea usted?

EL VENDEDOR: (*Exagerando como un muñeco.*) Hacerle una demostración. Vendo todo lo que usted necesite.

LA MUCHACHA: ¡Un momento!...

EL VENDEDOR: (*Saca una plancha eléctrica.*) Voy a demostrarle la gran calidad, rapidez y eficiencia de esta plancha eléctrica. ¿Tiene ya plancha eléctrica?

LA MUCHACHA: (*Molesta.*) No señor. Y no puedo comprarla tampoco.

EL VENDEDOR: (*En el mismo tono, insistiendo.*) La demostración es la base de la venta. Por ahora no hablemos de dinero. Permítame demostrarle que usted planchará sus ropas fácilmente. Le aseguro que le gustará una plancha como ésta. Con su permiso. ¿Tiene algún inconveniente? No la molestaré demasiado. (*El VENDEDOR sin esperar toma la maleta y entra. Se detiene en medio de la habitación.*) ¿Dónde la conecto, señora? (*La MUCHACHA indica la bombilla. El VENDEDOR coloca la plancha en la mesa y se vuelve con el cordón en la mano.*) ¿Cómo plancha usted sus ropas? (*La MUCHACHA muestra una plancha antigua de hierro.*) Usted tiene que hacer mucho esfuerzo. Ésta es una plancha rápida y segura. Con eso se pueden quemar sus vestidos. Con ésta, jamás. Fíjese, tiene dónde graduar el calor de acuerdo con la tela que vaya

20. Saca . . . suertes. *He takes out a coin and flips it in the air choosing heads or tails.*

a planchar. Acérquese para que pueda verlo mejor. (*La MUCHACHA se acerca.*) Este botón marca el calor para el hilo, el algodón, la seda . . . Además, la ventaja más importante: cuando se calienta lo suficiente ella misma se detiene ¡sin que usted tenga que preocuparse!

LA MUCHACHA: Vuelva el próximo mes.

EL VENDEDOR: ¿Le gusta o no la plancha?

LA MUCHACHA: Usted convence pero no puedo comprarla.

EL VENDEDOR: No se preocupe por el dinero. ¡Ya pagará! Hay mil oportunidades, a plazos, sin entrada.[21] Aquí mismo se la dejo si quiere. Le aseguro que su esposo no se disgustará.

LA MUCHACHA: Soy soltera.

EL VENDEDOR: (*Cambiando repentinamente de tono, insinuante.*) Ah, es usted soltera. (*Mirándola con picardía.*) ¿Tiene novio?

LA MUCHACHA: (*Cómica.*) Soltera y sin compromiso.

EL VENDEDOR: ¿Pero es posible que tanta belleza no encuentre su admirador? El mundo anda confuso.

LA MUCHACHA: Ya lo ve usted. (*Se insinúa sutilmente.*) Gracias por el piropo.

EL VENDEDOR: Cuando toqué a la puerta creí que me encontraría una señora casada, gorda y con cinco hijos, ¡y mire lo que vengo a encontrarme! ¡Vaya sorpresa!

LA MUCHACHA: (*De repente, estremeciéndose.*) No juegue.

EL VENDEDOR: (*En el tono anterior.*) Se me olvidaba decirle algo muy importante. ¡Esta plancha es la más rápida que se conoce! (*Quita la bombilla. Coloca un tomacorriente.*)

LA MUCHACHA: Dígame lo más importante: ¿cuánto cuesta?

EL VENDEDOR: Muy barata.

LA MUCHACHA: ¿Cuánto?

EL VENDEDOR: Quince pesos.

LA MUCHACHA: Muy cara.

EL VENDEDOR: Cuando usted vea lo rápida que es, lo eficiente. (*Se dispone a conectarla.*)

Entra la VECINA.

5

LA VECINA: ¿Se puede? ¡Ya estoy adentro! Oye querida, se

21. a plazos, sin entrada *in installments, with no down payment.*

me acabó el hilo en lo mejor de la costura. (*Muestra un carretel vacío.*) ¿Tú no tienes por ahí un carretelito sobrante?

LA MUCHACHA: Déjame ver. (*Va hacia el fondo rápidamente con cierto malestar. Registra en una gaveta.*) Vaya, qué casualidad. Del mismo color de la tela. 5

LA VECINA: Cualquier color me viene bien. Si el hilo no está podrido . . .

LA MUCHACHA: (*Sonriente.*) Hace poco que lo compré.

LA VECINA: (*Que ve al VENDEDOR, se coloca la mano en la cara como si fuera a pregonar.*[22]) ¡Oye, de dónde salió esto! 10

EL VENDEDOR: (*Ceremonioso.*) Vendedor ambulante.

LA VECINA: (*Voceando.*) ¡Está entero![23]

EL VENDEDOR: Gracias.

LA VECINA: Tú no tienes que decir ni media palabra. Eso es así. Naciste y nada más. A unos belleza y a otros . . . Es el tormento 15 mayor. ¡Ponte un azabache,[24] muchacho, un azabache!

LA MUCHACHA: (*Regresando.*) Puede gastarlo todo.

LA VECINA: Oye, tú nunca fallas. (*Retirándose hacia la puerta.*) Se me olvidó decirte la otra vez que hice un pudín de pan. Mi marido me dijo que estaba de lo más bueno. Tuve que escon- 20 derlo de Juanito porque si no lo acaba.[25] (*Regresa y se sienta.*) Te lo traeré para que lo pruebes.

LA MUCHACHA: Qué bueno. Con lo que me gusta el pudín.[26]

EL VENDEDOR: (*Interrumpiendo.*) ¿Dónde cocina usted sus pudines? 25

LA VECINA: En la candela.

EL VENDEDOR: Pero ¿dónde?

LA VECINA: En la candela.

LA MUCHACHA: Tenemos el mismo fogón.

LA VECINA: Ah, ya sé lo que usted quiere, joven. Mire, se lo 30 explicaré. Se coloca el pudín en una cazuela, se tapa y encima se le ponen unas brasitas de carbón. Ahí está el detalle, en las brasitas. Ni muchas ni pocas, suficientes.

EL VENDEDOR: Tengo un horno para usted.

22. como si . . . pregonar *as if she were going to call out (like an announcer).* 23. ¡Está entero! *He's all there, he's the real thing!* 24. ¡Ponte un azabache *There is a popular belief in Cuba that a piece of jet protects the wearer from the evil eye. The implication here is that the Vendedor is so handsome that others would be jealous.* 25. si no lo acaba *otherwise he would finish it off.* 26. Con . . . pudín. *The way I like pudding!*

LA VECINA: ¡Ya salió el vendedor! Mucho había esperado. Mire joven, ni casa en el Vedado,[27] ni Cadillac a la puerta, ni horno. De eso nada y de lo otro cero. A ésta que está aquí, ¡no le tocó![28] Mi abuela cuando le preguntaban: ¿cómo está, señora?,
5 siempre decía: «Aquí, cubierta de tierra».

EL VENDEDOR: Conozco mucha gente que trabajando logró lo que quería. Lo que hay que tener es voluntad.

LA VECINA: No me hagas reír que tengo el labio partido de esperar.[29] Mi marido ha trabajado toda su vida, ¿y sabes cómo
10 morirá? ¡Reventado!

LA MUCHACHA: ¡Qué exageración!

EL VENDEDOR: La gente se hace su propia vida.

LA VECINA: La vida es como ir al cine de la esquina. Oscuridad, allá en el fondo una lucecita y mucho parpadeo. Mano que
15 coge pierna, pierna que coge mano.[30] De vez en cuando se rompe la cinta y la gente chifla. Algunos se quedan con la boca abierta sin saber qué hacer. Mucha gente, y no conoces a nadie. (*Pausa. A la MUCHACHA.*) Todavía no sé lo que haré de almuerzo. No se me ocurre nada. Tengo la cabeza vacía.

20 *LA MUCHACHA:* Carne con papas y arroz blanco.

LA VECINA: ¡Estás iluminada hoy! Eso mismo. Resuelto el problema. Y usted ¿qué piensa, joven?

EL VENDEDOR: Tal vez tenga razón.

LA VECINA: El cliente siempre tiene la razón.

25 *EL VENDEDOR:* Un horno para sus pudines le dará la razón.

LA VECINA: Déjeme la razón y quédese con el horno.

EL VENDEDOR: Es muy económico. Tengo unos plazos tentadores . . .

LA VECINA: No me tientan.

30 *EL VENDEDOR:* Si no es un horno puede ser una plancha. Mire ésta. Ella está interesada en comprarla. Calidad por todas partes. Me disponía a hacerle una demostración cuando usted entró.

LA VECINA: No gaste energías por gusto.[31]

EL VENDEDOR: Vea esta maravillosa cocinita de dos
35 hornillos. Muy barata. No tizna los cacharros.[32] Le doy un precio especial.

27. Vedado *a section of Havana, formerly costly and exclusive.* 28. A ésta . . . tocó! *I don't have that kind of luck.* 29. tengo . . . esperar *I'm worn out from so much waiting.* 30. Mano . . . mano. *Grab a hand here and a leg there.* 31. No . . . gusto. *Don't use up your energy for pleasure; i.e., don't waste your time.* 32. No . . . cacharros. *It doesn't burn the pots.*

LA VECINA: (*Sin oír al VENDEDOR.*) ¿Por qué no vas a bailar a la Tropical? Allí una se divierte. Siempre está así... (*Gesto que indica mucha gente.*) Te aseguro que encontrarás quien te saque a bailar...

LA MUCHACHA: No, mi amiga. Me quedaré en casa. Iré otro día.

EL VENDEDOR: (*A la VECINA.*) ¿No le interesa la plancha? (*Saca un ventilador pequeño.*) ¿Y este ventilador? Estamos casi en verano y el calor mata a cualquiera. (*Saca una olla de presión.*) ¿Y de esto qué me dice? Ablanda los frijoles en cinco minutos. No hay ninguno que se resista.

LA VECINA: ¡Deténgase!

EL VENDEDOR: (*Saca un radio.*) Para que su marido escuche la pelota y usted las novelas.[33]

LA VECINA: (*Gritando.*) ¡Nunca compraré nada a vendedores ambulantes! ¡Nunca jamás! Todo lo que venden es malísimo. Lo que no se puede vender en la tienda porque no hay nadie que lo compre se lo dan a ustedes. ¡Malísimo todo!

EL VENDEDOR: No diga tonterías. No sabe lo que dice.

LA VECINA: Tengo experiencia.

LA MUCHACHA: La plancha parece buena.

LA VECINA: ¡No la compres!

EL VENDEDOR: Guárdese sus recomendaciones. Me está quitando la comida.

LA VECINA: Si ella la compra perderá su dinero.

LA MUCHACHA: (*Conciliadora.*) Si se rompe puedo devolverla.

LA VECINA: Pero te cogen la primera mensualidad y no te la devuelven.

EL VENDEDOR: (*Recoge las cosas y las va colocando en la maleta.*) Usted habla por hablar.[34]

LA VECINA: Usted vende por vender.

EL VENDEDOR: No se meta en lo que no le importa.

LA VECINA: Ella es amiga mía.

LA MUCHACHA: Pero esta discusión...

LA VECINA: No estoy discutiendo. Te advierto solamente...

EL VENDEDOR: Qué experiencia ni qué niño muerto.[35] Nunca compró nada.

33. las novelas *radio soap operas.* 34. habla por hablar *talk just for the sake of talking.* 35. Qué... muerto. *Experience my foot!*

LA VECINA: Otros compraron por mí.
EL VENDEDOR: Nunca he engañado a nadie. Doy garantías. Se firma un contrato.
LA MUCHACHA: Vecina, creo que exageras.
5 *LA VECINA:* Como quieras. Pero oye bien lo que te digo: mi suegra compró un reloj y al mes no le caminaba.[36] Tuvo que devolverlo y se quedaron con su dinero. El vendedor ambulante desapareció. Pero aquí no acaba la cosa. Resulta que reloj y vendedor cayeron por casa[37] de mi prima, ¡y le pasó lo mismo! No compres
10 nunca un reloj de pulsera. Todos los relojes de pulsera que venden los ambulantes son el reloj de mi suegra.
EL VENDEDOR: Usted es una mentirosa. Una enredadora. Quiere convencerla y hundir el negocio. Pero cállese, cállese.
LA VECINA: Soy capaz de llamar a mi suegra. (*A la MUCHA-*
15 *CHA.*) Tú conoces a mi prima. Cuando venga le diré que te lo cuente. Oyeme bien: no compres nada. Tú no tienes quien te defienda. Y ahora me voy. No quiero que me vaya a dar una embolia[38] aquí. (*Sale con grandes aspavientos.*)
EL VENDEDOR: ¡Ojalá se le queme el arroz!
20 *LA VECINA:* (*Desde su cuarto.*) ¡Nunca!

6

EL VENDEDOR: Le ruego que me disculpe. Pero esa mujer me saca de quicio.[39] Es terrible. (*Pausa.*) Cuando salgo de casa a vender me digo: «Paciencia, paciencia». Así es como único puedo vender algo.[40]
25 *LA MUCHACHA:* Ella discute por cualquier cosa. En el patio se pasa el día sermoneando a diestra y siniestra.[41] Su marido es el primero en reconocerlo. Por favor, no crea que es un mal vendedor. Hay que tener fe. ¡Voy a comprarle la plancha!
EL VENDEDOR: (*La mira profundamente.*) La aseguro que mi
30 mercancía es de calidad. ¡Se lo garantizo!
LA MUCHACHA: (*Con picardía.*) ¿No desaparecerá como en el cuento de la vecina? A lo mejor se convierte en el Hombre Invisible.

36. al . . . caminaba *in a month it didn't work.* 37. cayeron por casa: llegaron a casa 38. No quiero . . . embolia *I don't want to have a stroke.* 39. me saca de quicio *drives me crazy.* 40. Así es . . . algo. *That's the only way I can sell anything.* 41. a diestra y siniestra *right and left.*

EL VENDEDOR: ¡Le juro que no! Le daré mi dirección. (*En otro tono, melancólico.*) Si supiera, aún no había hecho la cruz.[42] Ésta es mi primera venta y tal vez la única...

LA MUCHACHA: ¿Pensará lo mismo que la vecina? Vamos, hay que seguir adelante y luchar. 5

EL VENDEDOR: Terminaré mi demostración. (*Conecta la plancha y la coloca sobra la mesa, íntimo.*) ¿Y tú dónde trabajas?

LA MUCHACHA: En un taller de costura.

EL VENDEDOR: ¿Y te gusta?

LA MUCHACHA: Vivo de eso. De niña me gustaba mucho 10 coser. Así aprendí, como jugando. Cuando vine a La Habana fue lo primero que encontré y ahí estoy. Ya no me gusta tanto como antes. Antes yo hacía lo que quería, lo que se me ocurría coser. Ahora no me hago ni mis propios vestidos. Me aburre. Me paso el día haciendo lo que le conviene al dueño. 15

EL VENDEDOR: ¿Ocho horas sin salir?

LA MUCHACHA: Ocho horas sentada frente a una máquina de coser.

EL VENDEDOR: No puedo estar mucho tiempo en el mismo sitio. Por eso me gusta algo mi trabajo. Voy de un lado al otro. Si 20 quiero tomarme un café, nadie me lo impide. Además, me gusta el riesgo, el temor de no vender nada en todo el día. Saber que si no vendo me muero de hambre y salir a la calle con el corazón en la boca. (*Toca la plancha.*) ¡Ya está caliente!

La MUCHACHA toca la plancha y se quema. Se coloca el dedo en 25 *los labios y retrocede. El VENDEDOR está detrás y se juntan sus cuerpos. Él la toma por los hombros. Quedan así un instante. La MUCHACHA se vuelve lentamente entre los brazos del VENDEDOR. Se miran. Vacilan. Se besan. El VENDEDOR mientras tanto desconecta la plancha.* 30

LA MUCHACHA: Parece que vuelvo a verte. No eres el hombre que entró hace un momento.

EL VENDEDOR: Tú tampoco eres la misma. Me gustas. Hace un rato no eras más que un cliente, casi una sombra. Tendrás que contarme tu vida, dónde pasaste la infancia, todas esas cosas que se 35 dicen. ¿Has estado muy sola?

LA MUCHACHA: (*Mirándolo.*) Sola, sola, sola...

LA VENDEDOR: Yo andaba por ahí con mi maleta y mis

42. aún no había hecho la cruz *I still hadn't made a dime.*

planchas eléctricas. (*Pausa.*) Ah, qué sé yo... No sé. Algo me faltaba. Si supiera cómo decírtelo... (*Acariciándola.*)

LA MUCHACHA: Abrázame. Me gusta tocar tu cuerpo. Nunca pensé que fueras así.

5 *EL VENDEDOR:* No. Es un sueño. (*Se escucha una conga lejana.*) Ves, la gente quiere ser feliz. Es lo único que quiere. ¿Saldrás conmigo esta noche?

LA MUCHACHA: Siempre estaré contigo. Llévame donde quieras.

10 *EL VENDEDOR:* Iremos a ese baile. Hace un rato dijiste que no tenías con quién ir... Te recogeré a las nueve. ¿Ves con que seguridad hablo? Nada en el mundo nos podrá separar.

LA MUCHACHA: ¡Qué lejos está aún la noche!

EL VENDEDOR: Toma, es tuya. (*Le da la plancha.*) Plan-
15 charás con ella el vestido para esta noche. Es mi primer regalo.

La MUCHACHA coge la maleta del VENDEDOR y la esconde bajo la mesa. Se apoya en la puerta. Lo invita a salir con un gesto. El VENDEDOR sale y repite su llamada. La MUCHACHA repite sus movimientos anteriores. Como si todo se repitiera, pero en otro
20 *sentido. Abre.*

EL VENDEDOR: Buenos días.

LA MUCHACHA: Buenos días.

7

Bajan la escalera. Aparece la VECINA. La MUCHACHA cambia su máscara por la de ella. Entra en el cuarto de la VECINA y sigue
25 *cosiendo o barriendo. La luz del plano alto se apaga lentamente, mientras la VECINA, con la máscara de la MUCHACHA, canta. El VENDEDOR sale, después de cambiar su máscara por la del marido de la VECINA. Queda la luz encendida del cuarto de la VECINA y el resto de la escena a oscuras. Aparece el marido de la*
30 *VECINA en el cuarto.*

LA MUCHACHA: Te digo que es imposible vivir así. Nunca se sabe si te darán trabajo. ¿Vas a ir hoy? (*El MARIDO asiente.*) Bueno, trabajar todos los días está bien, pero ir a buscar todos los días y no encontrar... Sí, ya sé. Hay que esperar... ¿Está bueno
35 el café? Me imagino . . ¿No te parece que ya va siendo hora de que las cosas cambien?

TELÓN LENTO

Ejercicios

A. Preguntas

1. ¿Cuál es la diferencia que se nota entre la habitación de la muchacha y la de la vecina?
2. ¿Qué usan (llevan) la muchacha, el vendedor, la vecina, y su marido?
3. ¿De qué se queja la vecina en la primera escena?
4. ¿Qué es lo que quiere el hijo de la vecina?
5. Según la vecina, ¿con qué puede hacer el disfraz para su hijo?
6. Al salir la vecina, ¿cómo la deja a la muchacha?
7. ¿Cómo decide el vendedor a cuál puerta debe ir primero?
8. ¿Cómo reacciona el vendedor al saber que la muchacha no está casada?
9. ¿Cuál es el piropo que le echa el vendedor a la muchacha?
10. ¿Con qué propósito vuelve la vecina al cuarto de la muchacha?
11. Según la vecina, ¿por qué nunca debe la muchacha comprar un reloj de pulsera a un vendedor ambulante?
12. ¿Por qué decide la muchacha comprarle la plancha al vendedor después de todo?
13. ¿Qué efecto tienen en el vendedor y la muchacha las preguntas que ellos se hacen?
14. ¿En qué momento se ve un gran cambio de actitud entre la muchacha y el vendedor?
15. ¿Qué significado tiene la pregunta con la cual se concluye el drama?

B. Temas

1. La función de las máscaras que usan los personajes.
2. La personalidad de la vecina.
3. La importancia de la escenografía en el drama.
4. Las reacciones entre la muchacha y el vendedor.
5. El papel que tiene el destino en esta obra.
6. El simbolismo de la escena final.
7. La repetición como elemento formal del drama.

C. Modismos y expresiones

Escriba usted las oraciones en español. En cada una emplee uno de los modismos o expresiones siguientes:

a plazos	**a diestra y siniestra**	**hay que**	**a la vez**
tener razón	**tocarle (a uno)**	**enterarse de**	**echar suertes**
a lo mejor	**ocurrírsele (a uno)**	**disponerse a**	**hace un rato**

1. She would have to pay for it in installments.
2. One must go to the theater every week.
3. I don't know when that will occur to him.
4. The man was getting ready to plug in (connect) the iron.
5. Why don't we cast lots to see who remains at home?
6. Perhaps they have bought it already.
7. The salesman arrived a while ago.
8. John's not right when he says that she's the best.
9. This room is at the same time her kitchen and her bedroom.
10. It is possible that they'll find out about the fire tomorrow.
11. Now it's your turn to look for the woman.
12. The girl ran through the street looking right and left.

Emilio Carballido

Born in Cordoba, Veracruz, Mexico in 1925, Emilio Carballido is one of Spanish America's foremost contemporary playwrights. He is the winner of a number of national and international drama prizes, and several of his plays have been translated into English. Carballido attended the National University of Mexico and has taught drama and playwriting there, at the University of Veracruz, and in several North American universities. He has also written a number of film scripts and has published several novels and collections of short stories. His first plays were the result of a conscious effort to break the routine of domestic drama and provincial local color which dominated the Mexican stage. Later plays, influenced by his travels, demonstrate a considerable influence of European and Asian theater. All his work testifies to the restlessness of his creative drive which never permits him to settle into repetitive routine.

Carballido's first full-length play, *Rosalba y los llaveros* (1950), combines an ironic comment on the stagnation of the provinces with a healthy comic vision. *La danza que sueña la tortuga* (1955) and *Felicidad* (1955) are also in a realistic idiom, although *Felicidad*, a study of a frustrated and aging teacher, is far more serious than the others. In *La hebra de oro* (1956) and the never-staged trilogy of short pieces, *El lugar y la hora*, Carballido began to explore the rich vein of fantasy which has become so important in his later work. His plays of the 1960s and 1970s integrate this characteristic with the psychological realism and easy humor seen in the earlier works. Such plays as *El día que se soltaron los leones* (1963), *El relojero de Córdoba* (1960), and *Medusa* (written in 1958 but first produced in 1966) are complex examinations of the individual's role in society and his or her need for love and compassion. Later plays, such as *Un pequeño día de ira* (published in 1962), *¡Silencio, pollos pelones, ya les van a echar su maíz!* (1963), and *Yo también hablo de la rosa* (1966), have been increasingly critical of society's deadening effect on the individual. His works speak to the maintenance of the human being against the eroding effects of a dehumanized world, but they are kept from falling into propaganda by a lively sense of the ridiculous and an unembarrassed love for people.

El censo, first published in 1957, was written originally as an exercise for a course in acting and directing. Its somewhat askew humor and refreshingly mad vision of society's demands are typical of its author, as is its refusal to engage in empty denunciations of bewildered people.

PERSONAJES

REMEDIOS
DORA
HERLINDA
CONCHA
EL EMPADRONADOR
PACO

Lugar: *Una vivienda en el rumbo de La Lagunilla*, 1945[1]

1. A quienes juzguen inverosímil esta comedia, recomendamos leer en los periódicos el resultado del censo de 1960, en Guadalajara; según el cual sólo alguna plaga fulminante podría explicar el decrecimiento de los habitantes en una ciudad que obviamente parece mucho más poblada que diez años atrás. [*Nota del autor.*] *La Lagunilla is a poor district of the capital.*

El censo

DORA es gorda y HERLINDA flaca. CONCHA está rapada y trae un pañuelo cubriéndole el cuero cabelludo.[2] *EL EMPADRONADOR es flaco y usa lentes; tiene cara y maneras de estudiante genial.*

Habitación de una vivienda pobre, convertida en taller de costura. Es también recámara. Tiene una cama de latón al fondo, muy dorada y muy desvencijada, con colcha tejida y cojines bordados.[3] *Un altarcito sobre ella, con veladoras y Virgen de Guadalupe.*[4] *Cuatro máquinas de coser. Ropero con lunas*[5] *baratas, que deforman al que se mire en ellas. El reloj (grande, de doble alarma) está en el buró.*

REMEDIOS está probándose un vestido. Es una señora generosamente desproporcionada por delante y por detrás. DORA la ayuda; HERLINDA corta telas sobre la cama; CONCHA cose en una de las máquinas. La ropa anteriormente usada por doña REMEDIOS cuelga de una silla.

REMEDIOS: Pues . . . Me veo un poco buchona,[6] ¿no?

DORA: (*Angustiada.*) No, doña Remedios. Le queda muy bien, muy elegante.

HERLINDA: Ese espejo deforma mucho. Tenemos que comprar otro.

REMEDIOS: ¿No se me respinga de atrás?[7]

CONCHA: Sí.

REMEDIOS: ¿Verdad?

HERLINDA: No se le respinga nada. Esta Concha no sabe de modas.

REMEDIOS: Pues yo me veo un respingo . . .

HERLINDA va y da a la falda un feroz tirón hacia abajo.

HERLINDA: Ahora sí. Muy bonito. Realmente nos quedó muy bonito.

2. cuero cabelludo: piel del cráneo. 3. cama . . . bordados *brass bed in the background, very shiny and rickety, with a knitted quilt and embroidered cushions.* 4. Virgen de Guadalupe *The Virgin Mary appeared to an Indian early in the sixteenth century on a hill to the north of what was Mexico City. The place of the appearance is now the site of a church and chapel and is widely regarded by Mexicans as capable of miraculous cures. The Virgin of Guadalupe is the patroness of Mexico.* 5. lunas: espejos. 6. buchona: gorda. 7. ¿No . . . atrás? *Doesn't it ride up in back?*

DORA: Es un modelo francés.

Tocan el timbre. DORA va a abrir.

REMEDIOS: Pues creo que sí está bien. ¿Cuánto falta darles?
HERLINDA: Doce pesos.
5 *REMEDIOS:* Me lo voy a llevar puesto.

Vuelve DORA, aterrada.

DORA: ¡Ahí está un hombre del gobierno!
HERLINDA: ¿Qué quiere?
DORA: No sé.
10 *HERLINDA:* Pues pregúntale.
DORA: ¿Le pregunto?
HERLINDA: Claro.

Sale DORA.

HERLINDA: ¿Cuándo se manda a hacer otro?
15 *REMEDIOS:* Pues anda pobre la patria.[8] A ver.
HERLINDA: Doña Remedios, nos llegaron unas telas preciosas. No tiene usted idea.
REMEDIOS: ¿Sí?
HERLINDA: Preciosas. Hay un brocado amarillo... (*Abre*
20 *el ropero.*) Mire, palpe. Pura seda.
REMEDIOS: Ay, qué chula está. ¿Y esa guinda?
HERLINDA: Es charmés de seda. Me las trajeron de Estados Unidos. A nadie se las he enseñado todavía.

CONCHA dice por señas que no es cierto. «Qué va, son de aquí».
25 *REMEDIOS la ve, sorprendidísima.*

REMEDIOS: ¿De Estados Unidos?

CONCHA insiste: «no, no, de aquí».

HERLINDA: Sí. Me las trae un sobrino, de contrabando.

Entra DORA, enloquecida.

30 *DORA:* ¡Que lo manda la Secretaría de Economía, y ya averiguó que cosemos! ¡Esconde esas telas!
HERLINDA: ¡Cómo!
DORA: Trae muchos papeles.
REMEDIOS: ¡Papeles! Ay, Dios, lo que se les viene encima.
35 ¿Ustedes no están registradas?[9]

8. anda... patria *things aren't going very well.* 9. lo que... registradas *what's in store for you. Don't you have a license?*

DORA: ¿En dónde? Ah, no, doña Remedios, figúrese.

HERLINDA: (*Codazo.*) Claro que sí, sólo que Dora no sabe nada, siempre está en la luna.

DORA: Ah, sí, sí estamos.

REMEDIOS: Leí que ahora se han vuelto muy estrictos. Pobres de ustedes. Ya me voy, no me vayan a comprometer en algo. Adiós, ¿eh? ¡Qué multota se les espera! (*Sale. Se lleva su otro vestido al brazo.*)

HERLINDA: Qué tienes que informarle a esta mujer . . .

DORA: Virgen, ¿qué hacemos?

HERLINDA: ¿Lo dejaste allá afuera?

DORA: Sí, pero le cerré la puerta.

HERLINDA: Tú eres nuestra sobrina, ¿lo oyes?

CONCHA: Yo no, qué.

HERLINDA: Las groserías para después. Tú eres nuestra sobrina, y aquí no hacemos más ropa que la nuestra . . .

DORA: ¿Y el letrero de la calle?

HERLINDA: . . . Y la de nuestras amistades. Y ya.

DORA: Ay, yo no creo que . . .

HERLINDA: ¡Esconde ese vestido! (*El de la cama.*)

Toquidos en la puerta.

El EMPADRONADOR: (*Fuera.*) ¿Se puede?

DORA: (*Grita casi.*) ¡Ya se metió! (*Y se deja caer en una silla.*)

HERLINDA duda un instante. Abre.

HERLINDA: (*Enérgica.*) ¿Qué se le ofrece, señor?

El EMPADRONADOR: (*Avanza un paso.*) Buenas tardes. Vengo de la . . .

HERLINDA: ¿Puede saberse quién lo invitó a pasar?

EL EMPADRONADOR: La señora que salía me dijo que . . .

HERLINDA: Porque ésta es una casa privada y entrar así es un . . . ama - a - llamamiento[10] de morada.

EL EMPADRONADOR: La señora que salía me dijo que pasara y . . .

HERLINDA: ¡Salga usted de aquí!

EL EMPADRONADOR: Oiga usted . . .

DORA: ¡Ay, Dios mío!

HERLINDA: (*Gran ademán.*) ¡Salga!

EL EMPADRONADOR: (*Cobra ánimos.*) Un momento, ¿echa

10. *In her panic, Herlinda mispronounces* allanamiento, *housebreaking.*

usted de su casa a un empadronador de la Secretaría de Economía? ¿Y en frente de testigos?

HERLINDA: No, tanto como echarlo, no. Pero... ¡yo no lo autoricé a entrar!

5 *EL EMPADRONADOR:* Mire: estoy harto. El sastre me amenazó con las tijeras, en la tortillería me insultaron. ¿Ve usted estas hojas? Son actas de consignación. Si usted se niega a recibirme, doy parte.[11]

HERLINDA: ¿Pero qué es lo que quiere?

10 *EL EMPADRONADOR:* Empadronarlas. ¿Qué horas son? (*Busca el reloj.*) ¡Es tardísimo! (*De memoria, muy aprisa.*) En estos momentos se está levantando en toda la República el censo industrial, comercial y de transportes. Yo soy uno de los encargados de empadronar esta zona. Aquí en la boleta dice (*se apodera de una* 15 *mesa, saca sus papeles*) que todos los datos son confidenciales y no podrán usarse como prueba fiscal o...

HERLINDA: Entonces esto es del fisco.

EL EMPADRONADOR: ¡No, señora! ¡Todo lo contrario! (*Aprisa.*) La Dirección General de Estadística y el Fisco no tienen 20 nada que ver. Un censo sirve para hacer...

HERLINDA: Pero usted habló del Fisco.

EL EMPADRONADOR: Para explicarle que nada tienen que ver...

HERLINDA: (*Amable, femenina.*) Pues esto no es un taller, 25 ni... Mire, la jovencita es mi sobrina... (*Por lo bajo, a Dora.*) Dame cinco pesos. (*Alto.*) Es mi sobrina, y la señora es mi cuñada, y yo...

DORA: ¿Que te dé qué?

HERLINDA: (*Con los dedos hace «cinco»*). Somos una familia, 30 nada más.

CONCHA niega con la cabeza. El EMPADRONADOR no la ve.

EL EMPADRONADOR: (*Preparando papeles y pluma.*) Un tallercito familiar...[12]

HERLINDA: (*Menos, por lo bajo.*) ¡Cinco pesos!

35 *DORA:* Ah. (*Va al ropero.*)

11. doy parte *I'll report you.* 12. En el barrio de La Lagunilla, abundaban en esa época los talleres clandestinos de costura, que explotaban un personal oscilante entre las 4 o 6 y las 40 o 50 trabajadoras. En la actualidad es casi seguro que no se encuentre en el rumbo uno solo de estos talleres. (Habrán cambiado de dirección). [Nota del autor.]

HERLINDA: No, taller no... ¡Dora! (*Se interpone entre DORA y el ropero.*) Si ni vale la pena que pierda el tiempo...

DORA: (*Horrorizada de lo que iba a hacer.*) Ay, de veras. Pero... (*Azorada, ve a todos.*) Concha, ¿no tienes...? ¿Para qué quieres cinco pesos? 5

HERLINDA: (*Furiosa.*) ¡Para nada!

DORA: A ver si Paco.... (*Sale.*)

HERLINDA: Es muy tonta, pobrecita. Perdóneme un instante. (*Sale tras la otra.*)

CONCHA corre con El EMPADRONADOR. 10

CONCHA: Sí es un taller, cosemos mucho. Y aquí, mire, esto está lleno de telas, y las venden. Dicen que son telas gringas, pero las compran en La Lagunilla. Me pagan re mal,[13] y no me dejan entrar al Sindicato. ¿Usted me puede inscribir en el Sindicato?

EL EMPADRONADOR: No, yo no puedo, y... No sé. ¿Qué 15 sindicato?

CONCHA: Pues... no sé. Si supiera me inscribiría yo sola. ¿Hay muchos sindicatos?

EL EMPADRONADOR: Sí, muchos. De músicos, de barrenderos, de... choferes, de... Hay muchos. 20

CONCHA: Pues no. En esos no...

EL EMPADRONADOR: (*Confidencial.*) A usted le ha de tocar el de costureras.[14]

CONCHA: Ah, ¿sí? Déjeme apuntarlo. Nomás entro y me pongo en huelga. Esa flaca es mala. Ayer corrió a Petrita, porque su 25 novio la... (*Ademán en el vientre.*) Y ya no podía coser. Le quedaba muy lejos la máquina. Y a mí, me obligó a raparme. Figúrese, dizque tenía yo piojos. Mentiras, ni uno. Pero me echó D.D.T., ¡y arde!

EL EMPADRONADOR: Ah, ¿y no tenía? (*Retrocede, se rasca* 30 *nerviosamente.*)

CONCHA: Ni uno.

Entra HERLINDA.

HERLINDA: ¿Qué estás haciendo ahí?

CONCHA: Yo, nada. Le decía que aquí no es taller. 35

HERLINDA: Bueno, joven (*le da la mano*), pues ya ve que ésta

13. re *very* (re *is used as an expletive to strengthen another word*). 14. A usted ... costureras. *You probably should be in the seamstresses' union.*

es una casa decente y que . . . (*Le sonríe como cómplice, le guiña un ojo.*) Que todo está bien.

EL EMPADRONADOR: ¿Y esto? (*HERLINDA le puso en la mano un billete.*) ¿Diez pesos?

HERLINDA: Por la molestia. Adiós. Lo acompaño.

EL EMPADRONADOR: Oiga, señora . . .

HERLINDA: Señorita, aunque sea más largo.

EL EMPADRONADOR: Señorita, esto se llama soborno. ¿Qué se ha creído? Tenga. Con esto bastaba para que levantara un acta[15] y la encerraran en la cárcel. Voy a hacer como que no pasó nada, pero usted me va a dar sus datos, ya. Y aprisa, por favor. (*Ve el reloj, se sienta, saca pluma.*)

A HERLINDA le tiemblan las piernas; se sienta en una silla. Ahora sí está aterrada.

EL EMPADRONADOR: ¿Razón social?

HERLINDA: ¿Cómo?

EL EMPADRONADOR: ¿A nombre de quién está esto?

HERLINDA: No está a nombre de nadie.

EL EMPADRONADOR: ¿Quién es el dueño de todo esto?

HERLINDA: El jefe de la casa es Francisco Ríos.

EL EMPADRONADOR: (*Escribe.*) ¿Cuánta materia prima consumen al año?

HERLINDA: (*Horrorizada.*) ¡Materia prima!

EL EMPADRONADOR: Sí. Telas, hilos, botones. Al año, ¿cuántos carretes de hilo usarán?

HERLINDA: Dos, o tres.

EL EMPADRONADOR: ¡Cómo es posible!

Entra DORA, ve los diez pesos sobre la mesa. Desfallece.

DORA: ¡Jesús!

EL EMPADRONADOR: (*Mueve la cabeza.*) Habrá que calcular . . . ¿Hacen trabajos de maquila?[16]

HERLINDA: No, señor. Cosemos.

EL EMPADRONADOR: Eso es. Pero ¿con telas ajenas? ¿O venden telas?

DORA: (*Ofendida, calumniada.*) Ay, no. ¿Cómo vamos a vender telas?

15. Con . . . acta *That would be enough to make a complaint.* 16. trabajos de maquila *a system whereby an artisan works with another's materials in exchange for a percentage of the finished product.*

HERLINDA: No vendemos.

EL EMPADRONADOR: ¿Podría ver lo que hay en ese ropero?

HERLINDA: ¿Ahí?

EL EMPADRONADOR: (*Feroz.*) Sí, ahí.

HERLINDA: Nuestras cosas: ropa, vestidos . .

DORA: (*Pudorosa.*) Ropa interior.

HERLINDA: Comida.

EL EMPADRONADOR: ¿Comida?

HERLINDA: Cosas privadas.

EL EMPADRONADOR: Bueno, pues déjeme verlas. (*Truculento.*) Eso está lleno de telas, ¿verdad?

DORA grita. Pausa.

HERLINDA: (*Ve a CONCHA.*) ¡Judas!

CONCHA se sonríe, baja la vista. DORA empieza a llorar en silencio. HERLINDA se pasa la mano por la frente.

HERLINDA: Está bien. (*Va y abre.*) Aquí hay unas telas, pero son nuestras, de nuestro uso. Y no las vendemos. Son puros vestidos nuestros.

CONCHA hace señas de «mentiras».

EL EMPADRONADOR: ¿Cuántos cortes? (*Va y cuenta.*) ¿Treinta y siete vestidos van a hacerse?

HERLINDA: ¡Nos encanta la ropa!

DORA empieza a sollozar, cada vez más alto.

DORA: Ay, Herlinda, este señor parece un ser humano. ¡Dile, explícale! Señor, somos solas, mi marido está enfermo, no puede trabajar . . .

CONCHA: Se emborracha.

DORA: Mi cuñada y yo trabajamos. Empezamos cosiendo a mano, y ve usted que tenemos buen gusto, a las vecinas les parecieron bien nuestros trabajitos. Ay, señor, nos sangraban los dedos, ni dedal teníamos. Mire estas máquinas, estas telas, así las ganamos, con sangre. ¿Cómo puede usted? (*Se arrodilla.*) Yo le suplico, por su madre, por lo que más quiera . . . (*Aúlla.*) ¡No nos hunda usted! ¡No podemos pagar contribuciones! ¡Si casi no ganamos nada! ¡No podemos! ¡Acepte los diez pesos!

HERLINDA: ¡Dora! ¡Cállate ya!

DORA: ¡Acéptelos! ¡No tenemos más! ¡Se los damos de buena

voluntad! ¡Pero váyase, váyase! (*Va de rodillas a la cama y ahí sigue sollozando.*)

EL EMPADRONADOR: (*Gritando.*) ¡Pero señora, no entiende! Esto es para Estadística, de Economía. Los impuestos son de Hacienda. Esto es confidencial, es secreto. Nadie lo sabrá. ¿Qué horas son? ¿Dónde pusieron el reloj? ¡Van a dar las dos y no hemos hecho nada! ¡A ver! ¡Contésteme!

Más aullidos de DORA, HERLINDA se seca dignamente dos lágrimas.

HERLINDA: Pregunte lo que quiera.

EL EMPADRONADOR: Por favor, entienda. ¿Cómo cree que les iba a hacer un daño? ¡Pero debo entregar veinte boletas cada día y llevo seis! ¡Seis boletas! ¡Y ayer entregué nada más quince! Yo estudio, necesito libros, necesito ropa. Mire mis pantalones. ¿Ve qué valencianas?[17] Mire mi suéter, los codos. Y no quiero que me corran antes de cobrar mi primera quincena.

CONCHA: (*Coqueta.*) ¿No tiene un cigarro?

EL EMPADRONADOR: ¡No tengo nada!

Una pausa. Sollozos de DORA. El EMPADRONADOR saca un cigarro y lo enciende, inconscientemente.

EL EMPADRONADOR: El censo es . . . Ya le expliqué, es un . . . ¡No tiene nada que ver con los impuestos! ¡No les va a pasar nada!

Entra PACO, adormilado, con leves huellas alcohólicas en su apariencia y voz.

PACO: ¿Qué sucede? ¿Por qué lloran?

EL EMPADRONADOR: Señor. ¿Usted es el jefe de la casa?

PACO: (*Solemne.*) A sus órdenes.

EL EMPADRONADOR: Mire usted, sus esposas no han entendido.

HERLINDA: No es harén, señor. Yo soy su hermana.

EL EMPADRONADOR: Eso. Perdón. Mire . . . ¿Usted sabe lo que es un censo?

PACO: Claro, el periódico lo ha dicho. Un recuento de población. Todos los grandes países lo hacen.

EL EMPADRONADOR: (*Ve el cielo abierto.*) Eso es. Y un

17. valencianas *trouser cuffs*; *here, an indication that the trousers are old and out of fashion.*

censo de industria, comercio y transporte, es un recuento de . . . Eso mismo.

PACO: Sí, claro. Muy bien. ¿Y por eso lloran? No se fije. Son tontas. Concha, tráeme una cerveza.

CONCHA: No soy su gata. 5

PACO: (*Ruge.*) ¡Cómo que no! (*La arrastra por el brazo.*) Toma, y no te tardes. (*Le aprieta una nalga. Intenso.*) Una Dos Equis, fría. (*De mala gana.*) Usted toma una, ¿verdad?

EL EMPADRONADOR: No puedo, trabajando . . .

PACO: Me imaginé. (*Ruge.*) ¡Anda! 10

CONCHA sale, muerta de risa.

EL EMPADRONADOR: Los datos del censo son confidenciales. La Dirección General de Estadística es una tumba, y yo otra. Nadie sabrá lo que aquí se escriba.

PACO: ¿Y para qué lo escriben, entonces? 15

EL EMPADRONADOR: Quiero decir . . . Lo saben en Estadística.

PACO: Como pura información.

EL EMPADRONADOR: Sí.

PACO: Nada personal. 20

EL EMPADRONADOR: Nada. Todo se convierte en números.

PACO: Archivan los datos.

EL EMPADRONADOR: Sí.

PACO: Y se los mandan al fisco.

EL EMPADRONADOR: Sí. ¡No! Pero . . . usted entendía. 25 (*Azota los papeles.*) Usted sabe lo que es un censo. Es . . . es ser patriota, engrandecer a México, es . . . ¿No lo leyó en el periódico?

PACO: (*Malicioso, bien informado.*) Los periódicos dicen puras mentiras. Vamos a ver, si no es para ganar más con los impuestos, 30 ¿para qué van a gastar en sueldo de usted, papel muy fino, imprenta . . .?

EL EMPADRONADOR: (*Desesperado.*) Es como . . . Mire, la Nación se pregunta: ¿Cuáles son mis riquezas? Y hace la cuenta. Como usted, ¿no le importa saber cuánto dinero hay en su casa? 35

PACO: No.

EL EMPADRONADOR: Pero . . . tiene que contar cuánto gastan, cuánto ganan . . .

PACO: Nunca.

EL EMPADRONADOR: ¡Pero cómo no! Bueno, ustedes no, 40

pero un país debe saber . . . cuánta riqueza tiene, debe publicarlo . . .

PACO: ¿Para que cuando lo sepan los demás países le caigan encima? ¡Yo no voy a ayudar a la ruina de mi Patria!

EL EMPADRONADOR: Es que . . . ¡Es que ya son casi las dos! ¡A las dos y media debo entregar mi trabajo!

PACO: Ah, pues vaya usted. Ya no le quito el tiempo.

EL EMPADRONADOR: (*Grita.*) ¿Y qué voy a entregar? Nadie me da datos, todo el mundo llora. Me van a correr, hoy no llevo más que seis boletas. Usted, déme los datos. De lo contrario, es delito, ocultación de datos. Puedo levantar un acta y consignarla.

Nuevos aullidos de DORA.

HERLINDA: Consígneme. Se verá muy bien arrastrándome a la cárcel. Muy varonil.

PACO: No se exalte, no se exalte. Nadie le oculta nada. ¿Pero usted cree que vale la pena hacer llorar a estas mujeres por esos datos?

EL EMPADRONADOR: ¡Pero si no les va a pasar nada!

PACO: Les pasa, mire. (*Patético.*) ¡Sufren! (*Tierno.*) Ya no llores mujer, ya no llores, hermana. (*Las muestra.*) Aquí tiene, siguen llorando.

EL EMPADRONADOR: (*A punto de llorar.*) Tengo que llenar veinte boletas, y llevo seis.

PACO: Pues llene aprisa las que le faltan, yo le ayudo. ¿Qué hay que poner?

EL EMPADRONADOR: (*Escandalizado.*) ¿Pero quiere que inventemos los datos?

PACO: Yo no. Usted. (*Le da un codazo.*) Ande. Primero es uno, después los papeles.[18]

Entra CONCHA.

CONCHA: Tenga. (*Le da la cerveza.*)

PACO: ¿Una poca? ¿Un vasito? ¿O algo más fuerte? ¿Un tequilita?

EL EMPADRONADOR: ¿Qué horas son? (*Duda.*) ¿Usted me ayuda?

PACO: ¡Claro, hombre!

EL EMPADRONADOR: Pues aprisa. Despejen la mesa. Sólo así. Señora, señorita . . . Ya no voy a llenar la boleta de ustedes, pero . . . ¿Pueden ayudarme, con unos datos?

18. Primero . . . papeles. *It's just a matter of getting started.*

PACO: A ver, viejas, ayúdennos. Hay que ayudar a mi señor censor. ¿Un tequilita, mi censor?

EL EMPADRONADOR: Muy chico.

Las mujeres ven el cielo abierto, corren a servirlo.

PACO: Y una botanita.[19] A ver. ¿Se puede con lápiz? 5

EL EMPADRONADOR: Con lápiz tinta, nada más.

DORA: (*Tímida.*) ¿Los ayudamos?

EL EMPADRONADOR: Pues... A ver si pueden. Si no, yo las corrijo.

HERLINDA: (*Cauta, sonríe.*) ¿Rompemos ésta? 10

EL EMPADRONADOR: ¿La de ustedes? Póngale una cruz grande y «Nulificada». Ahora imagínese que tiene un taller con... quince máquinas. Y vaya escribiendo: cuántos vestidos haría al año, cuánto material gastaría... Haga la cuenta por separado. Y usted ... imagínese un taller más chico, con ocho máquinas. Las pregun- 15 tas que no entiendan, sáltenlas. Yo las lleno después.

Se sientan con él. Trabajan velozmente.

HERLINDA: Mi taller va a ser precioso. Se va a llamar: «Alta Costura», S. en C. de R. H.[20]

DORA: ¿Qué dirección le pongo a mi taller? 20

EL EMPADRONADOR: Cualquiera de esta manzana. Salud. (*Bebe.*)

DORA: (*Se ríe.*) Le voy a poner la dirección de doña Remedios.

PACO: Yo preferiría un taller mecánico. Eso voy a hacer. «La 25 Autógena», S. A.[21] (*Pellizca a CONCHA.*)

CONCHA: ¡Ay!

HERLINDA: Cállate, Judas.

EL EMPADRONADOR: Con esos diez pesos... Podrían mandar a Judas a comprar unas tortas. Para todos, ¿no? 30

19. botanita *snack.* 20. S. en C. de R. H.: Sociedad en Comandita de Responsabilidad Hipotecaria Limitada *A form of incorporation whose importance here is that the individual is not legally responsible for losses or bankruptcy.* 21. S. A.: Sociedad Anónima *A form of legal incorporation.*

Ejercicios

A. Preguntas

1. ¿Cómo son Dora, Herlinda, y el empadronador?
2. ¿Qué está haciendo Remedios, y cómo es ella?
3. Según Herlinda, ¿de dónde y cómo consiguieron ellas el charmés de seda?
4. ¿Qué Secretaría representa el hombre que llama a la puerta?
5. ¿Por qué le tienen miedo al empadronador las dos mujeres?
6. ¿Qué trata de hacerle al empadronador Herlinda?
7. ¿Qué le dice Concha al empadronador cuando salen Dora y Herlinda?
8. ¿Cómo reacciona el empadronador cuando Herlinda trata de darle los diez pesos?
9. Según Concha, ¿por qué no trabaja el marido de Dora?
10. ¿Cómo entra Paco, y en qué se ven leves huellas alcohólicas?
11. ¿Se da cuenta Paco del propósito de la visita del empadronador?
12. Según el empadronador, ¿qué es un censo?
13. Según Paco, ¿por qué sería mejor no saber cuánta riqueza tiene el país?
14. ¿Cuál es la solución que propone Paco al problema de las boletas?
15. ¿Qué sugiere el empadronador que hagan con los diez pesos que le habían ofrecido?

B. Temas

1. La antipatía de Concha hacia Herlinda y Dora.
2. La personalidad de Paco.
3. El empadronador como representante de la burocracia.
4. La actitud de la gente mexicana hacia el censo.
5. El humor que se encuentra en la comedia.
6. La actitud de la gente mexicana hacia la burocracia en general.

C. Modismos y expresiones

Escriba usted las oraciones en español. En cada una emplee uno de los modismos o expresiones siguientes:

a ver	**negarse a**	**tener que ver con**	**empezar a**
bastar	**querer decir**	**convertirse en**	**volverse**
tener que	**valer la pena**	**todo el mundo**	**estar lleno de**

1. Let's see. How many dresses does she have?
2. The government has become very strict.
3. We have to sew for three hours each day.
4. That wouldn't be worthwhile.
5. The theater will be full of children.
6. The two women refused to go to the dance.
7. Everyone would want to read his novels.
8. He doesn't have anything to do with the census.
9. What do they mean when they say that?
10. Twenty books are not enough.
11. The wood will be converted into paper.
12. They began to sing at nine o'clock.

Gabriela Roepke

Born in Santiago, Chile, in 1920, Gabriela Roepke forms part of the generation that revitalized Chilean theater in the 1940s. She was trained as an actress, and studied drama in Paris at the Sorbonne in 1952 and in the United States at the University of North Carolina in 1957 and 1958. In addition to having fifteen original plays staged in Chile, Peru, Spain and the United States, she was cofounder in 1943 of the Teatro de Ensayo of the Catholic University of Chile, where she taught from 1958 to 1966. She has also taught in the United States at the University of Kansas and Kansas State University (1966-1968) and the Juilliard School (1968-1971). In recent years, she has been living in New York and teaching in Philadelphia.

Roepke's earliest plays tended strongly toward the psychological, but with a considerable variety of settings. *La invitación* (1954) was awarded the Chilean prize for best play of the year. *Los culpables* (1955) is a family drama; *La telaraña* (1958) a mystery. *Juegos silenciosos* (1959) is a portrait of the tensions of provincial life at the beginning of the century. All these works have in common Roepke's interest in individual psychology; her favorite technique is to present a group of individuals with specific characteristics and to observe their reactions to stress and tension. Her plays are interesting less for the plot or action, which are of minimal importance, than for the slow revelation of the characters' true natures.

Roepke has also written a comedy, *Un castillo sin fantasmas* (1965), a one-act religious play based on the Biblical events of Holy Friday, *Las santas mujeres* (1955), and a number of plays for children. She also has four one-act plays, *Una mariposa blanca* (1957), *Dúo* (1959), *Casi en primavera* (1959) and *Los peligros de la buena literatura* (1957), produced in New York in 1973. Her *Three Non-Shakespearian One Act Plays* were presented off-Broadway in 1972. Nearly all have very simple themes that lend themselves to the author's delicacy of treatment and her evocation of a gentle poetic mood. *Una mariposa blanca,* first staged in the United States in 1957 and published in *The Best Short Plays of 1960,* was also made into an opera and produced at Lincoln Center in New York in 1971. It is typical of these shorter works in which Roepke smiles at the foolish foibles of her characters, but behind the smile and the play's mood of delicate fantasy lies a vision of the potential for happiness in life's ordinary details.

Una mariposa blanca

COMEDIA EN UN ACTO

PERSONAJES

Luisa, secretaria
Amanda, viuda inconsolable
Una Viejecita
Señor Smith, jefe de oficina
Un Señor Distraído
Un Señor Apurado

Lugar de la acción: La Sección Objetos Perdidos de una gran tienda. Oficina corriente y poco acogedora. Una mañana de primavera.

Aparecen en escena Luisa Gray, secretaria de la oficina, y el Profesor. Ella está buscando algo. Suena el teléfono.

LUISA: Aló, Rosas y Cía.,[1] Sección Objetos Perdidos. No, señor, equivocado. Llame al 822. *(Cuelga el fono y se dirige al cliente.)* ¿Es éste el libro que viene a buscar, señor?

PROFESOR: Sí, señorita. El mismo. ¿Tuvo tiempo de leerlo?

LUISA: Sí, y me pareció mucho mejor que "Lo que el Viento se Llevó"[2] ¡Tan triste! *(Pausa.)* Pero no comprendo, señor, por qué sale a hacer sus compras con libros si todas las semanas los pierde. 5

PROFESOR: Me molesta andar con las manos vacías . . . Y como sé que en realidad no los pierdo . . .

LUISA: Tiene suerte que esta sección sea tan eficiente. 10

PROFESOR: Eso sí,[3] no me puedo quejar. Nunca he venido a reclamar un libro que se me haya perdido[4] en la tienda, sin encontrarlo.

LUISA: De todos modos sería mejor que tuviera más cuidado.

1. Rosas y Cia *Rosas and Company (the name of the store)* 2. "Lo que el viento se llevó" *Gone with the wind* 3. Eso si *You're right about that.* 4. que se me haya perdido *that I accidentally lost*

PROFESOR: Mi memoria anda cada día peor[5]. Bueno. Muchas gracias. Hasta la próxima semana. *(Sale.)*

LUISA: Hasta luego. *(El cliente sale. LUISA toma un ramo de flores que hay sobre la mesa. Le saca el papel y lo coloca en un florero.* 5 *Después va hacia la ventana y la abre. Un vals muy suave se deja oir. Hay un momento de ensueño. Luego suena el teléfono. LUISA vuelve a la realidad y atiende.)* Aló. Sí, señora, Rosas y Cía., Sección Objetos Perdidos. Si lo perdió en cualquiera de los pisos de nuestra tienda, seguramente estará aquí. Siempre a sus órdenes, señora. 10 *(Cuelga, se dirige a su escritorio. Entra AMANDA.)*

AMANDA: ¿Quién estaba aquí, Luisa?

LUISA: El Profesor, que todas las semanas pierde un libro. A veces son buenos, y me entretengo.

AMANDA: Ah, ¿no era don Javier?

15 *LUISA:* ¿Para qué quería al patrón, Amanda?

AMANDA: Para darle los buenos días. ¡Me siento tan sola!

LUISA: Démelos a mí entonces. ¡Buenos días, Amanda!... Hermosa mañana, ¿no es cierto?

AMANDA: Buenos días, Luisa. Pero no..., no es lo 20 mismo... ¡No es lo mismo!

LUISA: ¿No?...

AMANDA: Durante veinte años Rolando no dejó nunca de darme los buenos días, incluso cuando estábamos enojados, y no me acostumbro sin ese saludo matinal, dado por una voz de 25 barítono. *(Llora.)*

LUISA: Bueno..., bueno... Pero no se ponga a pensar en él ahora...

AMANDA: Es que esto de ser viuda...

LUISA: Sé que tiene que ser muy duro para usted. Pero con el 30 tiempo...

AMANDA: No me acostumbro, Luisa, no me acostumbro. Seis meses viuda y tan triste como el primer día. *(Lloriquea.)*

LUISA: Además, el Sr. Smith no tiene voz de barítono.

AMANDA: Pero... es un hombre. ¡Y eso es lo que importa!

35 *LUISA:* Pero, por Dios... Por favor... Tómese una taza de té, y trate de calmar sus nervios. Hay mucho que hacer esta mañana.

AMANDA: Trataré... Porque la verdad es que... *(La interrumpe la entrada del SR. SMITH. Lo acompaña una pequeña y*

5. anda cada día peor *keeps getting worse and worse.*

ridícula marcha militar.[6]*)*

SR. SMITH: Buenos días, buenos días, buenos días.

LUISA: Buenos días, señor.

AMANDA: Buenos días, buenos días, buenos días. *(A LUISA.)* Ahora me siento mejor. *(Sale.)* 5

SR. SMITH: Tenemos mucho que hacer hoy. ¿Alguna nueva transacción?...

LUISA: Ninguna, señor.

SR. SMITH: ¿Alguien ha preguntado por mí?...

LUISA: Ni un alma. 10

El SR. SMITH tose humillado. Luego se dirige a su escritorio y saca unos papeles. Pronto se da cuenta de que la ventana está abierta y fulmina a LUISA con la mirada.[7]

SR. SMITH: Señorita Luisa, ¿a qué se debe que esa ventana esté abierta?[8] ... Sabe que detesto el aire. ¡Ciérrela! 15

LUISA: Es primavera, señor. El primer día de primavera...

SR. SMITH: Probablemente afuera, señorita. Aquí dentro es jueves, día de trabajo. Y el trabajo exige concentración. No piar de pájaros.

LUISA: Muy bien, señor. *(Va resignadamente a la ventana y la cierra.)* 20

SR. SMITH: Recuérdelo en el futuro. *(Ve las flores.)* Y eso... ¿qué significa?...

LUISA: Flores, señor. *(Como dándole a comprender.)*[9]

SR. SMITH: Sé lo que son. Pero no cómo han llegado aquí. 25 Porque no habrán crecido[10] en ese florero, me imagino. Flores..., ¡qué atrevimiento!

LUISA: Las traje yo, señor.

SR. SMITH: Entonces sáquelas de ahí y rápido. Que no las vuelva a ver[11]. Y cuando su novio le regale flores, póngalas donde 30 quiera, pero no en la oficina.

LUISA: *(Ofendida.)* –No tengo novio, señor. Las compré yo misma.

SR. SMITH: Gastar dinero en flores. ¡No hay duda de que las mujeres son locas! *(Toma las flores y las echa al canasto de los* 35

6. Lo acompaña... militar *A silly little military march marks his step*
7. fulmina... la mirada *he glowers at Luisa* 8. ¿a qué se debe... abierta? *for what reason is that window open?* 9. Como... comprender *As though explaining to him* 10. no habrán crecido *they probably weren't grown* 11. Que no las vuelva a ver *Don't let me see them again.*

papeles. Pausa.) Y ahora, voy a ver al gerente.

Sale. LUISA mira las flores y suspira. Luego se sienta a su máquina y escribe muy concentrada. Después de un momento, como buscando algo, entra muy silenciosamente la VIEJECITA.

5 *VIEJECITA:* Buenos días... *(Como LUISA no oye, se acerca a ella y la toca ligeramente.)* ¡Buenos días!

LUISA: *(Sobresaltada.)* –¡Oh!...

VIEJECITA: Perdón, la asusté...

LUISA: No la oí entrar, señora. ¿Qué se le ofrece?[12]

10 *VIEJECITA:* ¿Es aquí donde se reclama todo lo que se pierde?

LUISA: Sí, señora.

VIEJECITA: A veces no alcanzo a leer los letreros en las puertas y me equivoco...

LUISA: ¿Viene a buscar algo?...

15 *VIEJECITA:* *(Simplemente.)* –Un recuerdo.[13]

LUISA: Descríbamelo. Si lo perdió en cualquiera de las secciones de nuestra tienda, tiene que estar aquí.

VIEJECITA: No..., no lo perdí en la tienda.

LUISA: *(Algo sorprendida.)* –Entonces, no hay ninguna 20 seguridad de encontrarlo; descríbamelo de todos modos...

VIEJECITA: Es... que lo perdí hace años...

LUISA: ¡Años!

VIEJECITA: Y... no sé cómo es...

LUISA: ¡Señora!...

25 *VIEJECITA:* Si supiera cómo es, o dónde lo perdí, no vendría a pedirle ayuda a usted, ¿verdad?

LUISA: ¿Algún recuerdo de familia?... ¿Algún objeto?...

VIEJECITA: No, señorita. Simplemente un recuerdo. Un recuerdo perdido en mi juventud...

30 *LUISA:* Perdón, señora. Creo que no la comprendo...

VIEJECITA: Cuando se llega a mi edad, lo único que cuenta son los recuerdos. Yo tengo algunos, pero sé que el mejor, el más bello ¡se me perdió un día! Voló de mi memoria como un pájaro y no he vuelto a encontrarlo.[14] *(Pausa.)*

35 *LUISA:* Señora..., yo creo que usted está en un error. Aquí nosotros no...

12. ¿Qué se le ofrece? *How may I help you?* 13. recuerdo *memento, memory; Here the little old woman uses it to mean "memory," but Luisa thinks she means "memento."* 14. no he... encontrarlo *I haven't found it again.*

VIEJECITA: No me diga que no tienen recuerdos. La gente los pierde tan a menudo...

LUISA: No... Aquí no tenemos recuerdos... Por lo demás...

VIEJECITA: *(Interrumpièndola.)* –Antes que se me olvide, permítame. *(Abre su bolso. Saca una tarjeta y se la pasa. LUISA la lee y se sorprende.)* 5

LUISA: Un momento, señora. Voy a buscar al jefe. Tome asiento.

Sale. La VIEJECITA curiosea un poco. Mira por todos lados y luego se sienta. Entra el SR. SMITH seguido por LUISA. Ambos miran un momento a la VIEJECITA. 10

SR. SMITH: *(A LUISA en voz baja.)* –¿Esa es? *(LUISA asiente.)* Y viene recomendada por un primo del Ministro de Educación. Un hombre de gran influencia, ¡qué oportunidad! *(Desanimándose.)* Pero... debe ser loca..., tal vez peligrosa. 15

LUISA: No lo parece.

Se dirige a su escritorio y se pone a trabajar. El SR. SMITH se ve obligado a enfrentar solo la situación.

SR. SMITH: *(Hombre de mundo.)* –Buenos días, señora. Mi secretaria me ha informado de su petición. Quiero decirle que el primer deber de esta oficina es complacer al cliente, pero me temo que en su caso... 20

VIEJECITA: Muy sencillo, señor. Se trata de...

SR. SMITH: Ya lo sé, señora... 25

VIEJECITA: ¿Y no le parece sencillo?

SR. SMITH: No, no tanto como usted cree. *(Pausa.)* Me gustaría mucho ayudarla, pero...

VIEJECITA: No es nada más que un recuerdo, señor.

SR. SMITH: Precisamente, señora. 30

VIEJECITA: ¿Por qué no tiene la amabilidad de[15] decirle a su secretaria que lo busque?...

SR. SMITH: Creo que sería inútil.

VIEJECITA: *(Desilusionada.)* –Entonces ¡es verdad que ustedes no tienen recuerdos! 35

SR. SMITH: No, no tenemos recuerdos.

VIEJECITA: Pero... me dijeron que en esta oficina tenían

15. ¿Por qué no tiene la amabilidad de... *Why don't you be so kind as...*

todo lo que se perdía.

SR. SMITH: Todo, señora. Pero no «todo».

VIEJECITA: Podría volver más tarde si lo que necesitan es tiempo para...

5 *SR. SMITH:* Señora, venir a esta oficina a buscar un recuerdo perdido es lo mismo que decirle al sol que no salga, o procesar al invierno porque...

VIEJECITA: ¿Y por qué no? Tal vez no sea más que una cuestión de hablar con ellos y llegar a un acuerdo.

10 *SR. SMITH:* Señora..., ¡por favor!...

VIEJECITA: No sólo se puede hablar con la gente, señor. Recuerde a San Francisco de Asís[16]... Les hablaba a los pájaros.

SR. SMITH: Pero nadie sabe si le contestaban. *(Pausa.)* Señora, lo siento infinitamente, pero mi tiempo es precioso y...

15 *(Mira la tarjeta y hace un esfuerzo por controlarse.)* Ya le he dicho que me encantaría ayudarla, pero...

VIEJECITA: Lo que vengo a buscar es tan simple.

SR. SMITH: No, señora, no es tan simple. *(Llama a LUISA con un gesto y le habla en voz baja.)* Nunca me he encontrado en una

20 situación semejante. Todos los días viene gente, sin recomendación alguna,[17] a buscar pañuelos y paraguas. Tenemos de tantas clases y de tantos colores, que pueden elegir si quieren. Y ahora, cuando por fin puedo hacer algo para tener grato al Ministro de Educación, ¡resulta ser esto!...

25 *Lo interrumpe la entrada del SEÑOR APURADO.*

SR. APURADO. Buenos días. Miércoles 20. 11 A. M. Paraguas seda amarilla, cacha de cristal. Perdido Sección Sombreros.

LUISA: Un momento, señor. Voy a ver.

SR. APURADO: Rápido, por favor.

30 *SR. SMITH:* Siéntese.

SR. APURADO: Imposible. Pérdida de tiempo.

SR. SMITH: Si perdió un paraguas, puede perder el tiempo. *(Se ríe.)*

SR. APURADO: Nunca pierdo nada.

35 *SR. SMITH:* ¿Y el paraguas?...

SR. APURADO: Mi mujer.

16. San Francisco de Asís *St. Francis of Assisi (1182-1226), an Italian friar and founder of the Franciscan order, known for his humility and his alleged ability to speak with animals, especially birds.* 17. sin recomendación alguna *without any recommendation.*

SR. SMITH: ¡Las mujeres! Siempre perdiendo algo...
SR. APURADO: Tiene razón.
SR. SMITH: No sé cómo no se pierden ellas mismas.
SR. APURADO: La mía, sí.
SR. SMITH: ¿Cómo? 5
SR. APURADO: Dejó tres frases: «Me voy. Recobra el paraguas. Me has perdido para siempre».
SR. SMITH: ¡Demonios! No se preocupe. Volverá.
SR. APURADO: Ojalá no. ¿Y la suya?...
SR. SMITH: ¿La mía? *(Sorprendido.)* Esa señorita es mi 10 secretaria, no mi mujer.
SR. APURADO: Aire de familia.[18]

LUISA entra con el paraguas.

LUISA: Este debe ser, señor.
SR. APURADO: El mismo. Gracias. Ojalá llueva. 15

Sale rápidamente. LUISA toma unos papeles y también sale. El SR. SMITH se dirige a la VIEJECITA que ha estado observando la escena.

SR. SMITH: ¿Usted vio a ese hombre, señora? Es una persona normal, práctica. Viene a buscar algo tangible: un paraguas. ¿Por 20 qué no hace usted lo mismo?
VIEJECITA: No tengo paraguas, señor.
SR. SMITH: Hablaba en general. Ese hombre es un ejemplo.
VIEJECITA: ¿Ejemplo de qué?...
SR. SMITH: De que dos y dos son cuatro. De que es 25 imposible modificar ciertas cosas. Son... como son. Es un hecho que existen lo ma terial y lo abstracto. Lo primero...
VIEJECITA: No comprendo una palabra de lo que está diciendo, señor. ¡Por servicio, ayúdeme a encontrar mi recuerdo y no lo molestaré más! 30
SR. SMITH: *(Exasperado.)*–No puedo, señora, no puedo.

La VIEJECITA no insiste. Hay una pausa. Luego ella habla como quien ha reflexionado.

VIEJECITA: Sabe que tiene razón ...

18. Aire de familia *There is a familial air. Sr. Apurado is suggesting that Sr. Smith and Luisa treat and react to each other as though they were husband and wife.*

SR. SMITH: Claro que la tengo.
VIEJECITA: No. Hablo de ese caballero que acaba de irse. Y de su secretaria. Pensándolo bien... ¿Por qué no se casa con ella?
SR. SMITH: ¡Señora! ¡Cómo se atreve usted!...
5 *VIEJECITA:* Ella está sola. Usted está solo...
SR. SMITH: Yo ... no estoy solo ...
VIEJECITA: Todo el mundo lo está.
SR. SMITH: Todo el mundo, menos yo.
VIEJECITA: ¿Cómo lo sabe?
10 *SR. SMITH:* Me basto a mí mismo.
VIEJECITA: Yo diría que no.
SR. SMITH: Sé zurcir calcetines, lavar ropa, y los minutos exactos que demora en cocerse un huevo.
VIEJECITA: ¿Y con quién conversa? ...
15 *SR. SMITH:* Conmigo mismo. Y le aseguro que nadie podría decirme las cosas que me dice mi imagen mientras me afeito.
VIEJECITA: ¿Qué le puede decir sino verdades? Y a nadie le gusta oírlas ...
SR. SMITH: Señora, yo vivo en la verdad.
20 *VIEJECITA:* Lo mejor de los demás es que puedan mentirnos ...
SR. SMITH: Todo esto es una pérdida de tiempo y yo ...
VIEJECITA: *(Sin hacerle caso.)*–Estoy segura de que ella lo quiere ...
25 *SR. SMITH:* ¿A mí? ¿Ella? Nunca se me habria ocurrido. Siempre seria, siempre vestida de oscuro ... *(Pausa.)* ¿De veras usted lo cree?

Entra LUISA. El SR. SMITH la mira. La vuelve a mirar. Se oye el vals en sordina.

30 *SR. SMITH:* *(Muy alegre.)–¿Desea algo, Luisa?*
LUISA: *(Extrañada por su tono.)* La lista de las cosas definitivamente perdidas.
SR. SMITH: *(Almíbar.)*–Segundo cajón a la izquierda.

LUISA se dirige al cajón, saca un papel y, a punto de salir, se
35 *detiene un instante y lo observa.*

LUISA: *(Mirando al SR. SMITH fijamente.)*–¿Le pasa algo,[19] señor?

19. ¿Le pasa algo? *Is something the matter with you?*

SR. SMITH: Nada. ¿Por qué?
LUISA: ¿Se siente bien?
SR. SMITH: Perfectamente. ¿Qué le hace pensar otra cosa?
LUISA: Su amabilidad, señor. La última vez que lo oí hablar tan suavemente fue cuando usted estaba a punto de caer a la cama con pulmonia. 5

SR. SMITH: *(Con voz de trueno.)*–Ahora no voy a tener pulmonía ni nada que se le parezca. ¿Está tratando de decirme que no puedo ser amable? ¿Qué nunca soy amable? Sepa, señorita, que cuando quiero soy tan suave como un cordero, ¿me oye?, como un cordero. *(LUISA sale aterrada. El SR. SMITH. se vuelve a la VIEJECITA.)* ¿Lo ve? ¿Y usted decía que estaba enamorada de mí? . . . Sentirme mal. . . Pulmonía . . . 10

VIEJECITA: Señor . . .
SR. SMITH: ¿Qué? 15
VIEJECITA: La lista de las cosas definitivamente perdidas . . .
SR. SMITH: ¿Cómo?
VIEJECITA: Tal vez mi recuerdo esté entre ellas.
SR. SMITH: Entonces más vale que se despida de él. En esta oficina, lo que está definitivamente perdido ¡está definitivamente perdido! ¡No se le encuentra más! 20

VIEJECITA: ¿Y si aparece, después de todo?
SR. SMITH: Desaparece nuevamente. Aquí nadie me contradice, cuando yo digo algo. Y lo que le digo a usted, señora, es que haga el favor de irse. No puedo hacer nada por usted. 25

VIEJECITA: ¿Por qué no trata? . . .
SR. SMITH: *(Desesperado.)*–¡Estoy tratando! *(Pausa.)* Mire, señora, le propongo algo. Venga mañana a hacer alguna compra en cualquiera de las secciones, pierda una chalina . . . , un guante . . . y vuelva el lunes a buscarlo. ¿Qué le parece? 30

VIEJECITA: Tengo tres chalinas, señor. Y dos pares de guantes. Uno de lana para el invierno y otro de seda para el verano. Lo que realmente necesito es otra cosa.
SR. SMITH: Con tal de que terminemos, señora . . . , estoy dispuesto a obsequiárselo. Dígame lo que es y yo . . . *(Echa mano a la billetera.)*[20] 35

VIEJECITA: Un recuerdo. Un recuerdo tan único y completo que pueda traerme alegría en primavera y melancolía en otoño. Es lo único que me hace falta, y usted no podría sacarlo de su bolsillo

20. Echa mano a la billetera *He reaches for his wallet*

ni aunque fuera un mago.[21]

SR. SMITH: Me doy por vencido. Me doy por vencido ...[22] *(Llamando a gritos.)* Señorita Luisa ... Señorita Luisa ... *(Aparece.)*

5 *LUISA:* ¿Señor?

SR. SMITH: Le doy diez minutos para solucionar este asunto.

LUISA: Pero, señor ...

SR. SMITH: *(Mirando el reloj.)* ¡Nueve minutos y veinte segundos! *(Sale.)*

10 *LUISA:* *(Después de una pausa.)*—¿No cree usted, señora, que alguna otra cosa puede servirle? Algún chal ... *(La VIEJECITA niega con la cabeza.)* O un buen libro ... *(Idem.)*[23] *Estoy segura de que el Sr. Smith se alegrará mucho de poder ofrecerle lo principal que tenga en la oficina.*

15 *VIEJECITA:* Lo principal es lo que menos me sirve.

LUISA: No entiendo.

VIEJECITA: La soledad.

LUISA: ¿La soledad?

VIEJECITA: ¿No piensa nunca en ella?

20 *LUISA:* Una persona ocupada como yo, tiene otras cosas en que pensar ...

VIEJECITA: No es necesario preocuparse de algunas; se siente, se vive en ellas. ¿Piensa usted mucho en sí misma, en su vida?

25 *LUISA:* La vida mía no tiene nada de particular. Es como la de todos; a veces entretenida ..., a veces aburrida. Trabajo ..., voy al cine ..., salgo con mis amigos ...

VIEJECITA: ¿Por qué quiere engañarse, Luisa?

LUISA: Señora ..., no comprendo ... ¿A qué viene[24] esta 30 conversación?

VIEJECITA: La soledad llena esta pieza. ¿No la oye llorar en los rincones, cruzar junto a usted como una ráfaga de aire helado? ¿No la huele entre el polvo de los libros y la seda sin color de los paraguas? ¡La soledad! A mis años no tiene importancia, pero a su 35 edad ... *(Pausa.)* Déjeme darle un consejo, hijita: no llegue a vieja sin recuerdos.

LUISA: ¡Recuerdos!

21. ni aunque fuera un mago *even if you were a magician* 22. Me doy por vencido *I give up* 23. Idem. *Latin, meaning "the same as above." Here the old woman shakes her head again.* 24. A qué viene *What's the purpose of.*

VIEJECITA: Sí . . . Muchos. De todas clases. Desde los más completos hasta los más simples . . Una tarde de invierno peude bastarle.

LUISA: ¿Una tarde de invierno? . . .

VIEJECITA: Sí . . .Pero no como las que vive ahora. Apresúrese; ¡déjelas atrás! 5

LUISA: Son como las de todo el mundo. *(Defendiéndose.)*

VIEJECITA: ¿Quiere que se las describa?

LUISA: *(Con un grito.)*–¡No! Las conozco demasiado bien

Pausa. Se cubre el rostro con las manos. La luz va decreciendo hasta iluminarla a ella sola. Se oye el vals. Vemos a LUISA sola sentada, cosiendo. Luego se levanta. Se oye la voz de la madre. 10

MADRE: Luisa . . . Luisa, ¿adónde vas?

LUISA: A ninguna parte, mamá.

MADRE: Pero si te oigo moverte . . . 15

LUISA: Iba a buscar el hilo azul.

MADRE: Hay dos carretillas en tu bolsa de labor. Ayer las puse ahí. Si se han perdido, debe ser culpa tuya. Enferma como estoy, tengo que hacerlo todo en esta casa . . .

LUISA: Ya las encontré, mamá, no te preocupes. 20

Hay un silencio. Se oye el vals.

MADRE: ¿Vas a salir, Luisa?

LUISA: No, mamá.

MADRE: Te oigo caminar; si caminas es que vas a alguna parte. 25

LUISA: No, mamá.

MADRE: No me gusta que salgas sola a esta hora.

LUISA: Ya no soy una niña, mamá.

MADRE: Una mujer es siempre una mujer, y tiene que cuidarse. Prométeme que siempre te cuidarás, Luisa. 30

LUISA: En unos años más no necesitaré cuidarme, mamá.

MADRE: ¡Tonterías! Eres muy joven. Y estás en la edad de casarte. No comprendo por qué no te casas. Por qué no haces nada por casarte.

LUISA: ¿Qué quieres que haga? 35

MADRE: Invitar a tus amigos . . . Me encantaría ver la casa llena de jóvenes . . . ¿Cuándo será ese día, Luisa? . . .

LUISA: Nunca, mamá.

MADRE: Te he repetido hasta el cansancio que tu jefe sería el indicado: un viudo nada de pobre . . .[25]

LUISA: Pero no me quiere, mamá.

MADRE: Da lo mismo: el amor sólo trae complicaciones.

LUISA: Pero también trae recuerdos, mamá . . . ¡Recuerdos!

5 *La luz se apaga. Vuelve la iluminación completa y vemos a LUISA de pie como antes. La VIEJECITA está observándola. LUISA se acerca al canasto de los papeles, recoge las flores y vuelve a ponerlas en el florero con decisión. El SR. SMITH entra. Se muestra sorprendido*[26] *al ver a la VIEJECITA.*

10 *SR. SMITH. (A LUISA.)*–¿Cómo? ¿Todavía no se ha deshecho de ella?

LUISA: No puedo, señor.

SR. SMITH: Tiene que poder. Una secretaria mía lo puede todo.

15 *LUISA:* Le repito que no puedo, señor.

SR. SMITH: ¿Y por qué no? . . .

LUISA: Porque ella tiene razón.

SR. SMITH: ¿Qué? . . .

LUISA: ¿No tiene usted recuerdos, señor?

20 *SR. SMITH:* Por supuesto que tengo. Y a montones. ¡Qué pregunta más rara!

LUISA: Yo no tengo. Y quisiera tenerlos. Creo que con uno solo me bastaría . . .

SR. SMITH: ¡Señorita Luisa! ¿Se ha vuelto loca?

25 *LUISA:* No, me he vuelto cuerda.[27]

SR. SMITH: ¿Por qué cree en lo que ella le dice?

LUISA: Lo que ella dice es verdad. Piénselo un segundo, y le encontrará razón.[28]

SR. SMITH: Ni aunque lo pensara un año entero.

30 *LUISA:* Mire su vida, y véala como realmente es.

SR. SMITH: Una hermosa vida, lo sé.

LUISA: Porque se lo dicen los demás.

SR. SMITH: No necesito que nadie me lo diga.

LUISA: Otros ojos pueden verla en forma diferente.

35 *SR. SMITH:* Mis ojos son excelentes. Tengo cincuenta años, y leo sin anteojos. (*Pausa.*) Señorita Luisa, yo comprendo que

25. Te he . . . pobre . . . *I've told you over and over again that your boss would be the logical choice: a widower with a good bit of money . . .* 26. se muestra sorprendido *He seems surprised.* 27. me he vuelto cuerda *I have come to my senses.* 28. le encontrará razón *you will realize that she is right.*

quisiera cooperar conmigo y por eso . . .

LUISA: No, señor, le digo que ella tiene la razón.

SR. SMITH: ¿En serio? Creo que soy yo el que va a volverse loco. *(Ve las flores en el florero.)* ¡Esas flores! ¿Quién . . . ?

LUISA: *(Resuelta.)*–Yo, señor; es el lugar que les corresponde.

SR. SMITH: Dios mío: esto es una conspiración. *(Suena el teléfono. LUISA lo atiende.)* No estoy para nadie.[29] 5

LUISA: Sí; un momento, señor. *(Le pasa el fono al SR. SMITH.)* El Ministro de Educación.

SR. SMITH: Usted querrá decir el secretario del Ministro.

LUISA: No, el Ministro en persona. 10

El SR. SMITH se prepara a hablar.

SR. SMITH: *(Con voz almibarada.)*–Aló . . . Sí, Excelencia. No, Excelencia . . . Por supuesto, Excelencia . . . Está justamente aquí, y me ocupo de ella personalmente. ¡Naturalmente! Basta que usted me lo ordene . . . Siempre a sus órdenes, Excelencia . . . 15 *(Corta.)* El Ministro me pide que ayude a esta señora, y lo haré antes de volverme definitivamente loco. *(A la VIEJECITA.)* Veamos . . . Usted quiere un recuerdo; bien . . . , ¿de qué clase? . . .

VIEJECITA: Uno muy simple, señor.

SR. SMITH: Menos mal que es modesta. ¿De qué tipo? 20

VIEJECITA: No tengo preferencias.

SR. SMITH: ¡Ajá! . . *(Reflexiona.)* Ya sé . . . Luisa, vaya a buscar a Amanda. *(LUISA se aleja. El SR. SMITH se pasea con impaciencia. AMANDA llega muy excitada.)* Señora Amanda, aunque mi petición le parezca rara, le ruego que deje las preguntas y 25 comentarios para más tarde. Lo único que deseo advertirle es que estoy en mi sano juicio. *(Pausa.)* Mi querida señora Amanda: tal vez usted tenga un recuerdo que pueda servirle a la señora.

AMANDA: ¿Cómo?

SR. SMITH: Le he oído decir mil veces cuánto ha sufrido; por 30 lo tanto, *tiene que tener recuerdos.*

AMANDA: Pero, señor . . . , yo no . . .

SR. SMITH: No me diga que con el sueldo que le pago no puede permitirse el tener recuerdos. Tiene que tenerlos. Es más: le ordeno que los tenga y que dé uno a esta señora. El que ella elija. 35

AMANDA: Pero seguramente ella va a elegir el mejor.

SR. SMITH: Si eso sucede, le aumentaré el sueldo. Por favor,

29. No estoy para nadie. *No matter who it is, say that I'm not here.*

¡ayúdeme!

AMANDA: Muy bien. Cualquiera de mis recuerdos, menos el de mi pobre Rolando.

SR. SMITH: Si ella quiere ése, se lo compro. ¿Cuánto quiere
5 por el recuerdo de su pobre Rolando?

AMANDA: Señor ..., no sé si debo ...

SR. SMITH: Quinientos ... Mil ... Dos mil ...

AMANDA: Es suyo. *(Pausa. Se acerca a la VIEJECITA.)* Todo comenzó un día de primavera, cuando los *almendros* estaban
10 en flor.

SR. SMITH (Estornudo.)–No mencione los almendros. *(Vuelve a estornudar.)* Me dan alergia.

AMANDA: Pero no puedo hablar de Rolando sin mencionar los almendros ...

15 *SR. SMITH (Vuelve a estornudar.)*–¡Caramba! *(AMANDA quiere hablar.)* No ..., no diga nada. No puedo oír la palabra almendros. *(Vuelve a estornudar.)* ¡Maldita sea! ... No ..., no, usted no me sirve. Váyase ... Váyase.

AMANDA sale aterrada. El SR. SMITH se deja caer en su
20 *escritorio sonándose estrepitosamente.*[30] *Una pausa. Luego contempla a la VIEJECITA, que se ha sentado y saca un tejido de la bolsa.*

SR. SMITH (Al borde del colapso.)–¿Qué está haciendo?

VIEJECITA: Hacer algo útil mientras espero.

25 *SR. SMITH:* ¿Por qué no se va a su casa? Le prometo avisarle apenas el primer recuerdo bonito aparezca por aquí.

VIEJECITA: No. Gracias. Tengo que esperar. *(Pausa.)*

SR. SMITH: Señora, creo que usted tiene suerte, después de
30 todo. Ahora tendré que tomar uno de mis recuerdos, y eso no le sucede a cualquiera. Déjeme ver. Algo reciente ..., importante ..., agradable ..., ¡ya se!

VIEJECITA: ¿Sí?

SR. SMITH: El día que recibí la medalla al mejor servidor.[31]

35 *VIEJECITA:* ¿Servidor de qué?

SR. SMITH: Público, señora. Una medalla de plata con la rueda de la fortuna. Y permítame decirle que las dos personas

30. se deja ... estrepitosamente *plops down on his desk blowing his nose loudly*
31. al mejor servidor *as the best servant.*

agraciadas con ese galardón antes que yo, eran el capitán de bomberos y el presidente de la Liga contra los Eclipses de Sol, ¡dos personalidades!

VIEJECITA: Señor, aprecio mucho su intención, pero su medalla . . . 5

SR. SMITH: De plata, señora, una verdadera joya. Y después de la ceremonia me festejaron con un banquete. El vicepresidente en persona pronunció un discurso. Soy un hombre modesto, se lo aseguro, pero después de muchos años se me iba a hacer justicia[32]. . . Recuerdo que era un lunes . . . *(Con estas últimas palabras* 10 *las luces van apagándose y sólo vemos al SR. SMITH iluminado por un foco.)* El gerente y el subgerente me habían citado a las once. Yo estaba tan impaciente que llegué media hora antes. Cuando iba a golpear la puerta, oí voces, y no pude resistir la tentación de escuchar. Estaban hablando de mi y en forma muy agradable: yo 15 era el mejor empleado que la firma había tenido en veinte años. Mi honestidad . . . , mi discreción . . .

VOZ UNO: Un pobre hombre.

SR. SMITH: Mis méritos . . ., mi inteligencia . . .

VOZ UNO: Un pobre tonto. 20

SR. SMITH: Mi capacidad . . .

VOZ UNO: No tiene ninguna.

SR. SMITH: Mis veinte años de servicio . . .

VOZ UNO: ¿Qué ha hecho de bueno en estos veinte años?

SR. SMITH: El único merecedor de un premio . . . 25

VOZ UNO: Tenemos que dárselo a alguien.

SR. SMITH *(Gritando.)*– Jamás atrasado.

VOZ UNO: Nunca a tiempo.

SR. SMITH *(Desesperado.)*:–No, no, no, no fui nunca así. Decían cosas muy distintas. Decían que yo era . . . 30

VOZ DOS: Un empleado modelo. Un lujo para la firma.

SR. SMITH: Sí, eso era . . . , eso era . . . *(Aliviado.)*

VOZ UNO: Es un mentiroso. No merece estos honores.

VOZ DOS: Después de tantos años, tenemos que hacer algo. Una medalla de plata y un banquete. Y, por supuesto, un discurso. 35

VOZ UNO: ¿Y qué diremos? . . .

VOZ DOS: La verdad.

VOZ UNO: Está loco.

SR. SMITH: No, no quiero discursos. Una vida como la mía,

32. se . . . justicia *I was getting what I justly deserved.*

una hermosa vida . . .

VOCES: Vacía . . . , inútil . . .

SR. SMITH: No . . . , no . . . , no . . .

VOZ DOS: Brindo, señores, por este modelo de empleado fiel
5 que tan justamente merece nuestro homenaje. Su vida . . .

SR. SMITH: ¿Mi vida? . . .

VOCES: Vacia . . . , inútil . . .

SR. SMITH (Con desesperación.)–No . . . , no . . . , no . . . Yo no soy ese hombre. *(Las luces van volviendo lentamente. El SR.*
10 *SMITH se deja caer en una silla. La VIEJECITA sigue tejiendo.)* Jamás . . . Juro que nunca nadie dijo eso de mí. Esto no es un recuerdo: es una pesadilla que debo haber tenido. *(Pausa.)* Sí, una pesadilla que se me había olvidado. No fue así. ¡No pudo ser así!

VIEJECITA: ¿Se siente mal, señor?

15 *SR. SMITH:* No, ya pasó. *(Para sí.)* Estaban hablando de otra persona. Ese hombre no soy yo. *(A la VIEJECITA, con inquietud.)* ¿Me oyó decír algo, señora?

VIEJECITA: Me habló de su medalla.

SR. SMITH: ¿Mi medalla? No tiene tanta importancia.
20 Reconozco que a veces soy algo exagerado . . . ¿Qué es una medalla después de todo?

VIEJECITA: ¿Y el banquete?

SR. SMITH: Una comida mala y aburrida.

VIEJECITA: ¡Ah! . . .

25 *SR. SMITH:* *Vanitas vanitatum.*[33]

VIEJECITA: ¿Cómo?

SR. SMITH: Latín. Lo estudié hace muchos años.

VIEJECITA: Es usted un hombre culto, señor.

SR. SMITH (Volviendo a adquirir confianza.)–¿Le parece? . . .
30 Eso quiere decir: «Vanidad de vanidades». *(Pausa.)* No hallo qué otra cosa ofrecerle, señora. Me temo que no tengo muchos recuerdos que pudieran servirle.

VIEJECITA: ¡Pero si usted insistió en que tenía tantos!

SR. SMITH: ¿Tantos? . . . Sí; eso creía . . .

35 *VIEJECITA:* Pero tiene que haber algo[34] en su vida . . . , una mañana de otoño . . . o una tarde de lluvia . . .

SR. SMITH: No.

VIEJECITA: ¿Alguien, entonces? . . .

33. Vanitas vanitatum *Latin meaning "Vanity of vanities"* 34. tiene que haber algo *there has to be something.*

SR. SMITH: Nadie.
VIEJECITA: ¿Alguna buena acción? ... ¿O quizá algún rayo de sol sobre el agua?
SR. SMITH: No. Nada. *(Pausa.)* Lo siento. *(La VIEJECITA se levanta.)* Lo siento ..., lo siento mucho ... 5
VIEJECITA: Tal vez otro día ...

Se dirige a la puerta. Está a punto de salir cuando el SR. SMITH bruscamente parece recordar algo.

SR. SMITH: ¡Espere! ... Espere un segundo ... Recuerdo 10 que cuando era un muchacho salvé una mariposa de morir ahogada. ¿Le interesaría eso? *(La VIEJECITA asiente.)* Yo ... estaba sentado al borde de un arroyo ... y la vi en el agua, debatiéndose, con las alas pesadas.[35] ... La cogí en una hoja ... Apenas sus alas se secaron se fue. *(Pausa.)* Era ... ¡una mariposa blanca! ... 15
VIEJECITA: ¡Gracias, señor! ¡Gracias! ¡Justo el recuerdo que estaba buscando!
SR. SMITH (Satisfecho de sí mismo.)– ¡Qué buena suerte! Permítame que le cuente los detalles. Le puedo hacer la más hermosa descripción. 20
VIEJECITA: No ..., no. Ya le he quitado demasiado tiempo, señor.
SR. SMITH: No hay ningún apuro, señora.
VIEJECITA: Gracias, pero tengo que irme.
SR. SMITH: La mañana ..., el agua ... 25

Entra LUISA.

LUISA: Señor Smith ...
SR. SMITH: No me interrumpa. Ahora que recuerdo, me siento inspirado. *(A la VIEJECITA.)* Vuelva otro día, señora, y yo le contaré todo. La mañana ..., el agua ..., el aire ..., las flores 30 ... Siempre tengo flores en mi escritorio ...
LUISA: ¿Cómo? ...
SR. SMITH: Y el aire es tan agradable en un día de primavera. *(Abre la ventana.)* Tal vez ..., tal vez yo tenga alma de poeta ... *(Se siente muy satisfecho de sí mismo.)* 35
VIEJECITA: Perdóneme, señor, pero tengo que irme.
SR. SMITH: ¿Está satisfecha, señora? ...
VIEJECITA: ¡Completamente!

35. debatiéndose ... pesadas *struggling, its wings heavy with water.*

SR. SMITH: *(Galante.)*–Créame que ha sido un placer. Y era tan simple, después de todo. ¡Quién no tiene recuerdos! . . .

VIEJECITA: Sí . . . , quién no los tiene . . . , aunque sea uno![36] . . . *(Sale silenciosamente.)*

5 *LUISA:* *(Casi gritando.)*–¡Espere! . . .

SR. SMITH: Déjela que se vaya. Y alégrese, Luisa; todo está arreglado.

LUISA: Lo felicito, señor.

SR. SMITH: ¿Y a qué viene esa cara larga entonces? . . . Esto 10 puede significarme un aumento de sueldo. *(La mira.)* Y ese traje, Luisa. Usted es demasiado seria. Siempre de oscuro. No está de luto, que yo sepa. *(Pausa.)* Creo que el color claro le sentaría . . .[37]

LUISA: Tengo un vestido lila, pero hace tiempo que no lo uso.

SR. SMITH: Yo creo que usted debería . . . *(tose)* ¡debería 15 volver al trabajo! *(Se sienta a su escritorio. LUISA hace lo mismo. Después de un momento el SR. SMITH levanta la cabeza.)* ¡Esa ventana! *(Luisa se levanta obediente para ir a cerrarla.)*

LUISA: Sí, señor . . .

SR. SMITH: No. Déjela abierta. Después de todo, hace un 20 lindo dia. *(LUISA se inclina sobre la ventana como si viera algo que sigue con la vista.*[38]*)* ¿Qué está mirando? . . .

LUISA: *(Vuelve a su escritorio con un cierto aire de ensueño.)*– Me pareció ver . . . , me pareció ver . . . ¡una mariposa blanca! . . .

Ambos trabajan. Ella escribe a máquina. En sordina se oye el vals.

TELÓN

Reprinted by permission of the author.

36. aunque sea uno *even though perhaps just one.* 37. le sentaría . . . *would look good on you.* 38. como . . . vista *as though she saw something that she follows with her eyes.*

Ejercicios

A. Preguntas

1. ¿Dónde tiene lugar la acción de la comedia?
2. ¿Por qué está en la oficina el profesor?
3. ¿Cuál es el apellido del jefe de la oficina y cómo es él?
4. ¿Cuándo perdió la Viejecita el recuerdo que ella viene a buscar, y por qué es difícil que Luisa la ayude a encontrarlo?
5. ¿Por qué desea tanto el sr. Smith ayudar a la Viejecita?
6. ¿Qué viene a buscar el señor Apurado y, según él, quién lo perdió en primer lugar?
7. ¿Por qué sugiere la Viejecita que el sr. Smith se case con Luisa?
8. ¿Cómo es el recuerdo que busca la Viejecita?
9. En realidad, ¿cómo es la vida de Luisa?
10. ¿Por qué decide Luisa recoger las flores del canasto y ponerlas de nuevo en el florero?
11. ¿De qué tiene alergia el sr. Smith, y cómo reacciona él cuando se menciona?
12. ¿Cuál es el recuerdo que relata el sr. Smith, y por qué resulta ser pesadilla en vez de recuerdo agradable?
13. ¿Cuál es el recuerdo que por fin satisface a la Viejecita?
14. ¿Qué cambio vemos en la relación entre el sr. Smith y Luisa como resultado de la visita de la Viejecita?
15. ¿Qué es lo que Luisa parece ver por la ventana al final, y qué nos sugiere esta visión?

B. Temas

1. El humor en *Una mariposa blanca*, y los momentos más humorísticos.
2. La función e importancia de los temas musicales en la obra.
3. La vida y la personalidad de Luisa.
4. El simbolismo o función simbólica de la mariposa blanca.
5. Los temas de la soledad y del amor en la comedia.
6. La universalidad de *Una mariposa blanca* en términos de tema, personaje, y ambiente.

7. El empleo de luces y de escenas retrospectivas (flashbacks).
8. La Viejecita como figura catalizadora de la obra en el nivel real y en el simbólico.

C. Modismos y expresiones

Escriba usted las oraciones en español. En cada una emplee uno de los modismos o expresiones siguientes:

tener suerte	**a menudo**	**a punto de**
¿a qué viene?	**de todos modos**	**darse cuenta (de)**
volver a *(+ inf.)*	**estar de luto**	**dirigirse a**
acabar de *(+ inf.)*	**darse por vencido**	**andar cada día peor**

1. I don't see her as often as before.
2. Juan was at the point of finishing when his mother arrived.
3. If she doesn't win today, she will give up.
4. If you are happy, what's the reason for that long face?
5. At any rate, I don't believe that they are coming today.
6. They have just arrived at my sister's house.
7. It seems that the political situation keeps getting worse and worse.
8. She wasn't aware that he had gone to Sucre.
9. I saw him again on the beach.
10. She will be in mourning for six months, and during that time she will dress in black.
11. He always beats me at tennis, and it's because he's very lucky.
12. He goes over to his desk and takes out the letter.

Demetrio Aguilera Malta

Demetrio Aguilera Malta was born in Guayaquil, Ecuador, in 1909 and has lived for some years in Mexico City, where he is active as a journalist. Aguilera Malta first achieved prominence as a member of the socially oriented Group of Guayaquil, whose fiction during the 1930s portrayed the primitive conditions of life of most rural and urban Ecuatorians. His first success was the novel *Don Goyo* (1933), which, while it emphasized the savagery of the struggle to subsist, also hinted at the fascination with natural forces and Indian mythology which were to play an increasing role in the author's fiction, becoming predominant in *Siete lunas y siete serpientes* (1970).

Aguilera Malta's interest in the theater began early. He is the author of fifteen plays, the earliest of which was produced in 1938. The greater number are basically realistic, usually with a strong social tone. In the middle 1950s, however, Aguilera Malta began to experiment with less realistic forms, and his work since that time has become increasingly stylized, with an overt use of symbols and a rejection of any attempt to recreate external reality. In *El tigre*, published in 1955 and first performed ten years later, Aguilera Malta fuses both these tendencies. The work deals vividly with the primitive life of its characters. Its impact is caused much less by the jaguar's actual prowling than by the effect on the characters of this challenge to their existence. As one of them says, there are really two jaguars—the real one and the inner one—and the inner one is much more important.

PERSONAJES

AGUAYO, un zambo ecuatoriano (25 años)
DON GUAYAMABE, el patrón del manglar (35 años)
MITE, un peón (59 años)
EL TEJÓN, otro trabajador (25 años)

El tigre

La decoración representa un rincón de selva americana en un manglar del río Guayas.[1] *En primer término*[2] *en el suelo, hay una fogata que arde débilmente. Es de noche. Los hombres parecen arrancados de las sombras, llevan sombrero de paja, cotona y pantalones blancos. Van descalzos. Cada uno porta un machete en su diestra. Con la izquierda, se sacan, de cuando en cuando el sombrero y lo agitan, para espantarse los mosquitos. GUAYAMABE, fuma un enorme cigarro.* 5

CUADRO PRIMERO

MITE y EL TEJÓN están sentados, en sendos troncos. GUAYAMABE, de pie, mira intranquilo, en determinada dirección, hacia la izquierda. A poco, se escuchan, en esa dirección, ruidos de montes rotos,[3] *y de pasos que se acercan. Todos miran hacia ese lado. Por allí, aparece AGUAYO, nervioso, agitado.* 10

AGUAYO: (*Con la voz temblorosa por la emoción.*) ¡Don Guayamabe! 15

GUAYAMABE: (*Sereno, tranquilo.*) ¿Qué te pasa, Aguayo?

AGUAYO: Éste . . . don Guayamabe.

GUAYAMABE: (*Algo impaciente.*) Pero ¿qué te pasa, hombre?

AGUAYO: Nada . . . es que . . . 20

MITE: ¿Te asustaron las ánimas, tal vez?

AGUAYO: No, don Mite . . . Es que . . . Y ¿por qué no atizan la candela?[4] (*AGUAYO se acerca al sitio donde está la fogata. Se arrodilla ante ella. Se saca el sombrero. Y con él sopla, desesperadamente, haciendo que la llama empiece a crecer.*) 25

MITE y EL TEJÓN se levantan de los troncos y se le acercan. GUAYAMABE continúa fumando su cigarro imperturbablemente.

El TEJÓN: ¿Qué tienes, Aguayo?

1. Río Guayas *The Guayas River, on the west coast of Ecuador, is nearly three miles wide at its mouth and enclosed by jungle. A substantial population lives on riverboats and in the mangrove swamps.* 2. En primer término *In the foreground.* 3. ruidos de montes rotos *the sounds of broken brush.* 4. atizan la candela? *stir up the fire?*

AGUAYO: (*Mirando con zozobra para todos lados.*) ¡El tigre . . .!

GUAYAMABE: (*Con risa que parece un latigazo.*) ¿Y eso no más era? ¡Jajajá! ¡Jajajá!

5 *AGUAYO:* (*Se levanta y se acerca a GUAYAMABE. Tiene la voz llena de vacilaciones y de angustias.*) Es que usted no lo ha visto tan cerca, don Guayamabe. Me ha venido siguiendo. Sus ojos como dos candiles, han venido bailando detrás mío.[5]

MITE: Son cosas tuyas, Aguayo.

10 *AGUAYO:* (*Sin hacerle caso.*) A ratos, me pelaba los dientes,[6] como si riera. Yo podía olerlo. Sentía su respiración en mis espaldas. Si hubiera querido, me da[7] un manotazo. Como yo andaba solo con mi machete.

EL TEJÓN: Y si hubieras andado con escopeta, ¿qué? Vos[8] le 15 tienes miedo hasta a tu sombra.

AGUAYO: Hablan así, porque nunca han visto tan cerca al Manchado.[9]

GUAYAMABE: (*Abalanzándose contra AGUAYO. Fiero.*) ¿Qué te crees vos, Aguayo? Yo soy de montaña adentro. Y bien 20 hombre,[10] para que tú lo sepas. He andado por las tierras más cerradas. Y me he reído de todo y de todos. Es que donde para un cristiano bien hecho, ¡ningún animal escupe!

AGUAYO: (*Encogiéndose sobre sí mismo.*)[11] Así es don Guayamabe, pero . . .

25 *GUAYAMABE:* (*Interrumpiendo.*) Claro que así es.

MITE: (*Acercándose a AGUAYO y palmeándole la espalda.*) Ve, Zambo. Haces mal en tenerle miedo al tigre. Lo mejor con el Manchado es desafiarlo. Donde te siga el rastro y se orine en tus pisadas . . . ¡Ahí sí que te fregaste![12]

30 *AGUAYO:* Bien fregado estoy ya.

EL TEJÓN: Porque quieres. Porque no te amarras los pantalones.

Hay una breve pausa. GUAYAMABE impertérrito, sigue fumando su cigarro, como ausente. AGUAYO vuelve a la fogata. De pronto, mira

5. detrás mío (*coll.*): detrás de mí. 6. me pelaba los dientes *he showed his teeth* (*at me*). 7. me da: me habría dado, me podría haber dado. 8. Vos *Used as a second person singular pronoun in some areas of Spanish America; here, it normally takes the verbal forms corresponding to* tú. 9. Manchado *a common name for the jaguar.* 10. Y bien hombre *And a real man.* 11. (Encogiéndose . . . mismo) *Shrinking.* 12. Donde . . . fregaste! *If he follows your trail and urinates in your footsteps, then you've had it!*

en determinada dirección, hacia izquierda. Extiende la mano, señalando.

AGUAYO: ¡Allí! ¡Allí!

Todos miran en la dirección que señala AGUAYO.

MITE: ¿Qué? 5

AGUAYO: ¡Allí! ¡Allí!

EL TEJÓN: ¿Dónde?

AGUAYO: ¡Allí! Sobre ese cabo-de-hacha.

MITE: Yo no veo nada.

EL TEJÓN: Ni yo. 10

MITE: ¿Y vos, Zambo?

EL TEJÓN: ¿Qué es lo que estás viendo, Aguayo?

AGUAYO: Yo . . . éste . . .

EL TEJÓN: ¿Qué, pues, qué?

AGUAYO: ¡El tigre! 15

GUAYAMABE: (*Mueve la cabeza, con pena. Aspira su cigarro, que se enciende más aún. Los ojos le brillan, en la noche.*) ¡Vea que vos eres maricón, Aguayo!

GUAYAMABE, sin agregar una sola palabra, da un salto hacia la izquierda. Más parece un venado que un hombre. Al primer salto, 20 *siguen otros. Avanza hacia la selva, rompiendo monte, hasta salir de escena. En pocos instantes, el ruido de sus pasos se hace más quedo, hasta que desaparece.*

MITE: Pobre del tigre, si don Guayamabe lo encuentra.

EL TEJÓN: ¡Qué lo va a encontrar![13] 25

MITE: Así es. El Manchado ha de ir ya con el rabo entre las piernas.

EL TEJÓN: Cualquiera le da la cara a don Guayamabe.[14]

MITE: Sobre todo, ahora. ¿Vieron como le brillaba el cigarro?

AGUAYO: (*Superándose.*) Parecía una linterna, ¿no? 30

Pausa.

MITE: ¡Qué hombre!

AGUAYO: Sí. ¡Qué hombre!

EL TEJÓN: Y todo porque vos, Zambo, le has venido con tus cosas. 35

MITE: El tigre es el tigre, pues. Se lo doy al más macho.[15]

13. ¡Qué . . . encontrar! *How's he going to find it!* 14. Cualquiera . . . Guayamabe. *Nobody waits around for Guayamabe.* 15. Se . . . macho. *I'll give it to the toughest one.*

De pronto, se escucha el bramido largo y escalofriante del tigre. AGUAYO da un salto y se prende del brazo de MITE. Los dientes le castañetean.

AGUAYO: ¿Es . . . ta . . . tarán . . . pepepe . . . lean . . . dodo-
5 do?

EL TEJÓN: ¡Cállate!

Vuelve a escucharse el bramido escalofriante del tigre. Después, ruidos de arbustos agitados, de montes rotos, de cuerpos agitándose. AGUAYO, EL TEJÓN y MITE, observan, tensos la oscuridad, tra-
10 *tando de adivinar, en las sombras.*

MITE: ¿Y si fuéramos a ver qué pasa?

EL TEJÓN: ¿Para que don Guayamabe se pelee con nosotros? Ni que estuviéramos locos.[16]

MITE: De verdad. Él ha de querer entendérselas solo[17] con el
15 tigre.

Nuevamente se escucha el bramido del tigre. Pero, esta vez, como si se quejara. Y, casi enseguida, inmensa, también escalofriante, se escucha la carcajada de GUAYAMABE. Nuevamente, también, el rumor de montes rotos. De pasos que se acercan. Y finalmente, por
20 *la izquierda, aparece GUAYAMABE.*

EL TEJÓN: ¿Y agarró al Manchado, don Guayamabe?

GUAYAMABE: ¡Qué va! En cuanto me vio, se hizo humo.

MITE: Y eso que está muy atrevido.[18] Venir hasta tan cerca de la Hacienda.

25 *AGUAYO:* (*Con amargura.*) Es que me vino siguiendo.

EL TEJÓN: Es que flojo mismo eres, Zambo.

Hay una pausa. AGUAYO se pone en cuclillas.[19] *Atiza el fuego con la boca. No levanta la vista del suelo. No osa mirar a nadie. Los otros lo miran, en silencio, con cierta lástima.*

30 *AGUAYO:* Don Guayamabe.

GUAYAMABE: ¿Qué te pasa, Zambo?

AGUAYO: Yo creo que a mí . . .

GUAYAMABE: Pero suéltalo todo de una vez, hombre.

AGUAYO: Éste . . . ¡Yo creo que a mí me va a comer el tigre!

35 *MITE se acerca a AGUAYO. Le pone una mano sobre el hombro.*

16. ¿Para que . . . locos. *So don Guayamabe can get sore at us? We're not that crazy.* 17. entendérselas . . . tigre *to work it out with the tiger all by himself.* 18. Y eso . . . atrevido. *And he's pretty nervy.* 19. se pone en cuclillas *he squats down.*

MITE: Tienes que hacerte el desentendido, Zambo. Donde te ponga el vaho un condenado de éstos . . . ¡te maleaste![20] La contra, la única contra, es no tenerles miedo.

GUAYAMABE: Así es, don Mite. Por eso salimos por arriba,[21] con el poncho al brazo, a buscarlos. 5

AGUAYO: ¿A buscarlos?

GUAYAMABE: Nadie les corre.[22] El que corre está perdido. Lo que pasa es que tú no sabes de esto, porque aquí nunca hubo tigres.

MITE: Y dicen que no es lo mismo con el tigre que con el lagarto. 10

EL TEJÓN: Claro. El Manchado sabe más.

GUAYAMABE: Dices bien, Tejón. El tigre, con poner la pata en el rastro de un cristiano, sabe si le tiene miedo o no. El lagarto no sabe nada. Además, al lagarto se le hace la boca agua porque le soben la panza.[23] Así que, sobándosela, ya está arreglado todo. 15

EL TEJÓN: (*Incrédulo.*) ¿Sobarle la panza?

GUAYAMABE: Claro. Así es como se cogen los lagartos de tembladera. Están empozados, abajísimo del agua. El lagartero se mete para dentro y se va debajo de los lagartos. Les empieza a sobar la barriga. A estos condenados les da cosquilla enseguidita. Y empiezan a largarse a flote.[24] Arriba está el otro lagartero, esperando. Y apenas saca la cabeza el lagarto, le da un hachazo en la nuca. 20

AGUAYO: Feisísimo debe ser, ¿no? 25

GUAYAMABE: ¡Feisísimo! A veces, el lagarto aguaita[25] desde abajo, sobre todo si es lagarto cebado.[26] Y entonces el cristiano puede sentirse difunto.[27] Después de algunos días, sólo asoman los huesos.

AGUAYO: Pero peor es el tigre. 30

GUAYAMABE: Eso sí. Al tigre no se le puede ir con andadas. A ése no se le puede sobar la barriga, ni nada. No tenerle miedo, no más. No darle nunca la espalda. Reírsele en las barbas.

AGUAYO: ¿Reírsele?

20. Donde . . . maleaste! *Whenever one of them gets his breath on you* (*makes you afraid of him*), *you're through.* 21. por arriba *up there* (*in the high country*). 22. Nadie les corre. Nadie corre para escapárseles. 23. al lagarto . . . panza *his mouth waters at the thought of having his stomach rubbed.* 24. largarse a flote: flotar. 25. aguaita: (*dial.*) aguanta. 26. cebado: que ha probado carne humana. 27. sentirse difunto *give himself up for dead.*

GUAYAMABE: Echarle un chiflón de humo en los ojos. Sino,[28] el cristiano se malea, hasta que el Manchado se lo come.

De pronto, AGUAYO da un salto hacia GUAYAMABE. Toma a éste por el brazo, nerviosamente. Y señala hacia la izquierda, al fondo.

5 *AGUAYO:* ¡Mire! ¡Mire, don Guayamabe!

GUAYAMABE: (*Mirando en la dirección que señala AGUAYO.*) ¿Qué? ¿Qué pasó, Zambo?

EL TEJÓN: ¿Qué pasó?

AGUAYO: ¡Allí! ¡Miren, allí!

10 *MITE:* Yo no veo nada.

EL TEJÓN: Ni yo.

GUAYAMABE: (*Sereno, imperturbable, sin volverse.*) ¿Qué? ¿Es el tigre otra vez?

AGUAYO: (*Temblando.*) Sí. ¡Allí está! ¡Allí está, don Guaya-
15 mabe!

GUAYAMABE: (*Mirándolo con lástima.*) ¡Ay, Zambo! Me creo que vos vas a desgraciarte. A lo mejor, llevas ya los ojos del tigre dentro de tu cabeza. Y esos ojos no te dejarán ni a sol ni a sombra, hasta que el propio tigre te los quite.

20 *AGUAYO:* (*Amargamente.*) Si me los va a quitar . . . ¡que me los quite pronto, don Guayamabe!

FIN DEL CUADRO PRIMERO

CUADRO SEGUNDO

Han pasado algunos días. Es de noche. MITE y EL TEJÓN están
25 *sentados en sendos troncos, ante la fogata encendida, como antes, en el centro, primer término.*

MITE: Cuando el cristiano está con miedo, que encomiende su alma a Dios.

EL TEJÓN: Sobre todo con el Manchado.

30 *MITE:* Y dicen que está retobadísimo.

LE TEJÓN: ¿Será el mismo?

MITE: Así me creo. Desde que yo he nacido, nunca oí mentar por aquí un maldecido de ésos.

EL TEJÓN: Entonces, éste tal vez haya venido de detrás del
35 Fuerte de Punta-de-Piedra.

MITE: A lo mejor. Allí el año pasado se comió a un soldado. Los huesos, no más, dizque asomaron, después de algunos días.

28. Sino: Si no, de otro modo.

Los había pelado tan bien el desgraciado... que no hubo ni gallinazada.

EL TEJÓN: Con hambre estaría.

MITE: O, tal vez, probó antes carne de cristiano. Dicen que cuando prueba carne de cristiano, al Manchado se le hace la boca agua por comernos. 5

Se oyen pasos apresurados. Y, al poco tiempo, aparece GUAYAMABE, por la izquierda, segundo término. Viene preocupado.

GUAYAMABE: ¿No han visto por aquí al Zambo Aguayo?

EL TEJÓN: (*Intranquilo.*) ¿Qué? ¿Le ha pasado algo? 10

MITE: ¿Es que... venía para acá?

GUAYAMABE: Eso mostraban los rastros que encontré, cuando empezaba a oscurecer.

MITE: Pues, por aquí no ha asomado.

GUAYAMABE: ¡Uhm! Está malo eso. Después de mediodía 15 lo mandé a labrar unos palos, en el Cerro Aislado. Al caer el sol, estuve allá. Y ni siquiera había tocado esos palos. Comencé, enseguida, a buscarlo. Y se me ha hecho humo.[29] No lo encuentro en ninguna parte. Parece que se lo hubiera tragado la tierra.

EL TEJÓN: ¿Será la tierra?... ¿No será... el Manchado? 20

GUAYAMABE: ¿Ya van a empezar ustedes, también?

EL TEJÓN: Yo decía, no más, don Guayamabe.

GUAYAMABE: ¡Cuidado! La canillera es contagiosa. Y si ustedes se dejan agarrar por ella, pronto van a empezar a ver el tigre a todas horas. 25

MITE: ¡Quién sabe, don Guayamabe! Pero yo me creo que el Manchado a quien le ha echado los ojos es al Zambo.

GUAYAMABE: A lo mejor. Con todo, es bueno no dejarse llevar por la marea. Sobre todo en aguaje. (*Pausa.*) Bueno. Voy a seguir buscando al Zambo. Si lo ven, díganle que quiero hablar con 30 él, lo más pronto. Que le daré otro trabajo, mañana. ¡Está tan fregado, el pobre!

MITE: Así será, don Guayamabe.

EL TEJÓN: Así será.

GUAYAMABE sale por la derecha, segundo término. 35

MITE: (*Después de breve pausa.*) Y aquí ya va matando a varios animales.

EL TEJÓN: ¿Quién, ah?

MITE: ¿Quién ha de ser? ¡El Manchado!

29. Y... humo. *And he vanished into thin air.*

EL TEJÓN: ¡Ahá! Y lo peor es que no se los come enteros. Los prueba, nada más. Y se larga. Parece que no le gustan mucho. O que está receloso.

MITE: Es que le hemos puesto muchas trampas.

5 *EL TEJÓN:* Y buenazas trampas.

MITE: Pero no cae en ninguna.

EL TEJÓN: Así es. ¿Se recuerda la del hueco abierto, tapado apenas con monte y lleno de carne encima? Si provocaba.[30] Palabrita de Dios que yo hubiera caído.

10 *MITE:* El cristiano cae, no más, en todo.

EL TEJÓN: Y después, cuando le pusieron el puerquito vivo . . .

MITE: Vos viste. El desgraciadísimo le hizo asco.[31] Para desquitarse, mató un venado, allí cerca. Se ha de haber reído de nosotros, horas de horas.

15 *EL TEJÓN:* En la trampa en que yo sí creí que iba a caer fue en la de la jaula de palo. Estuvo muy bien hecha. Tenía un cabo-de-hacha torcido, con un lazo de betas, abierto, esperando al maldecido.

MITE: Yo también creí lo mismo. Y el Zambo, también. ¿Te 20 acuerdas que se puso contentísimo? Él mismo metió al chivo, de carnada. Era un chivo negro, que berreaba como recién nacido.

EL TEJÓN: Al día siguiente, el Zambo estaba otra vez muriéndose de miedo. Porque el Manchado había dejado rastros frescos al pie de la jaula. Hasta creo que se había revolcado. Pero nada 25 más. Lo único que . . .

MITE: (*Ligando con la frase interrumpida de EL TEJÓN.*) ¿Que el Manchado se había orinado en los rastros del Zambo, no?

EL TEJÓN: Sí.

MITE: ¿Y él lo sabe?

30 *EL TEJÓN:* Me creo que no. Nosotros, muy temprano, borramos los rastros y todo . . .

Pausa. EL TEJÓN y MITE han quedado pensativos.

MITE: Me creo que ya no debemos hacer más trampas.

EL TEJÓN: ¿Para qué?

35 *MITE:* ¡Uhú! Todo sería inútil. Mientras don Guayamabe ande por estos lados, no podremos agarrar al Manchado. El Manchado le tiene miedo y recelo.

EL TEJÓN: ¡Ahá! Nunca le da la cara. Y eso que don Guaya-

30. Si provocaba. *That really was tempting.* 31. El desgraciadísimo le hizo asco. *The miserable thing made him sick.*

mabe ha salido tantas veces a buscarlo. Hasta ha dormido en la montaña. Hasta ha colgado su hamaca de yute de las ramas de un árbol. Y ha esperado horas de horas.

MITE: Es demasiado hombre para el Manchado.

EL TEJÓN: (*Asintiendo.*) ¡Demasiado hombre! 5

De improviso, se escucha un remecerse de monte. Y la voz angustiosa, desesperada, de AGUAYO.

AGUAYO: (*Desde dentro.*) ¡Don Mite! ¡Tejón!

MITE: ¿Qué fue, Zambo?

EL TEJÓN: ¿Qué fue? 10

MITE y EL TEJÓN se levantan y se acercan rápidamente hacia el fondo, por donde aparece AGUAYO. AGUAYO está tembloroso, a punto de caerse. Los otros lo sostienen.

AGUAYO: (*Casi llorando.*) ¡Don Mite! ¡Tejón!

MITE: ¿De nuevo el Manchado? 15

AGUAYO: Sí. (*Sin volverse. Ladeando un poco la cabeza, como señalando con ella.*) ¡Allí está, de nuevo!

EL TEJÓN: ¿Te ha venido siguiendo?

AGUAYO: No. Yo no me he movido de aquí. Estaba oculto en un brusquero . . . No puedo alejarme de donde haya gente. Y 20 sobre todo, de donde haya candela . . . ¿Y por qué no la atizan? (*Se lanza sobre el fuego y empieza a soplarlo con la boca.*)

MITE: ¿No oíste a don Guayamabe que te estaba buscando?

AGUAYO: Lo oí todo.

EL TEJÓN: Dice que mañana te va a dar otro trabajo. 25

AGUAYO: ¿Qué trabajo puede darme que yo pueda hacer? No puedo dejar estos lados. ¡Tengo miedo! Palabrita de Dios que tengo miedo. ¡Mucho miedo! El Manchado no me deja ni a sol ni a sombra. La otra tarde yo estaba con la Domitila. Y empecé a verlo, como si brincara, dándonos vueltas. Otro día estaba sacando agua 30 del pozo. Y, de pronto, vi su carota reflejándose, al lado de la mía, en el agua. Viré a ver donde estaba. Estaba detrás mío, trepado en un árbol. Me peló los dientes, como si riera. Pero lo peor es de noche. Todas las noches viene a rondar el covachón, por el lado donde vivo. Como no puedo dormir, lo oigo raspando las paredes 35 de mi cuarto con sus uñotas. Por las rendijas, le veo los ojos. Van creciendo, como si fueran dos bolas de fuego verde. ¡No sé! ¡Palabrita de Dios, que no sé qué voy a hacer! Estoy que me voy en cursos,[32] como una regadera. No tengo fuerzas ni ánimo para nada.

32. Estoy . . . cursos *Aguayo is suffering from diarrhea induced by fear.*

¡Palabrita de Dios que no sé qué voy a hacer!

MITE: (*Pensativamente.*) Vos debías irte de la Isla, Zambo. Si no, ¡cualquier día te come el maldecido!

EL TEJÓN: Así es, Zambo. Don Mite tiene razón. Además, 5 que vos eres bueno para muchas cosas. Eres la uña del diablo para labrar los palos, para los aserríos de alfajías.[33] ¡Para tantas cosas! En el propio Guayaquil[34] estarías como chalaco en poza.[35]

AGUAYO: Pero es que le debo algunos reales al Blanco[36] de la Hacienda.

10 *MITE:* Y si te mueres, ¿cómo le vas a pagar?

AGUAYO: ¿Y . . . y la Domitila? ¿Cómo voy a dejarla? Estamos palabreados hace tiempísimo. Y el mes que viene íbamos a casarnos.

EL TEJÓN: Y si el Manchado te come, ¿cómo vas a casarte? 15 Y si sólo se te llevara una pierna o un brazo . . . ¿para qué ibas a servirle a la Domitila? Yo creo que don Mite tiene razón. Vos debes de irte, Zambo. Después, le pagas tu deuda al Blanco. Y después mandas por la hembra.

MITE: Aquí, cerca, en el estero de Los Cangrejos hay una 20 canoa. En ella puedes irte hasta el Cerrito de los Morreños. De ahí te embarcas en la primera balandra que salga. ¡Y a Guayaquil, se ha dicho![37]

AGUAYO: Sí, tal vez tienen razón. Es mejor que me vaya. Pero, ustedes me cuidan, ¿verdad? Sólo hasta que me aleje de la 25 orilla. Tengo miedo de que el Manchado me vaya a fregar.

EL TEJÓN: Pierde cuidado, Zambo. Allí estaremos nosotros.

AGUAYO: Vamos, entonces. Le cuentan todo a don Guayamabe, para que se lo diga al Blanco. Y a la Domitila, para que no me olvide. ¡Vamos! ¡Vamos, pronto!

30 *MITE:* ¡Vamos!

EL TEJÓN: ¡Vamos!

Se dirigen hacia derecha primer término hasta que salen.

FIN DEL SEGUNDO CUADRO

33. los aserríos de alfajías *the making of window frames.* 34. Guayaquil *a major seaport on the Gulf of Guayaquil, about 25 miles from the mouth of the Guayas River.* 35. como chalaco en poza *right at home. A* chalaco *is a resident of the Peruvian seaport Callao and would be at home on a raft or* poza. 36. Blanco *the owner or manager of the spread who runs the entire operation including the store at which the hands buy everything.* 37. ¡Y . . . dicho! *And we're off to Guayaquil!*

CUADRO TERCERO

La misma noche, minutos más tarde. La escena está vacía. A poco tiempo, se oyen pasos y voces confusas que se van acercando hasta que, por la derecha, primer término, aparecen MITE y EL TEJÓN.

MITE: (*Acercándose al fuego, lo mismo que hace EL TEJÓN.* 5 *Restregándose ambos las manos, como si tuvieran frío.*) ¡Gracias a Dios!

EL TEJÓN: Sí, don Mite. Hasta que se fue, por fin.

MITE: Yo sólo me quedé tranquilo, cuando se perdía entre las sombras. Cuando ya no escuché el chapoteo de su canalete, 10 hundiéndose en el agua, y sólo me llegó, como un eco, su despedida, «Hasta pronto, don Mite».

EL TEJÓN: Puede que, ahora sí, se largue el Manchado.

MITE: O puede que empiece a seguirle el rastro a otro cristiano.

EL TEJÓN: Difícil lo veo. Aquí nadie más le tiene miedo. 15

MITE: ¿Vos crees? ¿No se habrá contagiado la Domitila? Como ella andaba siempre con el Zambo . . .

EL TEJÓN: Las mujeres casi nunca van a la montaña.

MITE: Este Manchado está muy atrevido. ¡Vaya a saberlo Dios lo que puede pasar! 20

Nuevamente, se escuchan rumores de montes rotos y de pasos que se acercan. MITE y El TEJÓN miran hacia la derecha. Quedan, como si vieran un ser de otro mundo.

EL TEJÓN: ¿Usted ve lo que yo estoy viendo, don Mite?

MITE: Así me creo, Tejón. 25

AGUAYO aparece por la derecha, primer término. Camina lentamente, como un sonámbulo. Se dirige al centro de la escena. Mira a MITE, a EL TEJÓN, a la fogata. Es una mirada vacía, estúpida. MITE y EL TEJÓN se le acercan, mirándolo interrogativamente.

MITE: (*Después de breves segundos, en vista de que AGUAYO* 30 *no dice nada.*) ¿Por qué regresaste?

EL TEJÓN: (*Haciendo un esfuerzo, para dominarse.*) ¿Es que . . . se te viró la canoa?

MITE: ¿No pudiste seguir bogando?

EL TEJÓN: ¿Te atacó algún tiburón? 35

MITE: O . . . ¿es que te dio miedo el agua?

AGUAYO los mira como si no los viera. Después, empieza a hablar como para sí mismo.

AGUAYO: Mejor regreso, no más.
MITE: ¿A dónde?
AGUAYO: (*Mirándolos, como si en ese momento se diera cuenta de la presencia de ellos.*) Al covachón, a mi cuarto.
5 *EL TEJÓN:* ¿Por qué no aguardas un poco? Así nos iremos juntos.
AGUAYO: ¿Para qué? Ya todo es en vano.
MITE: No digas eso.
EL TEJÓN: ¿O es que te aguarda la Domitila?
10 *AGUAYO:* Ya no quiero ni verla. ¿Para qué?
EL TEJÓN: ¿Cómo que para qué?[38]
MITE: ¿Es que ya no la quieres?
AGUAYO: No es eso. Es que sólo le traería desgracias. ¡Estoy tan desgraciado!
15 *EL TEJÓN:* Hablas por hablar, Zambo.
AGUAYO: Eso crees vos, Tejón... Ahora... ahora estoy seguro de que...

AGUAYO interrumpe sus palabras, como si tuviera miedo hasta de decirlas.

20 *MITE:* (*Con cierta impaciencia.*) ¿De qué?
AGUAYO: De que me va a comer el tigre.
MITE: Vea que vos eres tonto, Zambo.
EL TEJÓN: Por eso, te pasa lo que te pasa.
AGUAYO: (*Riendo estúpidamente.*) ¡Jujujú! Por eso. Así es.
25 Por eso. Ya lo vieron ustedes. Yo quería largarme de la Isla. Dejar mi deuda con el Blanco. Y—lo que es peor—dejar a la Domitila.
MITE: Era lo mejor.
AGUAYO: Claro que era lo mejor... si hubiera podido hacerlo.
30 *EL TEJÓN:* ¿Y qué pasó, entonces?
AGUAYO: Apenas me alejé un poco de la orilla, me entró un miedo horrible.
MITE: Ibas con miedo.
AGUAYO: Fue peor en la canoa. Poco a poco, empecé a escu-
35 char un chapoteo. Al principio, quise no hacer caso. Quise creer que era mi propio canalete. Pero como el chapoteo crecía, dejé de bogar.
EL TEJÓN: A lo mejor, era el viento. O la correntada torciendo los manglares.

38. ¿Cómo... qué? *What do you mean why?*

MITE: O algún pescado grande. O algún cardumen de pescados. Tú sabes. De noche, ellos se aprovechan para saltar a su gusto.

AGUAYO: Todo eso lo pensé yo. Pero el chapoteo crecía, crecía. Entonces volví. ¿Y saben lo que vi? A pocas brazas,[39] saliendo a encontrarme, ¡venía el tigre! Las luces verdes de sus ojos bailaban sobre el agua. Tenía los dientes pelados, como si se riera a carcajadas.

MITE: ¡Vea que vos eres tonto, Zambo!

AGUAYO: Entonces, sacando fuerzas de donde no tenía, di vuelta a la canoa. Y empecé a bogar, a bogar desesperadamente. La canoa brincó, como alma que lleva el Diablo, hasta llegar aquí.

EL TEJÓN: Lo que son las cosas, ¿no? Yo pensé que los Manchados eran como los gatos, que no les gusta el agua.

MITE: Este Manchado debe ser buen nadador. Si no, ¿cómo hubiera llegado a la isla?

EL TEJÓN: De verdad.

AGUAYO: Bueno. Lo que es yo . . . ya me voy . . . Hasta mañana. Hasta mañana, si Dios quiere.

MITE: Hasta mañana, Zambo. ¡Y no le hagas miedo al miedo![40]

AGUAYO: (*Riendo nerviosamente.*) ¡Jujujú! No, don Mite.

EL TEJÓN: Hasta mañana, Zambo. Cuídate mucho.

AGUAYO: Yo tengo uno que me cuida, siempre, Tejón. ¡El tigre!

AGUAYO sale por la derecha, segundo término. MITE y EL TEJÓN miran por la dirección en que aquél sale. Hacen una breve pausa. Después hablan.

MITE: ¿Quién hubiera pensado que el Manchado lo iba a seguir hasta la canoa?

EL TEJÓN: Ya me figuraba eso.

MITE: A lo mejor, don Guayamabe está en lo cierto.

EL TEJÓN: ¿En qué, ah?

MITE: Él dice que tal vez hay dos Manchados.

EL TEJÓN: ¿Dos Manchados?

MITE: Sí. El uno es ése que se come a los animales. Ése que él ha espantado, que no le da cara. Que lo aguaita desde lejos, tras los árboles. Y que apenas lo oye o lo ve, sale en quema.

EL TEJÓN: ¿Y el otro?

39. A pocas brazas *A few fathoms down.* 40. ¡Y . . . miedo! *And don't be afraid of your shadow, don't let it get you down!*

MITE: El otro es ése que el Zambo Aguayo lleva dentro.

EL TEJÓN: ¡Uhú! ¡Puede ser! Pero yo me creo que ambos persiguen al Zambo. Esta mañana encontré rastros frescos del Manchado al pie del covachón, frente al cuarto del Zambo.

5 *MITE:* Y ahora debe estarlo siguiendo, todavía.

EL TEJÓN: A lo mejor . . . Y palabra que me está dando pena el Zambo. ¿Le vio la cara? Parecía un muerto parado.[41] ¡Quién sabe si él mismo ya no se siente de este mundo!

MITE: Así es. ¡Pobre Zambo!

10 *Se oyen pasos que se acercan. Y, casi enseguida, entra GUAYAMABE por derecha, segundo término. Su semblante está impasible, como siempre. Sólo los chiflones de humo de su cigarro, que son más frecuentes, denotan su preocupación.*

GUAYAMABE: ¿Vieron al Zambo?

15 *MITE:* Acaba de irse, don Guayamabe.

GUAYAMABE: ¿Dijo dónde iba?

EL TEJÓN: Al covachón. A su cuarto.

GUAYAMABE: Es mejor así.

EL TEJÓN: Claro, don Guayamabe. El Manchado no se aleja

20 de estos lados. Hay rastros de él por todas partes. Hasta los mismos brusqueros están trillados.[42] Parece que el Maldecido no hiciera otra cosa que pasearse.

MITE: Y el Zambo está más cucarachero[43] que nunca.

GUAYAMABE: En el pellejo de él ¿quién no estaría? El tigre

25 está atrevidísimo. Y como nunca me da la cara.

EL TEJÓN: (*Como para sí mismo, preocupado.*) Yo creo que, haga lo que haga . . . ¡al Zambo se lo va a comer el Manchado!

GUAYAMABE: No seas pájaro de mal agüero, Tejón.

EL TEJÓN: Es que usted no lo ha visto cómo se ha puesto, don

30 Guayamabe. Hace poco que pasó por aquí, ya olía a muerto. Quién sabe si ya está muerto, por dentro.

MITE: Y lo peor es que ya no quiere hacer nada. Ni trabajar, ni ver a la hembra, ni pelear para defenderse. ¡Ni nada! Se deja llevar de la corriente, no más, como una canoa al garete. Fíjese que

35 ahorita, ¡ni atizó la candela!

GUAYAMABE: No debieron dejarlo ir solo.

EL TEJÓN: No quiso que lo acompañáramos.

41. un muerto parado *a walking dead man.* 42. Hasta . . . trillados. *Even the underbrush is all thrashed around.* 43. cucarachero *frightened, panicky.*

GUAYAMABE: (*Aspirando fuertemente con la nariz.*) ¡Uhm! ¡Está más fuerte que nunca el olor del tigre!

Hay una breve pausa que, de pronto, es interrumpida por un grito ultrahumano de AGUAYO. Viene de no muy lejos, ululando en el silencio de la noche. 5

VOZ DE AGUAYO: ¡Ay! . . .

EL TEJÓN: (*Horrorizado.*) ¡El tigre! . . .

Casi enseguida, se escucha el golpe del salto del tigre. Rumor de lucha. Y un rugido escalofriante de la fiera. Todo esto es rapidísimo y simultáneo con la salida de GUAYAMABE, TEJÓN y MITE, que 10 *abandonan la escena, corriendo, por derecha, primer término. Durante breves segundos, se escucha el alejarse veloz de sus pasos.*

VOZ DE GUAYAMABE: (*Gritando.*) ¡Aguanta, Zambo! ¡Ahí voy!

Se hace un silencio total. De improviso, después de brevísima pausa, 15 *se vuelve a escuchar el rugido largo y escalofriante del tigre, como si desafiara. Y, casi enseguida, rumores de lucha. Por fin, surge la voz amenazadora y creciente de GUAYAMABE.*

VOZ DE GUAYAMABE: (*Gritando.*) ¡Mataste al Zambo! ¡Maldecido! Él le tenía miedo al miedo, pero yo . . . ¡A mí no te me 20 escaparás! ¡Toma! ¡Toma, desgraciado! (*El tigre ruge como si se quejara.*) ¡Con esta cuarta de machete en la panza, ya no fregarás a nadie más! ¡Maldecido!

Ejercicios

A. Preguntas

1. ¿Por qué está tan asustado Aguayo cuando llega al campamento?
2. ¿Por qué empieza Aguayo a soplar la fogata desesperadamente?
3. Según Mite, ¿qué es lo mejor que se puede hacer con el Manchado?
4. ¿Qué sabe el tigre con poner la pata en el rastro de un cristiano?
5. ¿Qué importancia tiene el hecho de que al animal lo llaman «el tigre» en vez de «un tigre»?
6. Según don Guayamabe, ¿cuál es la única defensa contra el tigre?
7. ¿Cuándo ocurre la acción del *Cuadro segundo*?

8. ¿Por qué está preocupado don Guayamabe cuando llega al campamento?
9. Describa usted las trampas que pusieron los hombres para coger al tigre.
10. Según Aguayo, ¿por qué no puede irse de la isla ahora?
11. Al empezar el *Cuadro tercero*, ¿por qué están contentos Mite y El Tejón?
12. ¿Qué quiere decir Aguayo con la frase «Ya todo es en vano»?
13. ¿Cuáles son los dos Manchados de que ha hablado don Guayamabe?
14. ¿Por qué cree El Tejón que el tigre va a comerlo a Aguayo?
15. ¿Cómo mata don Guayamabe al tigre al final, y por qué lo mata?

B. Temas

1. Los elementos del folklore y de la superstición presentes en el drama.
2. La función de ambiente y de decoración en *El tigre*.
3. El sentido de fatalidad que se encuentra en la obra.
4. Elementos costumbristas en el drama.
5. La figura de don Guayamabe, y lo que representa en la obra.
6. Los temas principales, y su desarrollo en *El tigre*.
7. El tigre interior como símbolo del demonio o del miedo.
8. El paralelismo entre el tigre real y el tigre interior, es decir, entre el nivel realista y el nivel símbolico del drama.

C. Modismos y expresiones

Escriba usted las oraciones en español. En cada una emplee uno de los modismos o expresiones siguientes:

perder cuidado	**de vez de cuando**	**pasarle (a uno)**	**hacérsele la boca agua**
enseguida	**hacerle caso (a uno)**	**tener miedo**	**darle la espalda (a uno)**
dejar de	**hacerse humo**	**después de**	**poco a poco**

1. That is seen in the jungle from time to time.
2. Don't worry, Carlos. Your father will give you the money.
3. After working in the jungle for five years, he went to live in Guayaquil.

4. When the tiger saw don Guayamabe, he vanished into thin air.
5. They stopped talking when they heard the man shout.
6. I hope that Aguayo is not afraid of Domitila.
7. We don't pay any attention to him when he says that he sees the eyes of the tiger in the shadows.
8. He wanted Aguayo to leave the island immediately.
9. Little by little the man built himself a house.
10. The best thing is never to turn your back on a hungry tiger.
11. What's the matter with Mite? I don't think he hears us.
12. His mouth waters when they talk about baked alligator.

Virgilio Piñera

Piñera was born in Cárdenas, Cuba, in 1912, and died in his homeland in 1980. Because of his affinities with the theater of the absurd and the recent European drama, as well as his emphasis on the abrupt and the unexpected, Piñera exercised great influence on the Cuban theater of the late 1960s. Although he had been writing plays for many years, few were staged before 1958, and a number of apparently recent works were in fact much older. His plays have a grotesque, almost discontinuous, quality. *Electra Garrigó* (1948) uses the classical myth of Electra as a frame to explore violence in Cuban life. *Jesús* (1950), one of his most successful works, is a parable in part political and in part religious. Many of his players are short, ferocious satires of corrupt justice and social evils, and this same anger often leads him to scenes and even to whole plays that are less controlled than they might be.

Piñera's reputation is largely due to two plays, *Aire frío* (1962) and *Dos viejos pánicos* (1968). The first is basically realistic, portraying the moral stagnation and boredom of Cuban life before the Revolution.

Dos viejos pánicos, on the other hand, presents two enigmatic old people who are virtually paralyzed, yet fascinate, by fear and imminent death. At the play's end, they attempt to begin life again, but the circle has closed and they are trapped. In its powerful impact, the play is reminiscent of Samuel Beckett and the theater of cruelty.

Estudio en blanco y negro, like much of Piñera's theater, lacks a highly developed plot. Its setting and characters seem routine or commonplace and any effort at meaningful communication is seen to be useless. Like all his work, it rejects a cut-and-dried explanation of mankind's existence.

Estudio en blanco y negro

Una plaza. Estatua ecuestre en el centro de la plaza. En torno a la estatua, cuatro bancos de mármol. En uno de los bancos se arrulla una pareja. Del lateral derecha un HOMBRE que se cruza con otro *HOMBRE* que ha salido del lateral izquierda exactamente junto a la estatua.[1] Al cruzarse se inmovilizan y se dan vuelta como si se hubieran reconocido. La acción tiene lugar durante la noche.

HOMBRE 1.°: Blanco . . .
HOMBRE 2°: ¿Cómo ha dicho?
HOMBRE 1°: He dicho blanco.
HOMBRE 2°: (*Denegando con la cabeza.*) No . . . no . . . no . . . no . . . Blanco, no; negro. 5
HOMBRE 1°: He dicho blanco, y blanco tiene que ser.
HOMBRE 2°: Así que esas tenemos . . .[2] (*Pausa.*) Pues yo digo negro. Cámbielo si puede.
HOMBRE 1°: Y lo cambio. (*Alza la voz.*) Blanco.
HOMBRE 2°: Alza la voz para aterrorizarme, pero no irá muy lejos. Yo también tengo pulmones. (*Gritando.*) Negro. 10
HOMBRE 1°: (*Ya violento agarra a HOMBRE 2.° por el cuello.*) Blanco, blanco y blanco.
HOMBRE 2,°: (*A su vez agarra por el cuello a* HOMBRE 1.°, *al mismo tiempo que se libra del apretón de este con un brusco movimiento.*)–Negro, negro y negro. 15
HOMBRE 1°: (*Librándose con igual movimiento del apretón del* HOMBRE 2.°, *frenético.*) Blanco, blanco, blancooooo . . .
HOMBRE 2°: (*Frenético.*) Negro, negro, negrooooo . . .

Las palabras "blanco" y "negro" llegan a ser ininteligibles. Después sobreviene el silencio. Pausa larga. HOMBRE 1.° *ocupa un banco.*

1. Del lateral . . . la estatua. *From stage right a man enters and crosses paths, just beside the statue, with a man who has entered from stage left.* 2. Así que esas tenemos *So that's the way it's going to be.*

HOMBRE 2.° *ocupa otro banco. Desde el momento en que ambos hombres empezaron a gritar, los novios han suspendido sus caricias y se han dedicado a mirarlos con manifiesta extrañeza.*

5 *NOVIO:* (*A la NOVIA.*) Hay muchos locos sueltos . . .
NOVIA: (*Al NOVIO, riendo.*) Y dilo . . . (*Pausa.*) El otro día . . .
NOVIO: (*Besando a la NOVIA.*) Déjalos. Cada loco con su tema.[3] El mío es besarte. Así. (*Vuelve a hacerlo.*)
10 *NOVIA:* (*Al NOVIO, un tanto bruscamente.*) Déjame hablar. Siempre que voy a decir algo me comes a besos. (*Pausa.*) Te figuras que soy nada más que una muñequita de carne . . .
NOVIO: (*Contemporizando.*) Mima, yo no creo eso.
NOVIA: (*Al NOVIO, más excitada.*) Sí que lo crees. Y más que
15 eso. (*Pausa.*) El otro día me dijiste que los hombres estaban para pensar y las mujeres para gozar.
NOVIO: (*Riendo.*) ¡Ah, vaya! ¿Es eso lo que tenías guardado? Por eso dijiste: «El otro día . . .»
NOVIA: (*Moviendo la cabeza.*) No, no es eso. Cuando dije «el
20 otro día» es que iba a decir . . . (*Se calla.*)
NOVIO: (*Siempre riendo.*) Acaba por decirlo.[4]
NOVIA: (*Con mohin de pudor.*) Es que me da pena.
NOVIO: (*Enlazándole la cintura con ambos brazos.*) Pena con tu papi . . .[5]
25 *NOVIA:* Nada, que el otro día un loco se me declaró, y si no llega a se por un perro, lo paso muy mal.[6] Figúrate que . . . (*Se calla.*)
NOVIO: (*Siempre riendo.*) ¿Qué hizo el perro? ¿Lo mordió?
NOVIA: No, pero le ladró, el loco se asustó y se mandó a
30 correr.[7]
NOVIO: (*Tratando de besarla de nuevo.*) Bueno, mima, ya lo dijiste. Ahora déjate dar besitos por tu papi. (*Une la acción a la palabra.*)
HOMBRE 2°: (*Mostrando el puño a HOMBRE 1.° lo agita por*
35 *tres veces.*) Negro.
HOMBRE 1° (*Negando por tres veces con el dedo índice en alto.*) Blanco.

3. Cada loco con su tema. *Every person is crazy in some way.* 4. Acaba por decirlo. *Go on and say it.* 5. Pena con tu papi *Uhappy with your sweetie pie.* 6. y si no . . . muy mal *and if it hadn't been for a dog, I would have had a hard time* 7. se mandó a correr *he took off running*

NOVIO: (*A la NOVIA.*) *Esto va para largo.*[8] *Mima, vámonos de aquí.* (*La coge por la mano.*)

NOVIA: (*Negándose.*) Papi, ¡qué más te da! ... Déjalos que griten.

NOVIO: (*Resignado.*) Como quieras. (*Con sensualidad.*) ¿Quién es tu papito rico?[9] 5

NOVIA: (*Con sensualidad.*) ¿Y quién es tu mamita rica?

HOMBRE 1°: (*Se para, se acerca a la pareja, pregunta en tono desafiante.*) ¿Blanco o negro?

NOVIO: (*Creyendo habérselas con un loco*[10].) Lo que usted prefiera, mi amigo. 10

HOMBRE 1°: Lo que yo prefiera, no. ¿Blanco or negro?

NOVIO: (*Siempre en el mismo temperamento.*) Bueno, la verdad que no sé ...

HOMBRE 1°: (*Enérgico.*) ¡Cómo que no sabe! ¿Blanco o negro? 15

NOVIA: (*Mirando ya a HOMBRE 1° ya a su NOVIO, de súbito.*) Blanco.

NOVIO: (*Mirando a su NOVIA y dando muestras de consternación.*) ¿Blanco? ... No; blanco, no; negro. 20

NOVIA: (*Excitada.*) Que te crees tú eso.[11] He dicho blanco.

NOVIO: (*Persuasivo.*) Mima, ¿me vas a llevar la contraria?[12] (*Pausa.*) Di negro, como tu papi lo dice.

NOVIA: (*Con mohín de disgusto.*) ¿Y por qué te voy a dar el gusto?[13] Cuando el loco preguntó, yo dije blanco. (*Pausa.*) Vamos a ver: ¿por qué también no dijiste blanco? 25

NOVIO: (*Siempre persuasivo, pero con violencia contenida.*) Mima, de blanco, complace a tu papi. ¿Qué más te da decirlo?

NOVIA: Pídeme lo que quieras, menos que diga negro. Dije blanco, y blanco se queda. 30

NOVIO: (*Ya violento.*) ¿De modo que le das la razón a ese tipejo y me la quitas a mí? (*Pausa.*) Pues vete con él.

NOVIA: (*Con igual violencia.*) ¡Ah!, ¿sí? ¿Conque chantaje? Pues oye: ¡blanco, blanco, blanco, blanco! (*Grita hasta desgañitarse, terminando en un acceso de llanto. Se deja caer en el* 35

8. Esto va para largo *This is getting to be too much.* 9. ¿Quién es tu papito rico? *Who's your sweetie pie?* 10. Creyendo habérselas con un loco *Thinking that he is dealing with a lunatic.* 11. Que te crees tú eso. *So that's what you think.* 12. Mima, ¿me vas a llevar la contraria? *Sweetie, are you going to contradict me?* 13. ¿Y por qué te voy a dar el gusto? *And why should I try to please you?*

banco ocultando la cara entre las manos.)

HOMBRE 1°: (*Se arrodilla a los pies de la NOVIA, saca un pañuelo, le seca las lágrimas, le toma las manos, se las besa, con voz emocionada y un tanto en falsete*:) ¡Gracias, señorita, gracias! 5 (*Pausa. Se para. Gritando*:) ¡Blanco!

NOVIA: (*Mirándolo extrañada.*) ¿Quién le dio vela en este entierro?[14] (*Pausa.*) ¡Negro, negro, negro!

NOVIO: (*Se sienta junto a la NOVIA, le coge las manos, se las besa.*) Gracias, mami; gracias por complacer a tu papi. (*Hace por* 10 *besarla, pero ella hurta la cara.*)

NOVIA: ¡Que te crees tú eso![15] ¡Blanco, blanco!

HOMBRE 1°: (*A la NOVIA.*) Así se habla.[16]

NOVIO: (*Al HOMBRE 1°, agresivo.*) Te voy a partir el alma...

15 *HOMBRE 2°:* (*Llegando junto al NOVIO.) Déle dos bofetadas, señor. Usted es de los míos.*

NOVIO: (*A HOMBRE 2°*) No se meta donde no lo llaman.

HOMBRE 2°: (*Perplejo.*) Señor, usted ha dicho, como yo, negro.

20 *NOVIO:* (*A HOMBRE 2°.*) ¡Y qué! Pues digo blanco. ¿Qué pasa?

NOVIA: (*Amorosa.*) Duro y a la cabeza, papi. Te quiero mucho.

NOVIO: (*A la NOVIA.*) Sí, mami; pero eso es aparte. No le 25 permito a ese tipejo que hable en mi nombre. Si digo negro es porque yo mismo lo digo.

NOVIA: (*Al NOVIO.*) Pero ahora mismos acabas de decir blanco.

NOVIO: (*A la NOVIA.*) Por llevarle la contraria, mami; por 30 llevársela.[17] (*Pausa.*) Desde un principio dije negro, y si tú me quieres también debes decir negro.

NOVIA: (*Categórica.*) Ni muerta me vas a oír decir negro. Hemos terminado. (*Adopta una actitud desdeñosa y mira hacia otro lado.*)

35 *NOVIO:* (*Igual actitud.*) Bueno, cuando te decidas a decir negro me avisas. (*Se sienta en otro banco.*)

14. ¿Quién ... entierro? *Who asked your opinion? (More literally, it is "Who gave you a candle to carry in this funeral?")* 15. ¡Que te crees tú eso! *See footnote 11.* 16. Así se habla. *That's the way to tell him.* 17. Por llevarle ... llevársela. *So as not to agree with him, sweetie; just so I could disagree.*

HOMBRE 1° y HOMBRE 2° ocupan los dos bancos restantes. La escena se oscurece hasta un punto en que no se distinguirán las caras de los actores. Se escuchará en sordina, cualquier marcha fúnebre por espacio de diez segundos. De nuevo se hace luz.

NOVIO: (*Desde su banco, a la NOVIA.*) ¿Cómo se llama este parque? 5

NOVIA: (*Con grosería, sin mirarlo.*) Ni lo sé ni me importa.

NOVIO: (*Se para, va al banco de su novia, se sienta junto a ella.*) Vamos, mami, no es para tanto . . . (*Trata de abrazarla.*)

NOVIA: (*Se lo impide.*) Suelta . . . Suelta . . . 10

HOMBRE 1°: (*Desde su banco.*) Este es el Parque de los Mártires.

NOVIA: (*Sin mirar a HOMBRE 1°.*) No me explico, solo se ve un mártir.

HOMBRE 1°: (*A la NOVIA.*) Se llama Parque de los Mártires 15 desde hace veinticinco años. Hace diez erigieron la estatua ecuestre. Es la del general Montes.

HOMBRE 2°: (*Se para, camina hacia el banco donde están los novios.*) Perdonen que intervenga en la conversación. (*Pausa.*) Sin embargo, les interesará saber que el general Montes fue mi abuelo. 20

HOMBRE 1°: (*Se para camina hacia el banco donde están los novios. A HOMBRE 2°.*) ¿Es cierto, como se dice, que el general murió loco?

HOMBRE 2°: Muy cierto. Murió loco furioso.

HOMBRE 1°: (*A HOMBRE 2°.*) Se dice que imitaba el 25 ladrido de los perros. ¿Qué hay de verdad en todo esto?

HOMBRE 2°: (*A HOMBRE 1°(* No solo de los perros, también de otros animales. (*Pausa.*) Era un zoológico ambulante.

HOMBRE 1°: (*A HOMBRE 2°.*) La locura no es hereditaria.

HOMBRE 2°: (*A HOMBRE 1°.*) No necesariamente. Que yo 30 sepa, en mi familia ha sido el único caso.

NOVIA: (*A HOMBRE 2°.*) Perdone, pero soy tan fea como franca. Para mí, usted es un loco de atar.

HOMBRE 2°: (*Con suma cortesía y un dejo de ironía.*) Perdón, señorita; su opinión es muy respetable. Ahora bien: siento 35 defraudarla. No estoy loco. Me expreso razonablemente.

NOVIA: (*A HOMBRE 2°.*) ¿Cuerdo usted? ¿Cuerdo se dice? ¿Y cuerdo se cree? (*Pausa.*) ¿Así que usted llega a un parque, se para y grita: «¡Negro!», y cree estar cuerdo? (*Pausa.*) Pues mire, por menos que eso hay mucha gente en el manicomio. (*Pausa. A* 40

HOMBRE 1°.) Y usted no se queda atrás. Entró por allí (*Señala el lateral derecho.*) gritando «¡Blanco!».

HOMBRE 1°: (*A la NOVIA.*) Siempre es la misma canción. Si uno grita blanco o cualquier otra cosa, en seguida lo toman por 5 loco. (*Pausa.*) Pues sepa que me encuentro en pleno goce de mis facultades mentales.

HOMBRE 2°: (*A la NOVIA.*) Igual cosa me ocurre a mí. Nadie, que yo sepa, está loco por gritar blanco, negro u otro color. (*Pausa.*) Vine al parque; de pronto me entraron unas ganas locas de 10 gritar algo. Pues grité «¡Blanco!» y no pasó nada, no se cayó el mundo.

NOVIO: (*A HOMBRE 2°.*) ¿Que no pasó nada?[18] Pues mire: mi novia y yo nos hemos peleado.

HOMBRE 2°: Lo deploro profundamente. (*Pausa.*) Ahora 15 bien: le diré que eso es asunto de ustedes. (*A HOMBRE 1°.*) ¿Vive por aquí?

HOMBRE 1°: No, vivo en la playa; pero una vez por mes vengo a efectuar un pago en ese edificio de la esquina. (*Señala con la mano.*) Usted comprenderá que el tramo es más corto 20 atravesando el parque. (*Pausa.*) Y usted, ¿vive en este barrio?

HOMBRE 2°: Allí, en la esquina. (*Señala con la mano.*) Es la casa pintada de azul. ¿La ve? La de dos plantas. En ella murió el general.

NOVIO: (*Nervioso, a ambos hombres.*) ¡Oigan! Ustedes ahí 25 muy tranquilos conversando después de haber encendido la candela . . .

HOMBRE 1°: (*Mirando a HOMBRE 2° y después mirando al NOVIO.*) ¿La candela? . . . No entiendo.

NOVIO: ¡Pues claro! Se pusieron a decir que si blanco, que si 30 negro; nos metieron en la discusión, y mi novia y yo, sin comerlo ni beberlo,[19] nos hemos peleado por ustedes.

HOMBRE 2°: (*Al NOVIO.*) Bueno, eso de sin comerlo ni beberlo se lo cuenta a otro. Usted se decidió por negro.

NOVIO: Porque ella dijo blanco. (*Pausa. A la NOVIA.*) A ver, 35 ¿por qué tenía que ser blanco?

NOVIA: (*Al NOVIO.*) ¿Y por qué tenía que ser negro? A ver, dime.

NOVIO: (*A la NOVIA.*) Mami, no empieces . . .

18. ¿Que no pasó nada? *What do you mean nothing happened?* 19. sin comerlo ni beberlo *without having any reason to be involved.*

NOVIA: (*Al NOVIO.*) ¡Anjá! Conque no empiece ...[20] Y quién empezó?
NOVIO: (*A la NOVIA.*) Mira, mami, yo lo que quiero es que no tengamos ni un sí ni un no. ¿Qué trabajo te cuesta complacer a tu papi? 5
NOVIA: (*Al NOVIO.*) Compláceme a mí. Di blanco. Anda, dilo.
NOVIO: (*A la NOVIA.*) Primero muerto y con la lengua cosida. Negro he dicho y negro seguiré diciendo.
HOMBRE 1°: (*A NOVIO.*) Que se cree usted eso. Es blanco. 10
NOVIO: (*Se levanta, desafiante.*) ¿Qué te pasa? Está bueno ya, ¿no?[21] No me desmoralices a mi novia. (*A la NOVIA.*) Mami, dí que es negro.
NOVIA: (*Se levanta hecha una furia. Al NOVIO.*) No, no y mil veces no. Es blanco y seguirá siendo blanco. 15
HOMBRE 1°: (*Cuadrándose y saludando militarmente*) Es blanco. (*Al NOVIO, presentándole el pecho abombado.*) Puede matarme, aquí está mi corazón; pero seguiremos diciendo blanco. (*A la NOVIA.*) ¡Valor, señorita!
NOVIO: (*A HOMBRE 1°.*) Y yo te digo que es negro y te voy 20 a hacer trager el blanco.
HOMBE 2°: (*Gritando.*) ¡Negro, negro!
NOVIA: (*Gritando.*) ¡Blanco!
NOVIO: (*Gritando.*) ¡Negro!
HOMBRE 1°: (*Gritando.*) ¡Blanco! 25
HOMBRE 2°: (*Gritando.*) ¡Negro!

Ahora todos gritan indistintamente «blanco» o «negro». Las palabras ya no se entienden. Agitan los brazos.

HOMBRE 3°: (*Entrando por el lateral izquierda, atraviesa el parque gritando:*) ¡Amarillo! ¡Amarillo! ¡Amarillo! 30

Los cuatro personajes enmudecen y se quedan con la boca abierta y los brazos en alto.

HOMBRE 3°: (*Vuelve sobre sus paso, siempre gritando:*) ¡Amarillo! ¡Amarillo! ¡Amarillo! (*Desaparece. Telón.*)

FIN DE 35
ESTUDIO EN BLANCO Y NEGRO

20. ¡Anjá! Conque no empiece ... *Just a minute! So I shouldn't begin* ...
21. Está bueno ya, ¿no? *That's enough now, isn't it?*

Ejercicios

A. Preguntas

1. ¿Dónde pasa la acción de la obra?
2. ¿Es cierto que se reconocen los dos hombres?
3. ¿Por qué discuten los dos hombres?
4. ¿Qué quiere decir «los hombres están para pensar y las mujeres para gozar»?
5. ¿Quién se la declaró a la novia?
6. ¿Por qué corrió el loco?
7. Cuando el hombre contesta «lo que Ud. prefiera», ¿qué significa?
8. ¿Por qué cambia de color preferido la novia?
9. ¿Qué provoca la ruptura entre los novios?
10. ¿Es cierto que los colores sean el verdadero asunto de la discusión?
11. ¿Cuántos locos hay en la obra?
12. ¿Por qué no tienen nombre los personajes?
13. ¿Por qué se meten los novios en la discusión de los dos hombres?
14. ¿Por qué vuelven a pelearse los dos hombres?
15. ¿Qué significan los gritos de «amarillo» del tercer hombre?

B. Temas

1. La posibilidad de comunicación interpersonal.
2. El refrán, «Cada loco con su tema».
3. El concepto científico de la verdad objetiva y verificable.
4. Las relaciones entre locura y cordura.
5. El machismo y el feminismo en la obra.
6. La importancia del nombre del parque.
7. El humorismo como medio de crítica.
8. La despersonalización y la abstracción como elementos teatrales.

C. Modismos y expresiones

Escriba usted las oraciones en español. En cada una emplee uno de los modismos o expresiones siguientes:

cruzarse con	**tener que ver con**	**loco de atar**
darse vuelta	**librarse de**	**darle la razón**
acabar por	**darle vela en este entierro**	**entrarle ganas**
llevarle la contraria	**declarársele**	**pasarlo mal**

1. The couple turned around to look at the statue.
2. He proposed to his girlfriend while they were sitting in the park.
3. They passed each other on the street every day.
4. He had a hard time, but the world didn't end.
5. In any case, she got rid of him without trouble.
6. The discussion ended up by turning into an argument.
7. The sweethearts broke up because he always contradicted her.
8. He would never admit that she was right.
9. Anyone who argues about such things is raving mad.
10. And who gave him any say in this matter anyway?
11. What does he have to do with any of this?
12. Maybe he just felt like expressing his opinion.

José de Jesús Martínez

José de Jesús Martínez was born in Managua, Nicaragua, in 1929 but has lived most of his life in Panamá. He has studied in Mexico, Chile, Spain, France, and Germany and in Paris in 1972 on a fellowship awarded by the French government. Like most Latin American dramatists, Martínez earns his living outside the theater; he is Professor of Logic and Philosophy at the University of Panamá. In addition to three volumes of poetry, he has written eight plays: *La mentira* (1955), *La perrera* (1957), *Caifás* (1961), *Juicio final* (1962), *Enemigos* (1963), *Santos en espera de un milagro* (1963), *La retreta* (1963), and *Segundo asalto* (1969).

Martínez's profession as philosophy professor and his avocation as dramatist are not as separate as they might seem. His best plays deal with problems of human behavior, individual isolation, and man's relations with other men, his universe, and his ultimate meaning—all treated in a fashion which underlines the metaphysical nature of this questioning. At the same time, he is a practical man of theater. He never loses sight of the dramatic nature of his art, and his plays are far from exercises in logic. The characters are invariably people, individualized even when they also represent abstract problems.

Juicio final exemplifies Martínez's ability to humanize the abstract. The play deals with the shattering awareness that we are individually responsible for our own souls; the traditional concepts of Heaven and Hell are transformed into an eternal existential awareness. Yet, the figures in the play possess a basic humanity which prevents the work from becoming a tract or a logical discussion and keeps it on the level of fine theater.

PERSONAJES

El Funcionario
El Conserje
El Juez
El Hombre

Juicio final

A DON ANTONIO BUERO VALLEJO[1]

Nada de escenografía. Ni siquiera cortinas. El puro hueco negro al que no se le ve fin.[2] *La escena es desmesuradamente grande, desolada. Los actores, sin embargo, ocuparán sólo una mínima parte de ella. Suena el tic-tac de un reloj inmenso pero invisible. Ha de ser un sonido seco, quizá más bien como el de un tam-tam y exagerado para que, en el momento debido, pueda hacer bien evidente la entrada del personaje más importante, decisivo y final: el silencio.* 5

Entran dos hombres por la izquierda, funcionarios típicos, llevando entrambos un escritorio pesado que colocan en medio de la escena. Uno de estos hombres, el FUNCIONARIO, es más bien alto, pero sin llegar a dar la impresión de arrogancia. Todo lo dice y hace con la seguridad de una experiencia larga. En ambos es bien notoria la falta de malicia. Corre a cargo del actor ponerla de manifiesto en pequeños gestos y movimientos. No importa marcar esto hasta llevar la interpretación del personaje fuera de los límites de la realidad. De la realidad que conocemos, naturalmente. 10 15

EL CONSERJE: ¡Uf, cómo pesa esto!

EL FUNCIONARIO: No lo inclines tanto, que se caen los papeles.

EL CONSERJE: ¿Lo dejamos aquí? 20

EL FUNCIONARIO: Sí, da lo mismo.[3] Despacio.

EL CONSERJE: ¿Por qué no se lo deja permanentemente aquí y se evita así el estar trayéndolo y llevándolo?

EL FUNCIONARIO: (*No es una pregunta.*) ¿Dónde crees tú que estamos ahora mismo? 25

EL CONSERJE: No sé. A mí es la primera vez que se me pide hacer esto.

EL FUNCIONARIO: ¿No oyes ese ruido? (*El tic-tac.*)

EL CONSERJE: Sí. ¿Qué es?

EL FUNCIONARIO: Ven, quiero mostrarte algo. (*Lo lleva* 30

1. Antonio Buero Vallejo *Spanish dramatist, born* 1916. 2. El puro . . . fin. *The plain black emptiness without a visible end.* 3. da lo mismo *it makes no difference.*

hacia la derecha y le hace mirar por entre bastidores.) ¿Ves? (*Miran hacia abajo.*)

EL CONSERJE: (*Manifestando mucha piedad y aflicción en el rostro.*) ¡Se va a morir!

EL FUNCIONARIO: Sí.

EL CONSERJE: ¿Es él quien va a venir?

EL FUNCIONARIO: Sí. Démonos prisa. Ya no debe tardar. (*Van otra vez al centro.*)

EL CONSERJE: ¡Qué calor hace!

EL FUNCIONARIO: Tiene mucha fiebre, parece. Ve a traer las sillas. Yo traeré el archivo.

EL CONSERJE: No. Déjame a mí traer el archivo.

EL FUNCIONARIO: Bueno, lo traeremos entre los dos, pero traigamos antes las sillas. (*Mutis de ambos por la izquierda.*)

Se oye la flauta por primera vez. Es un sonido sinuoso y largo, triste y cruel. Como canción que busca pastor perdido, como un recuerdo en retirada o el alma en pena de un rondador ecuatoriano.[4] *Algunas veces, como esta primera, saldrá desde detrás del público. Otras, desde los lados o desde el hueco profundo. Cada vez desde un sitio diferente. En ocasiones parecerá muy cerca, dando la impresión de que de un instante a otro va a aparecer en escena. Y en ocasiones parecerá lejísimo, como si ya nunca más fuéramos a oírlo. Es, en todo momento, un sonido que pasa. Nunca está quieto. Su movimiento debe ser claramente perceptible. El sonido se ha marchado ya cuando entra el FUNCIONARIO. Viene trayendo tres sillas. Las coloca junto al escritorio. Entra el CONSERJE empujando, trayendo como mejor pueda, un archivo pesado.*

EL FUNCIONARIO: (*Va a ayudarle.*) Te dije que no lo trajeras solo. A ver.

EL CONSERJE: Si no pesa tanto.

EL FUNCIONARIO: Por acá. (*Lo guía.*) Aquí.

EL CONSERJE: Yo no sé por qué hay que traer esto si, como dices tú, no se le ocupa casi nunca.[5]

EL FUNCIONARIO: Precaución. Ha habido casos, personas que protestan y a las que hay que probarles que mienten. Yo recuerdo el caso de una señora. Insistía en que era mala. Decía que había cometido no sé qué asesinato. ¡Lo decía con un candor! . . .

4. rondador ecuatoriano ***Ecuatorian flute; reference to the distinctively sad music of the high country of the Andes.*** 5. no se le ocupa casi nunca ***it is hardly ever used.***

Hasta que se le dieron toda clase de pruebas de que estaba mintiendo, de que era buena. Entonces confesó que mentía porque quería que se la condenara.[6] Quería estar con su hijo. Ella sabía que él se iba a condenar. Quería esperarlo. Pero se le aseguró que estaría con él, y se puso feliz. A mí me quiso besar. Y a él (*gesto al escritorio*) ni digamos.

EL CONSERJE: Lo que puede el amor de una madre, salvar al hijo.

EL FUNCIONARIO: No. A él no hubo más remedio que condenarlo. Era un malvado de . . . Parece mentira que haya tenido una madre así.

EL CONSERJE: ¿Y la señora?

EL FUNCIONARIO: La señora es feliz. Ella está con su hijo. Tal y como ella lo ve.

EL CONSERJE: ¿Condenaron también a la señora?

EL FUNCIONARIO: No. Al hijo solamente. Pero ella está con él, aunque no esté él con ella. Como cuando recordamos a una persona que sin embargo se ha olvidado de nosotros.

EL CONSERJE: Raro, ¿verdad?

EL FUNCIONARIO: Al contrario, es bien sencillo.

EL CONSERJE: Sí, es lo que quise decir.

EL FUNCIONARIO: Ojalá fuese siempre así, como con esa señora. Otras veces es tan desagradable. Él (*gesto al escritorio*) sufre. Mucho.

EL CONSERJE: Me lo imagino.

EL FUNCIONARIO: (*El tic-tac se irregulariza un poco, pero recupera su ritmo normal. Va al extremo derecho a asombrarse.*) Ya esto no puede tardar. Voy a ir a avisarle.

EL CONSERJE: ¿Vuelves?

EL FUNCIONARIO: No. A menos que me mande llamar. (*Nota la preocupación del CONSERJE.*) No te pongas nervioso.

EL CONSERJE: Es la primera vez que se me llama para esto.

EL FUNCIONARIO: Ya te acostumbrarás. (*Mutis por la izquierda.*)

Después de una pequeña pausa, entra, por la izquierda también, naturalmente, el JUEZ. Es un jefe, pulcramente vestido y peinado, con la sonrisa fácil y las maneras suaves y elegantes.

EL JUEZ: Bien. Veamos. Limpia bien esa silla. (*La que está frente al escritorio y que ha de ocupar el HOMBRE.*)

6. quería . . . condenara *she wanted to be damned.*

EL CONSERJE: Sí, señor. (*Lo hace.*)

EL JUEZ: ¿Está cómoda? (*Se sienta en ella y la prueba. La encuentra satisfactoriamente cómoda.*) Tú siéntate allí, a mi lado.

EL CONSERJE: Sí, señor. (*Lo hace.*)

EL JUEZ: (*Se levanta y toma asiento detrás del escritorio.*) Bueno. Esperemos.

El tic-tac se hace más patente. Crece. Se desordena. De pronto, calla. Un pequeño gesto del JUEZ. Los dos están inmóviles. Por la derecha entra un HOMBRE. Cincuentón. Burgués típico. Al ver al JUEZ y al CONSERJE que lo esperan, se sobresalta.

EL HOMBRE: ¿ ? (*Quiere regresarse, pero hay una fuerza invisible que se lo impide.*)

EL JUEZ: (*Sonriente, amable.*) Pase, pase usted, por favor. Lo esperábamos.

EL HOMBRE: Luego . . . (*Suelta la carcajada.*) ¡Ja, ja, ja! ¡Era verdad! ¡Ja, ja, ja! ¡Era verdad!

EL JUEZ: Pase usted, por favor. Siéntese. Estará cansado.

EL HOMBRE: (*Pasa y se sienta frente al escritorio.*) Vea usted, me río no porque . . . Yo siempre sospeché que había algo después de la muerte. Más que sospecharlo, lo sabía, casi con seguridad.

EL JUEZ: Gracias.

EL HOMBRE: Lo discutí muchas veces en el Casino, con los amigos, usted sabe . . . Especialmente con el doctor. (*Vuelve la vista hacia la derecha, el otro mundo, en el que acaba de dejar al doctor.*) Es un amigo que tengo, muy dado de científico.

EL JUEZ: Sí. (*Ya lo conoce.*)

EL HOMBRE: Él decía que no. Que eran patrañas de los curas, decía.

El CONSERJE ríe, pero se borra rápidamente la risa.

EL HOMBRE: (*Serio, con esa solemne seriedad de los hombres de negocios.*) En cambio yo, puede usted creérmelo, no lo dudé ni un solo instante. Bueno, quizás alguna vez, llevado por el pesimismo, pero, en fin, cosa momentánea, como usted comprenderá.

EL JUEZ: Sí. Es natural.

EL HOMBRE: Exactamente eso, natural. Aparte de esos momentos «naturales», como le digo, no dudé nunca de que había otra vida después de la terrena y de que en ella se nos someterá a juicio . . . Porque supongo que esto es un . . .

EL JUEZ: No se le puede llamar juicio propiamente. Además

de que es una palabra fea, aquí no se condena o salva a nadie... que no venga ya condenado o salvado.

EL HOMBRE: Por supuesto. Yo quería decirle señor..., señor Juez... Usted permitirá que yo le llame así, a pesar de lo dicho.

EL JUEZ: Sí, cómo no.

EL HOMBRE: Yo sabía, repito, que después de muertos somos..., nos enfrentamos, mejor dicho, con..., con nuestra propia vida; eso es, con nuestra propia vida. Y he obrado en consecuencia, velando por mis obligaciones para con mi prójimo,[7] mi familia y mi religión. (*Se exalta hipócritamente.*) Mi religión católica, única verdadera, que he defendido ante tanto ateo y hereje que hay en el mundo.

EL JUEZ: (*Sonríe y deniega con la cabeza, pero dice.*) Gracias.

EL HOMBRE: Como el doctor, o el protestante ese que también va al Casino. ¡Ja, ja, ja! ¡Qué sorpresa se va a llevar el doctor! ¡Me imagino la cara que pondrá! ¡Ja, ja!... (*Un dolor repentino en la espalda, despertado por los movimientos convulsos de la risa, se la cortan en seco.*) Todavía me duele la espalda. Con todo, es menos que hace un rato.

EL JUEZ: Despreocúpese, dentro de pocos instantes desaparecerá todo dolor físico.

EL HOMBRE: Sí, sí. Siento cómo se va yendo, como si se me estuviera despegando de los huesos.[8]

EL JUEZ: Por supuesto, no es el dolor lo que se le está despegando de los huesos, es usted mismo. Pero, para el caso, da igual. Todo malestar físico desaparecerá en breves instantes.

EL HOMBRE: (*Mirando hacia la derecha.*) Aquello fue terrible. Era un dolor terrible.

EL JUEZ: Siento mucho que haya tenido un trance tan difícil. Pero quizás le haya sido de alguna utilidad. Algunas veces lo es.

EL HOMBRE: Debo decirle, sin embargo, que el haber sufrido el trance, como dice usted, en el seno de la religión católica, y confortado por todos los sacramentos ¡y por la bendición papal! (*suena a falso: el JUEZ sonríe*) hizo que todo fuera plácido y tranquilo. Claro que en momentos, los últimos sobre todo, el dolor y la asfixia lograron que perdiera el control de mi serenidad y que...

EL JUEZ: Es natural.

7. velando... prójimo *keeping track of my obligations to my neighbor.*
8. como si... huesos *as if it were coming apart from my bones.*

EL HOMBRE: Natural, eso es. (*Para sí mismo.*) Cuando venga el doctor . . . ¡Ja, ja! ¿Ve usted? Ya no me duele absolutamente nada. Me siento como ligero, como aligerándome. (*Con la confianza del hombre de mundo.*) Pues bien, señor Juez, estoy dispuesto. La calidad de mi vida me hace poder esperar confiado. Podemos empezar cuando usted guste.

EL JUEZ: Es cosa rápida. Y por lo general más agradable de lo que se espera. (*Pausa.*)

EL HOMBRE: (*En vista de que el JUEZ no hace nada para empezar.*) Podemos empezar cuando usted guste.

EL JUEZ: No, no. Es al revés. Al contrario. Es usted quien debe exponer lo que es, para entonces nosotros darle[9] el puesto que le corresponde, y que no dudo será uno privilegiado.

EL HOMBRE: Entendido. Para empezar, debo decirle que me llamo . . .

EL JUEZ: Perdone que le interrumpa. Quizás le resulte un poco violento, pero, usted . . . ya no tiene nombre.

EL HOMBRE: ¿Cómo?

EL JUEZ: Es violento, lo reconozco. Pero repare usted en que el nombre es sólo un sonido, o un garabato escrito, mediante el cual la gente nos llama. ¿No es cierto? Pues bien, la gente no existe ya para usted. En realidad es usted quien no existe para la gente, pero, en fin, para el caso es lo mismo. Su nombre no funciona ya, por así decirlo,[10] y ha dejado, por tanto, de serlo.

EL HOMBRE: Mi nombre, mi nombre propio, mío.

EL JUEZ: Ha dejado usted de tenerlo. Eso es todo. En rigor, suyo no lo ha sido nunca. Nuestro nombre más bien pertenece a los otros, por lo menos más que a nosotros mismos. Desde luego son los otros los que más lo usan, salvo casos de lamentable egolatría. Me refiero a ésos que se complacen en ser gente para sí mismos, llamándose, viéndose desde fuera. Ésos que hablan de sí mismos en tercera persona. Éste no es su caso, según consta aquí (*algún papel que tiene sobre el escritorio*) y me agrada consignar.

EL HOMBRE: En efecto, debo confesar que es algo muy notable. Que se me quite[11] así, de pronto . . .

EL JUEZ: Con ello no se le ha quitado todo. Por lo menos es lo que debemos esperar. Conviene siempre hacer esta aclaración al principio porque nos ahorra el estar después haciendo correcciones

9. para entonces nosotros darle *so that we may then give you.* 10. por así decirlo *in a manner of speaking.* 11. Que se me quite *To have it taken away from me.*

del mismo tipo. De manera que puede usted continuar, si le parece bien.

EL HOMBRE: Por supuesto, con ello no se me ha quitado todo. Me queda bastante. Pero permítame decirle, aunque ello no me valga de nada, que se me quita mucho. Mi nombre siempre fue pronunciado con respeto y simpatía por cuantos me conocieron y trataron. Velar por su reputación fue tarea que me impuse y que logré con éxito en todas mis relaciones de hombre de negocios y de ciudadano.

EL JUEZ: Claro, pero eso, como usted mismo ha dicho, no le vale de nada. En lo que al nombre se refiere, por supuesto.

EL HOMBRE: Era un nombre honesto, garantizaba la verdad aquello al pie de lo cual estaba. Y era sonoro. No soy vanidoso, como los casos del ejemplo. Así debe constar en sus documentos. Era un nombre sonoro, sin embargo. Pero, ¡lo dicho![12] Con ello no se me ha quitado todo, ni mucho menos. Me queda lo más: el haber cumplido con mis obligaciones religiosas, el haber hecho repetidas veces el bien, el haber sido un padre amantísimo.

EL JUEZ: Podemos comenzar por esto último, si usted prefiere.

EL HOMBRE: Encantado. Le he dicho ya que mi vida me permite el lujo de poder estar aquí sentado ante usted con toda tranquilidad y confianza. (*A sí mismo.*) ¿No tendré? . . . (*Se busca en los bolsillos.*) Vaya, sí que tengo. (*Cigarrillos.*) ¿Me permite fumar?

EL JUEZ: Tenía usted el hábito muy arraigado.

EL HOMBRE: Sí, es verdad. Me calma . . ., me resulta agradable.

EL JUEZ: Fume, con toda confianza. Además, debe usted aprovecharse, dentro de poco no podrá ya hacerlo. Quiero decir, no tendrá ya necesidad o ganas de hacerlo.

EL CONSERJE se queda mirando, curioso, el cigarrillo encendido.

EL HOMBRE: (*Al CONSERJE.*) ¿Me permite usted ofrecerle?

EL CONSERJE: No, no, muchas gracias. Perdone. No los había visto nunca. Echan humo, ¿verdad? Perdone. (*El JUEZ sonríe.*)

EL JUEZ: ¿No recuerda usted alguna vez que, sin estar pensando en sus hijos, se sentía usted a sí mismo como algo hecho por ese amor que les tuvo?

12. ¡lo dicho! *as I said.*

EL HOMBRE: No entiendo.

EL JUEZ: Sí, es difícil. Por lo general se trata de algo muy
pequeño. Pero, por muy pequeño que sea, aquí nos encargamos
de . . . ampliarlo, de otorgarle méritos gratis, por así decirlo. Antes,
5 sin embargo, tenemos que buscar y encontrar ese algo, para dár-
selos.

EL HOMBRE: Pues al padre que fui. Me sacrifiqué por mis
hijos, les di una educación buena, un ambiente sano, les di todo lo
humanamente posible. He aquí un algo nada despreciable ni
10 pequeño.[13] Todo lo que he dado, a mis hijos y a mucha gente, pero
sobre todo a mis hijos.

EL JUEZ: Sí, pero lo dado, dado está, ya no lo tiene usted.

EL HOMBRE: ¿Cómo? Sin duda no le he entendido. «El que
más da, más tiene; matemáticas de Dios», según dijo un santo.

15 *EL JUEZ:* Es difícil. Pero no se intranquilice usted. Quiero
decir que aquí no se va a juzgar . . . Aunque esto propiamente no
es un juicio, pero en fin, empleemos la palabra en aras de la claridad.
Aquí, digo, no se trata de juzgar sus obras, sino a usted. No es lo
mismo, contra lo que pudiera parecer. (*Pausa.*) Por ejemplo: Nunca
20 podría nadie confundir un arquitecto con una casa que ese arquitecto ha hecho. De igual modo, debe usted distinguir lo que usted
es de lo que usted ha hecho. Sólo lo primero es lo que ahora nos
interesa. Lo que usted ha hecho ha quedado en el mundo. Estoy
seguro de que allí se le agradece, si con ello ha ocasionado la
25 felicidad de alguien. Pero ahora se trata de su propia felicidad.
Ahora se trata . . . de usted.

EL HOMBRE: Perdone usted, sigo sin comprender. ¿No cabe
entonces apelar a[14] mis obras buenas? Estoy dispuesto a confesar
también las malas, por supuesto, pero quiero que se las compare,
30 que se las pese.

EL JUEZ: Sí, cómo no, sí cabe apelar a ellas. Pero por una
razón indirecta, oblicua. Porque, en el fondo, uno no hace las
cosas . . . Uno las hace, sí, pero en el fondo, esas cosas que uno
hace lo hacen a uno. Uno las hace a ellas y ellas nos hacen a nos-
35 otros. No sé si me explico. Por eso sólo pueden sernos, servirnos, de
referencia, y sólo a guisa de tal[15] cabe citarlas o apelar a ellas.

EL HOMBRE: Cuando yo mandé a mis hijos a estudiar al extranjero, puesto que por esta parte de mi vida hemos decidido

13. un algo . . . pequeño *something neither contemptible nor small.* 14. ¿No . . . a *Then I can't bring in, appeal to.* 15. a guisa de tal *in such a way, as such.*

comenzar, cuando me sacrifiqué personalmente por hacer esta obra de cuya calidad moral no puede haber ninguna duda, lo hice, puede usted estar seguro de ello, movido sólo por el más puro amor. (*El JUEZ consulta algo en sus papeles.*) Si alguna vez me jacté de ello fue sólo porque lo hice, pero no lo hice para jactarme de ello.

EL JUEZ: Se lo creo a usted. No es necesario insistir sobre eso. Y, esta obra, ¿qué hizo? Además de darles una buena educación a sus hijos. En usted . . . , en usted mismo, ¿qué hizo?

EL HOMBRE: Obras como ésas son las que me han hecho a mí, a mi persona entera.

EL JUEZ: ¿Dónde está? Es lo que buscamos.

EL HOMBRE: Aquí, claro.

EL JUEZ: Sí, pero no, no está tan claro. Aquí hay un traje, que usted no hizo. Un cuerpo, debido a un proceso biológico del que usted no es responsable . . .

EL HOMBRE: ¿Mi . . . alma?

EL JUEZ: Exacto. (*Pausa.*)

EL HOMBRE: ¿Y?

EL JUEZ: Veamos.

EL HOMBRE: Eso no se puede mostrar.

EL JUEZ: Con el dedo de la mano, no, pero sí de alguna manera. Por ejemplo: ¿No se ha detenido usted nunca en la mitad de la noche, en el centro del Universo, a contemplar los astros, la inmensidad vacía, olvidándose de los negocios, de todos los diferentes tipos de negocios que enajenan al hombre durante el día?

EL HOMBRE: No. ¿Y qué tiene que ver eso con el alma, entendida realmente, no poéticamente?

EL JUEZ: Es una de las situaciones en la que suele manifestarse. Cuando existe. Porque el alma no siempre existe. Ahora va a ser peor, o mejor, eso depende de usted. Ahora no habrá astros. No habrá nada. Sólo usted. Si es que existe. Y la cosa va a durar bastante más de lo que pueda imaginarse.

EL HOMBRE: Me aburriré, creo.

EL JUEZ: Eso depende de lo agradable o desagradable que sea lo que va a contemplar toda la eternidad.

EL HOMBRE: ¿No dijo usted que no habrá nada?

EL JUEZ: He dicho que habrá usted. Sólo usted.

EL HOMBRE: ¿Y Dios?

EL JUEZ: (*No entiende.*) ¿Cómo?

EL HOMBRE: Dios. Dios.

EL JUEZ: Olvídese usted de eso. No vale la pena. Señor mío, está usted solo. Es importante que lo encontremos, pues.

EL HOMBRE: ¿A mí, dice usted?

EL JUEZ: ¿Es que no se hace falta?[16] ¿No se hizo falta ahora,
5 hace un rato?

EL HOMBRE: No. Quiero decir, sí. Me sentí abandonado. Me dio dolor. (*Otra vez hipócritamente.*) Claro, el hecho de morir con todos los sacramentos . . .

EL JUEZ: Déjese ya de tonterías, hombre. (*Transición.*) Per-
10 dón. Esto es serio. Compréndalo usted, por favor.

EL HOMBRE: Perdóneme usted a mí. Todavía no sé lo que me pasa.

EL JUEZ: (*Con intención.*) ¿Quiere que se lo explique?

EL HOMBRE: No. No. (*Transición.*) ¿Usted no será, por
15 casualidad? . . .

EL JUEZ: Sí. (*Pausa.*)

EL HOMBRE: ¿De qué estábamos hablando?

EL JUEZ: De usted.

EL HOMBRE: Sí, es verdad.

20 *EL JUEZ:* Estábamos buscándolo. Para premiarle seguramente. De manera que puede usted decirle que salga con confianza.

EL HOMBRE: No depende de mí. Tengo la mejor voluntad, pero, no sé, no sé qué decirle.

EL JUEZ: Me lo temía. ¿Le gusta a usted el campo?

25 *EL HOMBRE:* No. Me aburre. Soy, he sido siempre, un hombre de acción.

EL JUEZ: Sí, me lo suponía también.

EL HOMBRE: Mire usted, yo . . . , yo . . .

EL JUEZ: (*Muy interesado.*) Sí.

30 *EL HOMBRE:* Yo . . . , yo . . .

EL JUEZ: (*Muy interesado.*) Usted, ¿qué?

EL HOMBRE: (*Como queriendo llorar.*) Yo amaba a mis hijos, mi casa, mi . . .

EL JUEZ: (*Enojado.*) ¡Nada de eso existe ya! ¿Quiere usted
35 acabar de comprenderlo de una vez por todas? Ahora se trata de usted. Olvídese de todo lo demás.

EL HOMBRE: ¿Cómo voy a olvidarlo, si me pide que hable de mí? Ellos eran la mitad de mi vida, la mitad de mi alma.

EL JUEZ: ¿Y la otra mitad? Porque ésa de la que habla usted

16. ¿Es . . . falta? *Don't you need yourself?*

ha muerto. ¿Lo comprende usted bien, verdad? (*El HOMBRE vuelve la vista hacia la derecha.*) ¿Y la otra mitad? Pero, hombre de Dios, ¿es que no se ha traído usted nada? (*Impaciente.*) ¡La otra mitad!

EL HOMBRE: No sé. ¿Y si no la hay?

EL JUEZ: (*Se echa para atrás.*) Vamos a esperar que ése no sea el caso.

EL HOMBRE: Yo era . . . un hombre que luchaba, que amaba, que saludaba . . . Un hombre. Eso es todo. Ahora me parece que es bien poco.

EL JUEZ: No lo es. Pero no basta. Usted era, en suma, una serie de contactos con el mundo.

EL HOMBRE: Eso. Yo era un dedo que tocaba al mundo. Mejor, un puño que le golpeaba.

EL JUEZ: ¿ Un puño? ¿ Está usted seguro de que quiere decir eso?

EL HOMBRE: (*Exaltado.*) ¡Sí, señor, sí, un puño, un puño apretado, valiente, que golpeó en las puertas de la vida y que se abrió paso y que llegó . . . , que llegó hasta . . . (*Vuelve a ver hacia la derecha y se le desinfla el ánimo.*) Tiene que constar en sus papeles que nunca falté a ninguna de mis responsabilidades.

EL JUEZ: Sí. Debo felicitarlo.

EL HOMBRE: ¿Cuál es el problema, entonces?

EL JUEZ: Ninguno, si lo que usted dice es cierto.

EL HOMBRE: Puedo jurar que lo es. Y así lo tienen que certificar esos papeles.

EL JUEZ: Es que aquí en los papeles sólo están los golpes. No el puño.

EL HOMBRE: ¿Cómo?

EL JUEZ: Digo que aquí sólo están registrados los golpes, las penas, las alegrías, los dolores . . . Los golpes sólo. Ahora falta el mundo, contra el cual se dieron; falta el pecho, en el cual se dieron. Y el puño, falta el puño que los dio.

EL HOMBRE: (*Levanta el puño.*) Fui yo quien los dio. ¡Yo!

EL JUEZ: ¿Volvemos a lo mismo?

EL HOMBRE: ¿Y quién quiere usted que los haya dado?

EL JUEZ: No sé. La gente. La costumbre.

EL HOMBRE: (*Melancólico.*) ¿La gente? ¿La costumbre?

EL JUEZ: Sí. Les pasa a los mejores.

EL HOMBRE: (*Melancólico aún.*) Y ahora ya no existen. Se han muerto. Quiero decir . . .

EL JUEZ: (*Con piadosa comprensión.*) Yo sé lo que quiere decir.

Flauta.

EL HOMBRE: ¿Qué voy a hacer ahora?

EL JUEZ: No sé. Quiero decir . . .

EL HOMBRE: Yo sé lo que quiere decir. (*Pausa.*) Estamos dando vueltas.

EL JUEZ: (*Dándole a entender que tienen todo el tiempo por delante.*) Sí. No importa. (*El HOMBRE levanta la cabeza como preguntándole por algo increíble.*) Sí. (*El HOMBRE baja el rostro. Pausa larga.*)

EL HOMBRE: ¿No acaba?

EL JUEZ: No.

La flauta se va.

EL HOMBRE: ¿Comenzamos?

EL JUEZ: Comencemos. (*Pausa larga.*)

EL HOMBRE: Sigo sin comprender por qué no me reconoce usted al hombre bueno, y a veces malo, por qué no, que he sido en la vida.

EL JUEZ: Lo reconozco.

EL HOMBRE: ¿Y?

EL JUEZ: Se ha muerto.

EL HOMBRE: ¿Y yo?

EL JUEZ: No sé.

EL HOMBRE: Quiero decir, que me juzgue a mí como si fuera él.

EL JUEZ: Eso es contrario a la justicia más elemental. Juzgar a uno por otro.

EL HOMBRE: ¡Él era yo!

EL JUEZ: Lo ha dicho bien: Era.

EL HOMBRE: ¿Y yo?

EL JUEZ: No sé.

EL HOMBRE: Seguimos dando vueltas. (*Se coge la cabeza como si estuviese mareado.*) ¡Yo tengo que existir! Algo tengo que haber hecho de mí. Puedo enumerarle todo lo que he hecho.

EL JUEZ: No valdría la pena.

EL HOMBRE: El haber hecho muchas cosas prueba que tengo que haberme hecho a mí.

EL JUEZ: Desgraciadamente eso no es cierto. Hay quienes no hacen nada, y son tanto. Y quienes hacen mucho, y son tan poco.

EL HOMBRE: (*Con una sonrisa amarga.*) Me gustaría reírme, ¿sabe?

EL JUEZ: Ríase usted.

EL HOMBRE: No sé. No puedo. La vida mía, es como una casa en la que quiero meterme, y no encuentro la puerta. Y oigo voces adentro. Y risas.

Efecto sonoro estereofónico de voces mezcladas y de risas.

EL HOMBRE: Es triste. Porque también me oigo reír a mí, adentro.

Las voces y risas se alejan hasta perderse.

EL JUEZ: No se ocupe de ellos.

EL HOMBRE: Yo estuve en una guerra.

Efectos sonoros estereofónicos de guerra. Pero se alejan rápidamente hasta perderse.

EL HOMBRE: Es inútil. Está cerrada. (*Recuerda.*) Cuando enterramos a mi madre. (*Pausa.*) También está cerrada. Parece mentira, ¿verdad? (*Recuerda.*) Una noche, recuerdo, iba a una fiesta a la que se me había invitado. A una embajada. Iba a pie, quedaba cerca. Lo cierto es que de pronto, en el momento de ir a tocar el timbre de la puerta, me puse triste.

Flauta.

EL HOMBRE: Sin ningún motivo, sin ninguna razón. Era una noche fresca, clara. Me dieron ganas de irme a pasear, a caminar, deambular por la calles y averiguar por qué me había puesto así de pronto. Cosa extraña, nunca me había pasado eso antes, ni me volvió a pasar después.

EL JUEZ: Esto es muy importante. ¿Qué le sucedió a usted cuando se fue a pasear?

EL HOMBRE: (*Estaba distraído.*) ¿Cómo? No. No. Toqué el timbre y entré.

La flauta se aleja hasta perderse.

EL HOMBRE: Era una obligación social que, como usted comprenderá, no podía descuidar. Se me pasó inmediatamente con la charla de los amigos y la primera copa.

EL JUEZ: Estaba usted llamándose esa noche, y no se oyó. O, mejor dicho, se oyó, pero no quiso atenderse. Es una gran lástima. Esa noche nos hubiera bastado ahora. Pero se abandonó usted a sí mismo, lo abandonó. Y ahora él lo abandona a usted.

EL HOMBRE: Me parece que comienzo a comprender.

EL JUEZ: ¿Y en la infancia? ¿No tiene usted nadie ahí? En esa época de la vida, por lo general, se encuentra uno a sí mismo. Lo que pasa es que, desgraciadamente con mucha frecuencia, nos perdemos después. Usted (*consulta algún papel*), de niño, quería ser músico.

EL HOMBRE: ¿Músico?

EL JUEZ: Sí, se compró una flauta.

Flauta.

EL HOMBRE: No recuerdo.

EL JUEZ: ¿Qué hizo con ese niño? (*Pausa.*) Tenía los ojos grandes. Se compró una flauta.

EL HOMBRE: Sí, es cierto, ahora recuerdo. Era una flauta roja.

EL JUEZ: ¿Recuerda usted «ahora»?

EL HOMBRE: Yo no he tenido tiempo para recordar. Mi vida ha sido un puro ajetreo, una pura lucha por la vida.

La flauta comienza a alejarse.

EL JUEZ: Es lástima. Ese niño lo habría podido salvar.

EL HOMBRE: ¿Él?

EL JUEZ: Él. Otro abandonado. (*Guarda en alguna gaveta el papel con el informe del niño.*)

La flauta se ha vuelto a hundir. Silencio.

EL HOMBRE: ¿Qué hacemos ahora?

EL JUEZ: No sé.

EL HOMBRE: Oiga usted, esto es ridículo. Yo existí en la tierra, todo el mundo me veía, se pensaba en mí, se me tenía en cuenta. Usted no puede venir ahora a decirme que yo no existo o que no he existido nunca. ¿Quién, si no yo, hizo lo que hizo? ¿A quién, si no a mí, besaba mi mujer? Pues bien, eso soy yo, y usted tiene la obligación de condenarlo o de salvarlo, pero de hacer algo con ello. Yo supongo que usted no pretenderá eludir su obligación con un pretexto tan ridículo como éste, de que no existo.

EL JUEZ: Señor, trato de hacerle justicia a usted, a usted mismo. Para ello tengo antes que encontrarlo. No sería justo que yo tomara por usted una serie de referencias con el mundo, porque aquí no se trata de juzgar al mundo, sino a usted. No me sirve ningún ejemplo o momento de su vida en el que usted estaba interesado en algún negocio, de cualquier tipo, a menos que, en quitando todo eso ajeno, quede algo en el fondo: usted.

EL HOMBRE: (*Con intención.*) Usted, por supuesto, no lo sabe, pero la vida, señor mío, no es más que eso: un estar de alguna manera en referencia con el mundo. Es una pobre vida.

EL JUEZ: Aquí no se trata de juzgar la vida. Se trata de juzgarlo a usted.

EL HOMBRE: Empieza usted a decir tonterías. (*Grita.*) ¡Yo soy mi vida!

EL JUEZ: Entonces usted se ha acabado. (*El HOMBRE pierde todos sus ímpetus y vuelve a sentarse.*) No hay necesidad de excitarse. Ya sé que se dice eso, que uno es su propia vida. Pero lo que se quiere decir es que somos parecidos a ella, semejantes, puesto que lo que somos depende de nuestra vida, y viceversa. La vida es nuestra madre y nuestra hija simultáneamente. Sin embargo, hay vidas tan falsas, huecas, que no tienen a nadie adentro, o que tienen dentro una persona hueca, vacía, sin peso o consistencia. Estas personas se sienten a sí mismas porque sienten el contacto con su cuerpo. Eso les basta, y no piensan que ese apoyo les faltará algún día. Y si lo piensan, suponen que detrás, o que dentro, en algún sitio, tienen un alma o un yo auténtico, profundo, y que pueden ir, instalarse en él, cuando lo quieran o necesiten. Pero no hay nadie. Están vacíos. Son una pura cáscara. Cuando la desgracia sopla, cuando la muerte los amenaza, cuando necesitan de sí mismos, van corriendo a buscarse . . . Entonces se desesperan, se desorientan, se sorprenden, porque no hallan más que el sitio vacío. Y la vida, y el tiempo, la muerte, se los lleva como hojas. (*Pausa.*) No se les ocurre agarrarse a algo que no pase, a alguna idea fija, clavada en la verdad.

EL HOMBRE: ¿Ideas? ¿Cree usted que yo he tenido tiempo para pensar en «ideas»?

EL JUEZ: He usado la palabra en un sentido muy amplio. ¿No ha amado usted, u odiado, algo . . . fijo, al margen de la corriente, de manera que pueda decirse que lo que usted era entonces también estaba al margen?

EL HOMBRE: Era peligroso. Una vez una mujer me amó. No era a mí. Fue cosa de ella sólo. Yo la comprendía. ¡Puedo jurar que la comprendía! (*Como si le estuviera discutiendo.*) ¡Le aseguro, señor! . . .

EL JUEZ: Lo sé.

Flauta.

EL HOMBRE: Pero, era peligroso. Da vértigo. Da miedo. Mi vida entera . . . Yo mismo, mi propio ser . . . (*Cae en la cuenta de lo que dice.*) Yo creía entonces, suponía . . . Como decía usted antes . . . Yo suponía, pensaba, creía que yo . . . ¿No me habrá robado alguien? ¿No sería posible que? . . .

EL JUEZ: No.

EL HOMBRE: Y sin embargo uno está tan seguro, de que estaba allí, de que se podía contar con ello. Tenía usted razón. Es una sorpresa. Da nostalgia.

EL JUEZ: ¿Qué hizo usted con ella?

EL HOMBRE: ¿Con quién?

EL JUEZ: Con esa mujer que le amó.

EL HOMBRE: Nada. Era peligroso. No pude.

La flauta se aleja hasta perderse.

EL JUEZ: Tantas oportunidades. Alguien lo andaba buscando a usted por todas partes. ¿Para qué quieren ustedes la inmortalidad entonces?, si no tienen nada con qué llenarla, si no tienen nada que llevar a ella. ¿Y el odio? ¿Tampoco lo conoció usted? ¿No odió nunca a nadie?

EL HOMBRE: Odiar es pecado.

EL JUEZ: (*Tiene que reconocerlo.*) Sí.

EL HOMBRE: Yo he pecado. (*Pausa.*) A raíz de aquello, de esa muchacha, tuve una . . . , una . . .

EL JUEZ: Sí. (*Lo sabe por algún papel.*)

EL HOMBRE: Mi mujer fue muy buena.

EL JUEZ: Sigue siéndolo.

EL HOMBRE: Quizás fue sólo para probarme que esa otra . . . , la muchacha de quien le hablaba, y que me miraba de una forma tan extraña . . . (*Se tapa los ojos.*) O quizás fue sólo para presumir en el Casino. Los amigos, usted sabe.

EL JUEZ: Sí.

EL HOMBRE: Aceptaré la pena que se me imponga.

EL JUEZ: Sí, sin duda. Pero a esto le pasa lo que a sus acciones buenas. Yo no digo que no sea usted quien ha pecado, pero antes hay que ver dónde está el que vamos a castigar.

EL HOMBRE: Ya le digo. Yo traicioné a mi mujer. Ése soy yo, ése le mentía diciéndole que tenía trabajos especiales, cuando lo que hacía era irme con esa infame, esa cualquiera, esa . . .

EL JUEZ: Por favor. Se trata de usted.

EL HOMBRE: A ése que gastaba el dinero de sus hijos en

comprarle joyas a su amante, a ése, quiero que lo castigue, no me importa.

EL JUEZ: ¿Dónde está? Dígame usted antes dónde está. ¿No se da cuenta de que todo eso que me dice usted no era más que una serie de relaciones con sus amigos, su ambiente? Yo no busco la relación, busco a quien las tenía. Creí que ya lo había comprendido.

EL HOMBRE: ¡Condéneme, condéneme usted, pero déjese ya de martirizarme!

EL JUEZ: (*Perdiendo los estribos.*) ¡Quiero condenarlo! ¡Ya no me importa! ¡No me importaría ya, pero déme usted algo que condenar, algo! . . . (*Recobra la calma.*) Perdóneme. Es inútil. Usted, por supuesto, se da cuenta de que es inútil.

EL HOMBRE: ¿Qué va a ser de mí?

EL JUEZ: (*Irónico, amargo.*) ¿De quién? (*Indiferencia aparente.*) Nada.

EL HOMBRE: ¿No se me va a castigar, y premiar, mis pecados, mis virtudes?

EL JUEZ: No tiene usted ni lo uno ni lo otro.

EL HOMBRE: ¿Qué va a ser de mí ahora?

EL JUEZ: Nada. No tema. No va a sufrir, no va a perder nada. Nunca lo ha tenido.

EL HOMBRE: Hace frío aquí.

EL JUEZ: Sí. (*Al CONSERJE.*) Llévate las cosas. Esto ha terminado. (*El CONSERJE lo hace, en repetidos viajes.*)

EL HOMBRE: (*Viendo cómo se llevan los muebles.*) Y a mí, ¿qué me va a pasar a mí?

EL JUEZ: Nada, señor mío, nada. ¿No entiende usted? Nada.

EL HOMBRE: ¿Es decir?

EL JUEZ: Es decir, nada.

HOMBRE: Por lo menos me dirá usted cuánto tiempo va a durar.

EL JUEZ: El tiempo se ha detenido ya para usted. (*Le da la espalda para no sufrir.*) Un instante sólo, pero sin límites.

EL HOMBRE: Me gastaré. Terminará el viento por gastarme,[17] diluirme.

EL JUEZ: Aquí no sopla viento.

EL HOMBRE: Es verdad. Todo está tan quieto. Tan silencioso. Qué rara suena mi voz. (*El JUEZ, de espaldas, deniega con la cabeza.*) ¿No es mi voz? ¿Mi pensamiento, entonces?

17. Terminará . . . gastarme *The wind will wind up wearing me away.*

Efectos estereofónicos de voces, de risas y de guerra, todo mezclado.

EL HOMBRE: ¿No puede usted callarlo? (*Los ojos cerrados. Una risa sobresale.*) Oigo que ríen dentro. Me han dejado afuera, y es de noche.

5 *EL JUEZ:* Se irá alejando poco a poco.

Los efectos sonoros se alejan poco a poco y desaparecen.

EL HOMBRE: Es verdad. (*Cae en la cuenta pronto.*) ¡Pero entonces voy a quedar más solo!

EL JUEZ: No va a quedar nada.

10 *EL HOMBRE:* Ese instante, ha comenzado ya, ¿verdad? (*El JUEZ afirma con la cabeza.*) Qué bonita era la vida, ¿verdad?

Flauta.

EL JUEZ: La suya fue fácil.

EL HOMBRE: ¿Y el niño de la flauta?

15 *EL JUEZ:* ¿Me lo pregunta usted a mí?

EL HOMBRE: ¿Qué se hizo? ¿Qué les pasa?

EL JUEZ: Se quedan. Los deja el tiempo. Se convierten en fantasmas. Rondan de noche los caminos, los sueños. Asustan a los niños.

20 *EL HOMBRE:* Y los perros, los perros les ladran de noche, ¿verdad?

EL JUEZ: Sí.

EL HOMBRE: (*Con profundo dolor y remordimiento.*) De niño yo les tenía pánico a los perros.

25 *El CONSERJE se ha llevado ya todo, menos la silla en la que el HOMBRE está sentado en medio de la inmensidad. La flauta se aleja, pero tarda en desaparecer, para dar la impresión de que ahora lo hace definitivamente. Momentos antes de desaparecer, se oyen, muy lejos, ladridos y aullidos de perros.*

30 *EL JUEZ:* (*Al CONSERJE.*) Vamos. (*Inicia un mutis rápido.*)

El ÁNGEL, es decir, el CONSERJE, se acerca al HOMBRE para confirmar una sospecha.

EL CONSERJE: (*En voz muy alta y alegre.*) ¡Señor! ¡Señor! ¡Está llorando!

35 *EL JUEZ:* (*Se detiene y vuelve a verlo.*) Te condenaste, infeliz.

Hace una hora, allá abajo, adentro, ese llanto te habría podido salvar. Hubieras podido decirme que llorabas, que lloraste. Pero ahora es muy tarde. No lo puedes decir, sólo puedes llorar. Al fin eres algo. No algo que ha llorado, sino algo que llora, y que llorará eternamente. (*Mutis rápido.*) 5

El ÁNGEL sale, caminando de espaldas, con mucho dolor. Queda el HOMBRE solo, rodeado de silencio, de pena y de nada. Después de un rato largo, desmesuradamente largo, comienza a caer, muy lentamente, el

TELÓN

Ejercicios

A. Preguntas

1. ¿Quiénes son los dos hombres que entran al principio, y con qué propósito entran?
2. ¿Por qué hace tanto calor en el lugar donde están los dos hombres?
3. ¿Cómo es el sonido de la flauta cuando se oye por primera vez?
4. ¿Cuál era el caso de la mujer que trataba de mentirle al Juez, y cómo se resolvió el problema?
5. ¿Cómo es el Juez, y cómo se viste y se peina?
6. ¿Qué ocurre cuando calla el tic-tac del reloj?
7. ¿Por qué no se interesa el Juez por el nombre del Hombre, y qué efecto tiene en éste?
8. ¿Qué es lo que busca el Juez en el Hombre y, según aquél, cómo se puede mostrarla?
9. ¿Por qué no se interesa el Juez por el hombre bueno, y a veces malo, que había sido el Hombre?
10. ¿Cuáles son las oportunidades que tenía el Hombre durante su vida de encontrarse a sí mismo, de «ser» algo?
11. ¿Cree usted que el ser músico habría bastado para salvarlo al Hombre? ¿Por qué?
12. ¿Le parece extraño que el Juez sugiera que amar u odiar a alguien al margen de la corriente tal vez lo habría salvado al Hombre? ¿Por qué?

13. Según el Juez, ¿por qué no puede condenarlo al Hombre, aun cuando tiene ganas de hacerlo?
14. ¿Por qué se alegra el Conserje casi al final del drama, y cómo apaga el Juez esta alegría?
15. Si el Juez, por sus archivos, ya sabe todos los datos referentes al Hombre, ¿qué función puede tener este juicio?

B. Temas

1. El sitio en donde tiene lugar el juicio.
2. El Juez como Dios y como conciencia.
3. El desarrollo de la inquietud en el Hombre.
4. La función o el simbolismo de la música de flauta en el drama.
5. El concepto contemporáneo de la salvación.
6. El concepto del infierno como falta de definición personal.
7. El juicio final del Hombre como crisis interna existencialista.
8. *Juicio final* y el concepto religioso tradicional de la salvación y la condenación.

C. Modismos y expresiones

Escriba usted las oraciones en español. En cada una emplee uno de los modismos o expresiones siguientes:

enajenar a	**perder los estribos**	**por lo menos**	**dentro de poco**
mejor dicho	**dar lo mismo**	**jactarse de**	**apelar a**
caer en la cuenta (de)	**tener ganas de**	**tardar en**	**a menos que**

1. You can put the chair here or in the corner; it makes no difference.
2. At last the poor man realizes what they have been saying.
3. I know that the man is dying, or rather I think he is.
4. The man was always bragging about his children.
5. Her friend has no desire to go out with him.
6. At first he said no, but within a short time he had changed socks and was ready.
7. Please don't delay writing your letters.
8. The man tried to appeal to his good works, but he was not able to.
9. I won't go to the meeting unless she goes too.

10. They hoped that the news item would not alienate most of his friends.
11. After talking for twenty minutes, he lost his head and began to shout.
12. They used to go to see her at least three times a year.

Osvaldo Dragún

Born in Entre Ríos, Argentina, in 1929, Dragún is the most important of the dramatists associated with the Argentine independent or experimental theatre. His plays are characterized by their theatricality and concentration on emotion. His first play was *La peste viene de Melos* (1956), but Dragún's earliest and still best-known success was with *Historias para ser contadas* (1957), brief works of extraordinary agility. They are strongly critical of the mechanization of society, and use a simplified setting and rapid interchange of roles. In the same year, he used very similar techniques in a longer work, *Los de la mesa 10* and also created the realistic tragedy of *Tupac Amarú*.

Other plays by Dragún include *El jardín del infierno* (1959), an experiment with social naturalism to attack poverty and corruption, and *Milagro en el mercado viejo* (1963), a combination of naturalism with traditional symbolism. He also collaborated on a musical play, *Desde el 80* (1958). *Y nos dijeron que éramos inmortales* (1963) treats the moral restlessness of the younger generation in the face of political and social corruption. Influenced by the German dramatist Bertolt Brecht in its use of music hall techniques and direct interaction with the audience, the play ranges from ironic humor to tragic suffering. Like all Dragún's plays, it is conceived for actors; the same is true of *Amoretta*, a heroic comedy set in the Italian section of Buenos Aires. *Heroica de Buenos Aires* (1966) is again Brechtian, attacking society's inability to respond honestly to social problems. *El amasijo* (1968) returns to the form of the *Historias* to present a series of dramatic variations on solitude, using different possible reactions to the same situation.

After some years of devoting himself primarily to directing and lecturing, Dragún has returned to writing for the theater and two new plays *Hoy se comen al flaco* and *El violador*, were published in 1981. He has always maintained that he writes plays only when a group with which he is working needs a script. This explains the emphasis on the actor and the constant effort to reduce stage machinery and setting to a minimum, characteristics clearly visible in *Historia de un flemón, una mujer y dos hombres*. We also see again Dragún's commitment to humanity and his conviction that marginal members of society are excluded from its benefits. Dragún's commitment to the theater and to humanity do not interfere with each other, and in *Historia de un flemón* we see how skillfully he makes them interact.

Historia de un flemón

PRÓLOGO

ACTOR 1°: ¡Público de la Feria, somos los nuevos Comediantes!
ACTOR 2°: Cuatro actores que van de plaza en plaza, de teatro en teatro . . .
ACTOR 3°: ¡Pero siempre adelante! 5
ACTRIZ: No se asombren de lo que aquí verán. Les traemos la ciudad . . .
ACTOR 2°: Sus hombres . . .
ACTOR 3°: Sus cantos . . .
ACTOR 1°: Sus problemas. 10
ACTRIZ: Somos solamente cuatro.
ACTOR 3°: Yo . . .
ACTOR 1°: Yo . . .
ACTOR 2°: Yo . . .
ACTORES 1°, 2° y 3°: Y ella. 15
ACTRIZ: Pero a veces yo seré una hermana, después una madre y en seguida una esposa . . .
ACTOR 1°: ¡Y yo un viejo, o un joven, o un niño! . . .
ACTOR 2°: ¡Y yo un tango, y después una sombra!
ACTOR 3°: Traemos para ustedes Tres Historias de la vida 20 cotidiana.[1]
ACTOR 3°: Si tras la sorpresa quedan ustedes pensando, eso es lo que pretendemos.
ACTOR 3°: Público de la Feria, muchas gracias . . . (*Sale Actor 3°*) 25

Quedan dos ACTORES y una ACTRIZ.

ACTOR 1°: Y para comenzar, vamos a contarles la historia . . .
ACTOR 2°: . . . de un flemón . . .
ACTOR 2°: . . . una mujer . . .

1. Traemos . . . cotidiana *Here we present only one of the three* Historias de la vida cotidiana *in Dragún's original edition.* (Editors' note.)

ACTRIZ: . . . y does hombres.
ACTOR 2°: No piensen que nunca sucedió.
ACTRIZ: Y si lo piensan . . .
ACTOR 1°: . . . piensen también que si no sucedió . . .
5 *TODOS:* . . . les puede suceder muy pronto.

HOMBRE: Yo soy el hombre. En la historia, un vendedor callejero, uno de esos que grita: «¡A la pelotita[2] . . ., a la pelotita!» En Corrientes y Carlos Pellegrini.[3] Cuando me ponga este pañuelo . . . (*Se ata un pañuelo alrededor de la cabeza.*) . . . significará que el
10 flemón ha comenzado a molestarme. No lo olviden. (*Se saca el pañuelo.*)

MUJER: Yo seré en esta historia su mujer. Y si siempre me verán muy seria es porque soy su mujer. Tal vez si me hubiese casado con un ingeniero . . . (*Suspira.*) . . . como quería mamá . . .

15 *ACTOR 1°:* En esta historia yo representaré varios personajes. Pero casi siempre seré el dentista. Para guiarlos, cuando vean que me coloco los anteojos, significa que soy el dentista. No lo olviden. Y no se extrañen de que en esta historia figure un dentista. Ah, me llamo Gutiérrez Nájera.

20 *VENDEDOR:* Esta historia comenzó el día 2 de noviembre de 1956. Yo estaba trabajando . . . (*Lo hace.*) ¡A la pelotita, a la pelotita! . . .

ESPOSA: Yo estaba cocinando . . . (*Lo hace.*)

DENTISTA: (*Se pone los anteojos.*) Y yo no los conocía.

25 *VENDEDOR:* ¡A la pelotita . . ., a la pelotita! ¡A la pelotita . . ., a la pelotita! . . . Estoy en la esquina de Carlos Pellegrini y Corrientes. Carlos Pellegrini y Corrientes es famosa por dos cosas. Por abajo pasan tres líneas de subterráneos, y por arriba, como un monumento, han puesto el obelisco.[4] No una pirámide egipcia. El
30 obelisco. ¡A la pelotita . . .,a la pelotita!

ESPOSA: El obelisco. Siempre me habla del obelisco. No sé qué podrá significar para él. Para los que viajan en avión, sí. Pero para él, que lo mira de abajo . . . Me imagino que si pensara menos en el obelisco trabajaría más, y yo podría tener una sirvienta.

35 *VENDEDOR:* ¡A la pelotita . . ., a la pelotita! 2 de noviembre de 1956. Les cuento esta historia para que sepan que estas cosas suceden. No creo que puedan ayudarme. Creí que el dentista lo

2. A la pelotita *an exclamation used to attract attention. An English equivalent might be "Hey, look!"* 3. Corrientes y Carlos Pellegrini *Two major streets in Buenos Aires.* 4. el obelisco *a tall, tapering pillar and popular landmark in downtown Buenos Aires, shaped much like the Washington Monument.*

haría, y no pudo ayudarme.

DENTISTA: Lo siento. Me llamo Guitérrez Nájera.

VENDEDOR: Y mi mujer . . .

ESPOSA: Yo estoy cocinando. Hace trescientos seis días que estoy cocinando. 5

VENDEDOR: El día es hermoso. Yo estoy trabajando. El día es hermoso. ¡Rhum! El «subte» que va a Palermo.[5]

«¡Palermo, me tenés[6]
seco y enfermo,
mal vestido y sin 10
morfar!»[7]

Me alegra que la gente recuerde que hay un «subte» que va a Palermo. ¡A la pelotita . . ., a la pelotita! Algunos nenes van a la escuela. (*El ACTOR se transforma en un colegial y comienza a pasear delante de él.*) ¿Por qué vas a la escuela? 15

COLEGIAL 1°: Porque queda cerca . . .

VENDEDOR: ¿Por qué vas a la escuela?

COLEGIAL 2°: Porque me mandan.

VENDEDOR: ¿Por qué vas a la escuela?

COLEGIAL 3°: (*Vuelve a pasar.*) Porque mi papá no sabe leer. 20

VENDEDOR: El día es hermoso. Hace años que vendo por la calle. Antes me hacía sufrir el depender del sí o el no de los otros. Ahora comprendo que todos dependen del no o el sí de los demás, y me acostumbré. Quiero decir que esta mañana era igual a cualquiera. Yo trabajaba . . . 25

ESPOSA: Yo cocinaba . . .

DENTISTA: Y yo no los conocía.

VENDEDOR: ¡A la pelotita. . ., a la pelotita! Y de repente llegamos a la historia: ¡Ay! Comienzo a sentir un dolor en una muela. ¡A la pelotita . . ., a la pelotita! En serio que me duele 30 mucho. Bueno, no puedo ir a la farmacia. Y nunca llevo conmigo un geniol. ¡A la pelotita . . ., a la pelotita! ¿Por qué vas a la escuela?

5. ¡Rhum! . . . Palermo *Rhoom! (the sound the subway makes), the subway that goes to the District of Palermo (in Buenos Aires).* 6. tenés tienes *Here and later in this play there are examples of* voseo, *a special usage of a familiar form of address found in many Spanish-American countries.* Vos *replaces* tú *as the subject pronoun in the second person singular. In the present tense and in the familiar command the stress in verb forms shifts to the final syllable and the stem change, if any, is lost.* 7. *here and on two subsequent occasions Dragún incorporates a fragment from a well-known tango, apparently to give the play a popular feeling. The verb* morfar *is from Argentine slang, and means "to eat."*

ACTOR: No voy a la escuela. Tengo que trabajar.

VENDEDOR: ¡Eh, pibe! ... Debía haberle preguntado ...; parecía tan chiquito. ¡Pero el dolor no me deja tranquilo! ¡Cómo me duele! Yo debo trabajar; tal vez abriendo más la boca ... (*Lo hace.*) ¡A-la-pelo-tita ..., a-la-pelo-tita ... ¡Ahora no puedo cerrar la boca! ¡A la ...! ¡Se está hinchando! ... ¡Este sol del diablo me calienta la cara y me hace doler más fuerte! ¡A la peloti ...! Y este viento que me enfría la cara y me hace doler más fuerte ... Debo tener un flemón. No sé por qué, pero debo tener un flemón. Cuando tenía cinco años, mamá me ponía un pañuelo. (*Se pone el pañuelo.*)

ESPOSA: Y así fue como ese día 2 de noviembre él llegó a casa con un flemón y con la cara atada con un pañuelo. No es nada, tenés que tomar un geniol.

VENDEDOR: No voy a comer. Me duele mucho.

ESPOSA: No es para tanto.[8] Tenés que comer.

VENDEDOR: ¡Tengo que trabajar ..., y no puedo abrir ni cerrar la boca! ¿Cómo voy a trabajar si no puedo abrir ni cerrar la boca?

DENTISTA: En realidad, como yo le dije más tarde, era cuestión de tiempo.

VENDEDOR: ¡No tengo tiempo! Esta tarde debo volver a trabajar ...

ESPOSA: ¡Toma un saridón! Calma más rápido. Y esta tarde tenés que volver a trabajar ...

VENDEDOR: Y esa tarde volví a trabajar. La cara se me hinchaba cada vez más (*Les muestra.*) Fíjense. En otros días me gustaba oír a la gente discutir de política. Hoy no lo soporto. Es el flemón. En otros días me quedaba siempre una oreja libre para escuchar a las chicas hablar de sus novios. Hoy el pañuelo me aprieta la cabeza. Es el flemón. Ahora sólo existimos yo y el flemón. No puedo gritar. Y como no puedo gritar, no vendo nada.

ESPOSA: Y cuando volvió me dijo que no había vendido nada. Me pareció absurdo que hiciera eso, justamente a principios de mes. ¡No podés seguir así! Mañana mismo vas al consultorio del dentista.

VENDEDOR: ¡No tengo tiempo! Tengo que trabajar.

ESPOSA: ¡Ya sé que no tenés tiempo! Pero si bajás la escalera corriendo, es un minuto; si cruzás la calle en la mitad de cuadra y

8. No es para tanto. *It's not such a big deal.*

no pasan coches, son treinta segundos; si vas corriendo al consultorio del dentista, son cinco minutos; si tocás el timbre apenas llegas, son diez segundos . . .

DENTISTA: Buenas tardes. Por supuesto, usted tiene un flemón. 5

VENDEDOR: (*Con la boca abierta.*) Ajá.

DENTISTA: Eso es todo.

VENDEDOR: ¿Cuándo me saca la muela? Tengo que trabajar.

DENTISTA: Por supuesto. Primero va a ir a esta direción para que le hagan una radiografía. 10

VENDEDOR: ¿Tardará mucho? Tengo que trabajar . . .

DENTISTA: Dos días nada más. Son cien pesos la visita. (*Al público.*) Me llamo Gutiérrez Nájera, ustedes saben.

VENDEDOR: Y como eran mis últimos cien pesos tuve que empeñar el reloj. Y ahora voy corriendo, porque no tengo tiempo, a 15 sacarme la radiografía. Uno, dos treinta . . ., bajo la escalera en medio minuto, uno, dos, sesenta . . .; cruzo la calle en un minuto, uno, dos, trescientos . . .; llego en cinco minutos.

DENTISTA: Y fue a la clínica. Tenía un flemón, eso era muy claro. 20

VENDEDOR: Me costó doscientos pesos.

ESPOSA: Volvió a casa con la cara más hinchada que antes. Le di otro saridón, pero no lo calmó. Se sentaba . . .

VENDEDOR: Me sentaba . . . ¡Maldito dolor!

ESPOSA: Se paraba . . . 25

VENDEDOR: Me paraba . . . ¡Maldito dolor!

ESPOSA: Quise leerle una poesía divina que había visto en un libro . . . (*El VENDEDOR sale.*) . . . pero abrió la puerta y se fue. ¿Por qué siempre se porta igual? Cuando vuelve a casa, después del trabajo, y quiero contarle que un astrónomo descubrió una estrella 30 nueva y que la llamó Lucía, como yo, él se queda dormido.

VENDEDOR: ¿Por qué tenía que salirme un flemón?[9] ¡Yo tengo que trabajar! ¡A la pelo . . .! ¡No Puedo, no puedo, ¿Así es Buenos Aires de noche?

«Si supieras 35
que aún dentro de mi alma
conservo aquel cariño
que tuve para ti . . .»

¡A nadie le importa mi flemón!

9. ¡Por qué . . . flemón? *Why did I have to have an abscess?*

ESPOSA: ¡A mí me importaba; y era principios de mes y él no podía trabajar! ¿Qué vas a hacer? ¿Voy a tener que volver a buscar trabajo?

VENDEDOR: ¡Hoy voy a gritar aunque el flemón se me
5 reviente! ¡A la pelotita! (*Comienza casi a llorar.*) ¡A la pelotita. . ., a la pelotita! . . . ¡Mamá! ¿Te acordás cuando tenía papera y lloraba? No puedo, no puedo, no puedo . . .

DENTISTA: Y volvió con la radiografía. Estaba más flaco, y casi no lo reconocí.

10 *VENDEDOR:* Aquí está, doctor.

ESPOSA: Para pagarla tuvimos que vender el juego de té. Total, yo ya me imaginaba que no tomaríamos té por un buen tiempo.[10]

VENDEDOR: Es un flemón. ¿Cuándo me saca la muela?
15 Tengo que trabajar.

DENTISTA: Por supuesto, todos tenemos que trabajar. Será muy sencillo. Luego un poco de reposo, no hablar ni una palabra, y después de siete días estará como nuevo . . .

VENDEDOR: ¿Qué? . . .

20 *DENTISTA:* No pude terminar de hablar. Me miró como un loco y salió corriendo. Tuve que mandar a la enfermera a cobrarle.

ESPOSA: Vendimos la batería de cocina[11] para pagarle. Además, él no comía.

VENDEDOR: ¡No puedo estar siete días sin hablar! Yo
25 trabajo hablando . . .

ESPOSA: ¡Tratá de hacer un esfuerzo. (*Le toma las mandíbulas con las manos y empieza a separárselas.*) ¿Ves . ., ves como no es tan difícil? Decí ahora a la-pelo-tita . . .

VENDEDOR: A la pelotita . . .

30 *ESPOSA:* ¿Ves . ., ves? ¡Todo es cuestión de hacer un esfuerzo!

VENDEDOR: Pero no pude. ¡A la pelotita . . ., a la . . .! No pude, no pude, no pude.

DENTISTA: Y volvió de nuevo. No hablar ni una palabra, y
35 después de siete días . . .

VENDEDOR: ¡No tengo tiempo, doctor! Sáqueme la muela. No tengo tiempo.

DENTISTA: Imposible, señor. Si se le infecta yo seré el responsable. Un flemón es un flemón.

10. un buen tiempo *a good while* 11. batería de cocina *set of pots and pans.*

ESPOSA: Entonces fui yo a hablar con el dentista.

DENTISTA: Imposible, señora. Si se le infecta yo seré el responsable. Un flemón es un flemón.

ESPOSA: ¡Pero él es muy resistente, doctor! Parece mentira, tan esmirriado, y las cosas que soportó en su vida. Sáquele la muela . . . 5

VENDEDOR: No me sacó la muela. Y mi cara parecía una sandía. Ya nunca más volvería a vivir sin el flemón.

DENTISTA: Yo le advertí que si no se operaba podía subirle la infección a la cabeza. 10

ESPOSA: Yo le dije esa tarde que hiciera, el último esfuerzo. ¡Pero les juro que dije «último» por decir!

VENDEDOR: Tengo que poder . . ., tengo que poder . . .

ESPOSA: ¡Claro que tenés que poder! ¿Cómo un dolor te va a impedir trabajar? 15

VENDEDOR: Y me fui. Cuando salí pensaba en ella . . . y creo que la odiaba. Y me fui . .

ESPOSA: ¡Por qué le dije eso? Recuerdo un día . . ., íbamos en tranvía y le pisaron un callo . . .; le dolió mucho . . ., y yo lo acaricié durante dos días. Y ahora . . ., ¡por qué le dije eso? ¿Qué pasó en 20 nuestras vidas que me hizo decirle eso?

VENDEDOR: Carlos Pellegrini y Corrientes . . . tengo que abrir la boca . . . ¡A la pelotita! Me duele, me duele tanto . . . ¡A la pelotita! Tres subtes y el obelisco. ¡A la pelotita . . . Carlos Pellegrini . . . dicen que era un presidente argentino . . .; era rico, claro 25 . . . no tenía que hablar . . . ¡A la pelotita! ¡A nadie le importa mi flemón! Recuerdo que un día pasaba por el cementerio . . ., enterraban a uno, la gente silbaba y yo también silbaba. A nadie le importa mi flemón. ¡Oiganme! Me duele. Me duele mucho. Tengo un flemón . . . 30

ACTOR: Un flemón es una molestia.

ACTRIZ: Un flemón es un trastorno.

ACTOR: Debería consultar con un dentista.

ACTRIZ: ¡Pobrecito!

VENDEDOR: Mamá . . . tengo paperas y vos me acariciás . . . 35 ¿Por qué a nadie le importa de mí? ¿Vos sabías que era así? Mamá . . .

ACTRIZ: ¡Pobrecito!

VENDEDOR: Está anocheciendo . . . y ya casi no me duele. Ahora mi cara no es una sandía, es un globo . . . ¿Así es Buenos 40 Aires de noche?

«Si supieras
que aún dentro de mi alma . . .»
¡Oiganme, tiene que importarles de mí . . ., porque cuando yo muera va a faltarles un pedazo![12] ¡Oiganme! ¡Estos tres subtes solamente sirven si son mi sangre y corren por mis venas! ¡Oiganme! ¡No pasen silbando a mi lado! Ya no me duele, sí . . ., pero mi cara, ¿no les dice nada? ¿Ninguno de ustedes se parece a mi cara? ¿Ninguno de ustedes tiene un flemón? Oiganme entonces y sepan que tengo que trabajar y que no tengo tiempo, y que ahora el obelisco es el monumento a un faraón muerto! ¡A la pelotita . . ., a la pelo . . .! (*Muere.*)

Ejercicios

A. Preguntas

1. En el prólogo, ¿por qué los actores van de plaza en plaza?
2. ¿Cómo puede la actriz ser hermana, madre, y esposa?.
3. ¿Cómo se gana la vida el hombre?
4. ¿Por qué se pone un pañuelo el hombre?
5. ¿Por qué se pone anteojos el primer actor?
6. ¿Cuál es la importancia que tiene para el vendedor el obelisco?
7. ¿Por qué van a la escuela los colegiales?
8. ¿Por qué el vendedor ya no sufre por depender de los demás?
9. ¿Qué le impide ir a la farmacia?
10. ¿Por qué no puede trabajar ya el vendedor?
11. ¿Por qué no soporta el vendedor que la gente discuta de política?
12. Cuando su mujer quiere leerle y contarle cosas, ¿por qué se opone el vendedor?
13. ¿Por qué tuvieron que vender tantas cosas el vendedor y su mujer?
14. ¿Por qué ya no le duele la muela?

12. va . . . pedazo *you're going to miss me.*

15. Cuando el dentista dice que no entiende por qué no se operó el vendedor, ¿qué nos dice del dentista?

B. Temas

1. La vida cotidiana de la familia tal y como se refleja en la obra.
2. La independencia del individuo en la sociedad moderna.
3. La importancia del tiempo en la vida actual.
4. El sistema de salud pública tal y como se muestra en la obra.
5. La profesión de vendedor ambulante.
6. La mutua incomprensión de los esposos en la obra.
7. El papel y la importancia de Buenos Aires en el drama.
8. La falta de muebles o de gran aparato escénográfico, y su importancia simbólica.

C. Modismos y expresiones

Escriba usted las oraciones en español. En cada una emplee uno de los modismos o expresiones siguientes:

No es para tanto	**es cuestión de**	**hacerle doler**
de repente	**de nuevo**	**por abajo**
hace años que	**acostumbrarse a**	**colocarse los anteojos**
hinchársele la cara	**quedar**	**extrañarse de**

1. The dentist put on his glasses to look at the patient.
2. I was surprised that his name was the same as that of a famous poet.
3. When you are in the subway, there is noise both above and below.
4. It is only a matter of time before the abscess goes to his brain.
5. It is difficult to get used to such a problem.
6. He only had one ear uncovered.
7. Once more, the clinic charged him for the X-rays.
8. It's not such a big deal to have to work every day.
9. He has been selling cars for years.
10. Suddenly the nurse went running and crossed the street.
11. When his face swelled up, he went to the dentist.
12. The whole experience made him suffer a good deal.

Jorge Díaz

Jorge Díaz was born in Rosario, Argentina, in 1930, but as a result of his parents' moving to Chile in 1934, he became a Chilean citizen. He received a degree in architecture from the Catholic University of Chile in 1955 and for several years was active as a painter, with several individual exhibitions. In 1959 he began to take part in the activities of ICTUS, an amateur theater group in Santiago. As ICTUS became increasingly professional—until it soon was the leading avant-garde drama company in Chile—Díaz devoted more and more time to the theater and virtually abandoned painting. He lived in Spain from 1965 to 1972, when he returned to Chile.

Díaz's first plays were premiered in 1961 by ICTUS, and since then, his works have been staged throughout the Spanish-speaking world and in the United States. His earlier works bore a remarkable similarity to the idiom of the so-called theater of the absurd, in particular the humor of Ionesco, but he has rapidly developed an individual style. His plays have increasingly taken on a strong social tone. *El cepillo de dientes* (1961) is a hilarious farce of human relationships. *Requiem por un girasol* (1961) attacks the falsity of conventional reactions to death. *El lugar donde mueren los mamíferos* (1963) is considerably more disciplined in its assault on false charity, and *El velero en la botella* (1962) examines, in Díaz's own sardonically farcical terms, the communications gap between human beings. In *Variaciones para muertos en percusión* (1964), his target is the world of public relations and publicity. *El nudo ciego* (1965) demonstrates a greater depth in Díaz's characters and a continued will to experiment with the use of two distinct texts, one spoken by the actors and the other heard through speakers.

In his latest works, Díaz has combined acid social commentary with greater human depth, uniting these two characteristics of his early plays. *El cepillo de dientes* (1966) is an expanded version of the early one-acter, and the mature and coherent *Topografía de un desnudo* (1966) is his best work to date.

The play included in this volume, *El génesis fue mañana*, was written in 1965 and later somewhat altered and published as *La víspera del degüello* in 1967. It is an apocalyptic vision of a decrepit mankind's inability to comprehend its own disaster and the need for human cooperation. Hosanna and Custodio clearly represent one level of society, and there is obvious religious symbolism in their names. Their murder of La Pioja is Díaz's comment on a social system, but it is also a wider vision of man's failure to comprehend his existence in the cycle of repeated creation.

PERSONAJES

LA LOCA (LA PIOJA)
CUSTODIO
HOSANNA

El génesis fue mañana

"... y atardeció y luego amaneció: día uno."
Génesis. Antiguo Testamento.

La obra podrá representarse en cualquier sitio medianamente despejado:[1] *un escenario vacío, un entarimado o un claro producido entre las sillas de una sala.*

Al apagarse la luz del recinto y sobrevenir la oscuridad, se produce un gran silencio. 5

Ahora estalla una sorda, lejana y violenta explosión que quedará un momento vibrando en el aire como en un ámbito vacío lleno de ecos y extrañas resonancias.

Una luz débil ilumina, poco a poco, el espacio destinado a la actuación. 10

Entra una muchacha sucia, desgreñada y descalza con algo de salvaje y puro en la expresión. Cubren su cuerpo unos harapos indescriptibles que le llegan a los pies y le ocultan absolutamente las formas del cuerpo.

Un pie lo lleva descalzo, y el otro, protegido y recubierto de 15 *trapos. En realidad, toda ella es una masa informe de trapos sucios de los que emerge una cara de animal joven de rápidos reflejos.*

Sus movimientos son bruscos y tiene la falta de coordinación general que se encuentra en algunos tipos de demente. Emite ruidos, articula incoherencias y ríe sólo rara vez. Los ojos, sin embargo, están 20 *siempre atentos y reflexivos. Lo que debe comunicar al público es una especie de desgarramiento profundo e instintivo casi aterrador, como el que se siente frente a ciertos hechos inexplicables de la naturaleza.*

Entra y se sienta con las piernas abiertas en el suelo, dejándose caer simplemente, y se mira fijamente la palma de la mano izquierda, 25 *emitiendo unos ruidos guturales.*

Casi inmediatamente se oyen unas voces fuera del espacio iluminado.

VOZ DE CUSTODIO: ¿Dónde te has metido? ...
VOZ DE HOSANNA: (*Riendo.*) Se cree que ya terminó. 30
VOZ DE CUSTODIO: ¡Estúpida, ven acá! ... Esto es el comienzo apenas y no el fin de nada ... Me cansa verla.

1. cualquier ... despejado *any reasonably clear area.*

Ahora las voces siguen dialogando, pero sus palabras o el significado de las mismas se pierden o se hacen confusos. La LOCA—la llamaremos así por ahora, aunque no estemos seguros en absoluto de que lo sea[2]—se ha levantado en forma instintiva y sale un momento. Vuelve
5 *a entrar arrastrando chatarra. Deben ser grandes trozos de chatarra muy oxidados de procedencia absolutamente imposible de determinar. Podrían ser restos de una gran catástrofe o simplemente las excrecencias de una civilización técnica muy avanzada. El aspecto general que da la chatarra que la LOCA irá acumulando al fondo es misterioso,*
10 *horrible y a la vez tan poco insólito como un vaciadero de desperdicios. La iluminación lateral valorizará[3] las agresivas irregularidades del metal oxidado.*

La LOCA ha entrado ya una buena cantidad de chatarra y ha desaparecido una vez más, siempre emitiendo ruidos guturales, que, en
15 *algún momento, puede pensarse que se trata de un canto.*

Aparecen, casi inmediatamente, HOSANNA y CUSTODIO. Son dos viejos. Ella vestida con un traje de novia ajado del que cuelgan algunos jirones que ella a veces recompone y ordena en forma casi involuntaria, como un viejo tic repetido durante años.
20 *Su rostro está empolvado y retocado en forma patética. Todavía lleva en una mano un bouquet marchito. En la otra mano un bastón metálico. Cojea.*

Él, con pantalones rayados de etiqueta y chaqueta negra. Los codos y el cuello algo sebosos. Un clavel marchito en el ojal.
25 *Ambos se ven algo polvorientos, aunque mantienen una dignidad que no es ridícula en absoluto; sólo, quizás, algo desconcertante.*

CUSTODIO empuja un destartalado cochecito de niño, como los que usan algunos recogedores de materiales en desuso.

Efectivamente, dentro del cochecito alcanzan a asomarse útiles
30 *heterogéneos e insólitos, y también, por supuesto, los bordes de una sábana algo sucia y un almohadón. CUSTODIO y HOSANNA conversan con animación, pero no se muestran ni alterados ni muy excitados con sus relatos. Una especie de diálogo convencional de rutina, un mutuo acuerdo de no hostilidad flota entre ellos, a veces*
35 *roto por súbitos estallidos de violencia contenida. Entran continuando una conversación ininterrumpida.*

HOSANNA: ¿Copulaban, Custodio?
CUSTODIO: Copulaban, Hosanna.

2. no . . . sea *we are not at all sure that she is (mad).* 3. valorizará *will emphasize.*

HOSANNA: ¿Ahí mismo?...
CUSTODIO: Ahí.
HOSANNA: Lo imaginaste. Siempre imaginas cosas así.
CUSTODIO: Uno encima del otro. A la vista de todos.
HOSANNA: Dijiste en la boca... 5
CUSTODIO: Sí, en la boca.
HOSANNA: ¿No sería un poco más abajo? Simplemente un poco más abajo.
CUSTODIO: No.
HOSANNA: En el mentón, por ejemplo. 10
CUSTODIO: No. Copulaban sobre la boca.
HOSANNA: Es increíble.
CUSTODIO: Sí.

Pequeña pausa.

HOSANNA: ¿Por qué mirabas? 15
CUSTODIO: ¿Qué?
HOSANNA: Eso.
CUSTODIO: Miraba.
HOSANNA: Es vergonzoso, Custodio. Dos moscas montadas en la boca de alguien en esa forma. 20
CUSTODIO: No era alguien.
HOSANNA: Dos moscas lujuriosas.
CUSTODIO: Dije que no era alguien...
HOSANNA: ¿Qué?
CUSTODIO: Por lo menos alguien cualquiera. 25
HOSANNA: Uno tiene que limpiar las cosas antes de mirarlas.
CUSTODIO: Ya no era nadie. Estaba muerto.
HOSANNA: ¿Muerto?
CUSTODIO: Bien muerto. Miré las moscas primero. Se movían activamente. Luego miré los labios. Después lo demás. 30
HOSANNA: ¿Lo demás?... ¿Había algo más?
CUSTODIO: Ojos, nariz, todo eso.
HOSANNA: ¿Como una cara?
CUSTODIO: No como una cara. Era un muerto.
HOSANNA: ¿De veras? (*Se ríe.*) 35
CUSTODIO: Sin piernas.
HOSANNA: ¿Le faltaban las piernas? No tiene sentido. Bueno, creo que deberías comenzar todo de nuevo, Custodio. Lo primero es lo primero. Sentiste un vago malestar, abriste los ojos y oíste un aleteo, ¿no es eso? 40

CUSTODIO: No dije que le fältaran las piernas, sino que no se le veían.
HOSANNA: Después del aleteo sentiste el jadeo de la moscas.
CUSTODIO: No se le veían porque estaban tapadas por una
5 cosa.
HOSANNA: ¿Estás seguro de que yo no vi también todo eso?
CUSTODIO: (*Inexorable.*) No sé. En realidad era otro par de pantalones y de zapatos, ajenos, cubriendo en sentido contrario los primeros pantalones y zapatos, que no se veían, pero que
10 supongo que existían.
HOSANNA: ¿Otros?
CUSTODIO: Quise decir otro par de piernas.
HOSANNA: No es posible.
CUSTODIO: No un par de piernas sueltas, así a la buena de
15 Dios,[4] sino otro cuerpo.
HOSANNA: Alguien más, entonces.
CUSTODIO: No era alguien. Estaba muerto.
HOSANNA: Encima del otro.
CUSTODIO: O el otro debajo de él. No sé muy bien.
20 *HOSANNA:* ¡O encima o debajo!
CUSTODIO: No sé.

Entra la LOCA llevando más chatarra. Un momento de silencio de parte de CUSTODIO y HOSANNA, como los silencios de los señores ante la criada. La LOCA sale.

25 *HOSANNA:* ¿Dijiste nariz o zapato?
CUSTODIO: Dije piernas.
HOSANNA: Y entonces sentiste el jadeo.
CUSTODIO: Eso fue antes.
HOSANNA: ¿Y?
30 *CUSTODIO:* Estaba muerto también. Cubriéndolo en parte al otro. Al principio vi eso solamente.
HOSANNA: Ah, eran dos . . . Y después viste a alguien más, alguien que hablaba.
CUSTODIO: Nadie hablaba. Miré de nuevo y me di cuenta.
35 *HOSANNA:* Custodio, ¿estás seguro de haber visto esas moscas?
CUSTODIO: Eran varios.
HOSANNA: Quieres decir varias . . .
CUSTODIO: Varios. Varios cadáveres, ni juntos ni ordenados.

4. a la buena de Dios *offhand, casually.*

HOSANNA: Separados.
CUSTODIO: Amontonados. Yo creo que eran cientos. No uno al lado del otro, sino uno encima del otro.
HOSANNA: ¿Viste algún ojo? ¿Uno solo?...
CUSTODIO: No vi ningún ojo, Hosanna. Sólo cientos de ellos amontonados. 5
HOSANNA: ¿Cientos de ojos?
CUSTODIO: No, de cuerpos.
HOSANNA: ¿Algún gesto?
CUSTODIO: Muecas. 10
HOSANNA: Entonces ¿qué?...
CUSTODIO: Toda la tierra seca y la tierra arable están cubiertas de muertos.
HOSANNA: Sueñas con eso, como los que sueñan con el amor.
CUSTODIO: Caminé seis kilómetros lo menos, durante tres horas. Avanzando dos kilómetros en cada hora por encima de los cadáveres, blandos, movedizos, como sobre bolsas llenas de agua. 15
HOSANNA: ¿Estaban desnudos?
CUSTODIO: Sí, pero a veces pisaba un sombrero o un hueso.
HOSANNA: Es ridículo. Nadie usa sombreros y huesos. 20
CUSTODIO: (*Reflexiona un momento.*) Una vez pisé un aparato ortopédico.
HOSANNA: Si quieres saberlo, Custodio, eso no es cómico.
CUSTODIO: ¿Sabes una cosa, Hosanna? Después de andar kilómetros sobre ellos, me acostumbré. Sí, acomodé el paso y la respiración. Mi pie fue aprendiendo a encontrar la parte más firme de los cuerpos. Sólo una vez miré hacia abajo. 25
HOSANNA: Cuando tropezaste.
CUSTODIO: No. Cuando pisé y quebré un par de lentes sobre un rostro. 30
HOSANNA: Deberíamos...
CUSTODIO: Tuve miedo. Creí que pisaba una cucaracha —fue un ruido así—, pero me alivié cuando vi que sólo era un rostro ciego y unos lentes quebrados.
HOSANNA: Deberíamos irnos. 35
CUSTODIO: ¿Adónde?
HOSANNA: Al Paraíso, por supuesto.
CUSTODIO: Ah, sí...

Entra nuevamente la LOCA llevando más chatarra, que tira sobre el alto montón del fondo. CUSTODIO y HOSANNA se quedan en silencio mirándola. La LOCA sale. 40

CUSTODIO: Se me acaba de ocurrir una cosa, Hosanna.
HOSANNA: ¿Qué cosa, Custodio?
CUSTODIO: Toda esa gente murió al mismo tiempo.
HOSANNA: ¿Cuándo crees que fue eso?
5 *CUSTODIO:* No sé. Pero fue al mismo tiempo. En el mismo momento.
HOSANNA: (*Con estupor.*) ¿Todos? ¿Quieres decir que todos estos cuerpos . . . ?
CUSTODIO: Todos al mismo tiempo.
10 *HOSANNA:* Desconfío.
CUSTODIO: Montañas de seres retorcidos que llegan hasta el mar.
HOSANNA: ¿Quieres decir que nosotros . . . ?
CUSTODIO: Los únicos.
15 *HOSANNA:* Pero en alguna parte, a lo mejor . . .
CUSTODIO: Quién sabe.
HOSANNA: Alguien vive, sin embargo.
CUSTODIO: No creo.

Ha entrado de nuevo la LOCA trayendo más chatarra. CUSTODIO y
20 *HOSANNA ya no se quedan en silencio ni bajan la voz.*

HOSANNA: (*Mostrando a la MUCHACHA.*) Esa perra piojosa.
CUSTODIO: La encontré cantando en la orilla.
HOSANNA: Entonces había una orilla.
25 *CUSTODIO:* Se reía y cantaba.
HOSANNA: Ahora tiene piojos.
CUSTODIO: Le dije que me ayudara a buscarte y gritamos juntos toda la noche.

La MUCHACHA sale.

30 *HOSANNA:* Ya sé que iban juntos, tú y esa pioja, pero estoy segura de que no me buscaban.
CUSTODIO: ¿Cómo se llama?
HOSANNA: Supongo que así: Pioja.
CUSTODIO: Ah.
35 *HOSANNA:* Fui yo quien los llamó.
CUSTODIO: Es lo mismo.
HOSANNA: No es lo mismo.
CUSTODIO: No.

Un silencio corto.

CUSTODIO: Tú debes saber qué sucedió.

HOSANNA: Antes que ocurriera sentí un olor familiar, como a romero o mermelada, algo infantil. En seguida me tironeó el vientre y después—casi inmediatamente—sucedió. No hubo ni un ruido ni una luz, pero sucedió. 5

CUSTODIO: Por supuesto que se sintió el ruido.

HOSANNA: Nada.

CUSTODIO: Mientes, Hosanna, pero sigue.

HOSANNA: Estaba en un hoyo. Creo que era como una fosa. Acababa de terminar una galletita salada, me había vuelto hacia él 10 para decirle algo sobre . . .

CUSTODIO: (*Interrumpiendo.*) ¿Hacia quién?

HOSANNA: Un profesor griego muy inteligente que aborrece la langosta. Estaba lleno de gente. Tú sabes, uno al lado del otro. Todos muy inteligentes. Casi todos comían langosta, menos el 15 profesor griego. Me había vuelto hacia él para decirle algo sobre mi árbol genealógico. Inmediatamente después, sin transición ninguna, me encontré en la fosa mirando fijamente aquello.

CUSTODIO: Creí que habías dicho que no viste nada.

HOSANNA: No exactamente. Primero estaba la reunión, las 20 risas, los comentarios inteligentes y el sabor de la galletita salada. Pero después que pasó todo, estuve mirando.

CUSTODIO: ¿Mirando qué?

HOSANNA: Un poco de arena, menos de mil granos. Se empezó a deslizar por la grieta y tapó enteramente un bichito, una 25 especie de caparazón. No se defendió ni se movió hasta que fue enteramente cubierto por los mil granos de arena . . . Mirando eso hasta me olvidé de ti. Es raro ¿no?

CUSTODIO: Era un caparazón vacío.

HOSANNA: Primero fue colmado de arena y después desapa- 30 reció. Sin apartar la vista me puse a esperar.

CUSTODIO: Pudiste llamarme.

HOSANNA: No me acuerdo. Hasta la fosa—o lo que fuera—me llegaba, como bocanadas, el olor de los cuerpos. Creí que era el del campo. El contacto con la naturaleza. (*Ríe brevemente.*) Podía 35 mover sólo los ojos en las órbitas. Estaba tensa. Me vacié enteramente y mis propios olores dominaron a los otros.

CUSTODIO: ¿A qué hora exactamente?

HOSANNA: No sé, pero nunca el pedazo de cielo cambió de color. 40

CUSTODIO: ¿Había un color?

HOSANNA: Sí, negro.
CUSTODIO: ¿Y la luz? ¡Hubo un resplandor!
HOSANNA: Nada. Todo perfectamente negro. Después apareció la Pioja cantando y se asomó al hoyo.
5 *CUSTODIO:* Vámonos de una vez.
HOSANNA: Estoy segura de que si me duermo te irías sin mí.
CUSTODIO: Debemos llegar al Paraíso esta noche.
HOSANNA: Bastaría que me adormeciera para que me dejaras tirada en el cochecito y desaparecieras.
10 *CUSTODIO:* Lo he pensado.
HOSANNA: Hace dos años que no duermo.
CUSTODIO: ¿Dos años?
HOSANNA: Desde que sucedió.
CUSTODIO: O sea, dos horas.
15 *HOSANNA:* O sea, dos años, veinte años . . .
CUSTODIO: Vámonos.
HOSANNA: No puedo distraerme. Desde que me sacaste del hoyo no he dejado de mirarte. Antes no te había mirado nunca.
CUSTODIO: (*Va a empujar el coche de cuna.*) ¿Estás lista?
20 *HOSANNA:* ¡No te muevas! Es la hora de tu aseo y de mi comida. (*Grita.*) ¡Pioja! . . .
CUSTODIO: No voy a dejar que me toquen.
HOSANNA: Es la hora de tu aseo, estemos donde estemos . . . ¡Pioja!

25 *Aparece la PIOJA. Arrastra todavía otro trozo indescriptible de chatarra. Lo deja sobre el montón ya considerable y se queda perfectamente inmóvil. Luego con la cara inexpresiva realiza sumariamente lo que le han pedido.*

HOSANNA: (*A la PIOJA.*) Límpiale las uñas y los bigotes.
30 Hoy no hay necesidad de desnudarlo.

La PIOJA hace lo que le han pedido. Custodio se deja hacer.

CUSTODIO: A veces pienso que no ha sucedido nada, Hosanna.
HOSANNA: ¿Talco o sólo fricciones?
35 *CUSTODIO:* Fricciones . . . A veces pienso que es hermoso, incluso. Que el campo ha estado siempre así, cubierto de cuerpos descompuestos.
HOSANNA: Naturaleza muerta, ¿verdad?
CUSTODIO: A veces . . .

HOSANNA: (*Interrumpiéndolo.*) ¿Ungüento?
CUSTODIO: No.
HOSANNA: Gárgaras. Sólo una, aunque sea para quitar el mal gusto de la boca.
CUSTODIO: A veces pienso que dejas de mirarme, sólo por un rato. 5
HOSANNA: Un poco de saliva en las cejas también.
CUSTODIO: A veces creo que no hemos cambiado . . .
HOSANNA: ¡Límpiale los mocos!
CUSTODIO: A veces pienso que me quieres . . . 10
HOSANNA: Te vigilo solamente, querido. Nada más,
CUSTODIO: A veces recuerdo . . .
HOSANNA: (*Con voz sorda de resentimiento.*) Sí, recuerdas que me golpeas con la mano empuñada los días de fiesta. Ahora te odio. 15
CUSTODIO: A veces . . .

La PIOJA sale. Un silencio.

HOSANNA: Quiero comer.
CUSTODIO: (*Acercándose al cochecito y sacando objetos de su interior.*) ¿Quieres que te prepare la cama? 20
HOSANNA: No. Quiero comer.
CUSTODIO: ¿Algún aperitivo para empezar?
HOSANNA: No.
CUSTODIO: El apio y las ensaladitas verdes te hacen bien, Hosanna. 25
HOSANNA: Me producen flato.
CUSTODIO: Hoy te tengo una sorpresa . . .(*Levantando la voz como hablando hacia afuera, a la PIOJA.*) ¡Pioja, sírvele la sopa!
HOSANNA: (*Esperanzada.*) ¿Sopa?
CUSTODIO: Bueno . . . , casi. En realidad puede ser cualquier cosa. 30
HOSANNA: Ya la conozco. Es asquerosa.
CUSTODIO: ¿Con salsa o sin?
HOSANNA: ¿El qué?
CUSTODIO: Lo mismo de ayer. 35
HOSANNA: Sin, gracias.
CUSTODIO: (*Gritándole a la PIOJA, que está afuera.*) ¡Sin salsa! . . . (*A HOSANNA.*) Creo que quedan todavía algunas migajas de la torta de bodas.
HOSANNA: No las quiero. 40

CUSTODIO: ¿Algo más o estás satisfecha?
HOSANNA: Completamente insatisfecha.
CUSTODIO: Pioja, retira el servicio, que pasaremos al salón. (*La PIOJA entra con otro trozo de chatarra. CUSTODIO corre el*
5 *cochecito al otro lado del escenario.*) Ahora alternemos. Es casi una luna de miel.
HOSANNA: No me coloques de intento frente al sol, que tengo que mirarte.
CUSTODIO: Hosanna, no seas injusta. Desde que ocurrió que
10 no hemos visto el sol. Sabes perfectamente que quiero matarte, pero jamás lo haría sin tu consentimiento.
HOSANNA: Tendrás que esperar.
CUSTODIO: ¿Mucho?
HOSANNA: No mucho.

15 *La PIOJA sale. Pequeña pausa. CUSTODIO reinicia un relato interrumpido quizás cuándo.*[5]

CUSTODIO: Seguiré contándote mi vida. Quedamos en los cuatro años y medio, ¿no? . . .
HOSANNA: (*Indiferente.*) Sí.
20 *CUSTODIO:* Bueno, dos meses después me subí a una silla y desde allí miré por la ventana por primera vez . . .
HOSANNA: ¿Cómo era?
CUSTODIO: No me interrumpas. Miré hacia afuera. Entonces me di cuenta de que no era hacia afuera, sino era hacia adentro . . .
25 *HOSANNA:* ¿Cómo?
CUSTODIO: Sí. Era el interior de otra habitación. La ventana daba hacia otra habitación cerrada.
HOSANNA: Entonces no era ventana.
CUSTODIO: Era. Sólo que ciega. Se abría hacia una especie de
30 ropero.
HOSANNA: No es raro.
CUSTODIO: Tres días más tarde, es decir, a los cuatro meses y veintisiete días . . .
HOSANNA: ¿No puedes ir más ligero?
35 *CUSTODIO:* No. Te tengo que contar toda mi vida, minuto a minuto. Recuerdo que dos horas después de subirme a la silla . . .
HOSANNA: (*Distraída.*) ¿Falta mucho para llegar al Paraíso? Deberíamos irnos de una vez.

5. quizás cuándo *who knows when.*

CUSTODIO: Dos horas después de subirme a la silla, es decir cuando yo tenía exactamente . . .
HOSANNA: ¿Está realmente lejos?
CUSTODIO: No creo.
HOSANNA: Vámonos, entonces. 5
CUSTODIO: Sí.

La PIOJA entra con otro pedazo de chatarra. La muchacha se queda un momento totalmente inmóvil, casi ausente, como atenta a algo que se escapa a la percepción corriente. Emite una especie de quejido suavísimo que es canto al mismo tiempo. Su cara se ilumina con una 10 *sonrisa por primera vez. Luego se dobla sobre sí misma apretándose el vientre con los brazos cruzados. Cae de rodillas y, emitiendo ruidos guturales y casi hecha un ovillo, sale gateando*[6] *como un animal.*

HOSANNA: ¿Qué dice?
CUSTODIO: Dice que está encinta. 15
HOSANNA: ¿Qué?
CUSTODIO: Encinta.
HOSANNA: Pero no lo está, claro
CUSTODIO: No lo sé.
HOSANNA: Habla incoherencias. Es idiota. 20
CUSTODIO: Se hincha.
HOSANNA: ¿Esa masa informe de harapos?
CUSTODIO: Se hincha día a día.
HOSANNA: ¿Quieres decir que realmente está encinta?
CUSTODIO: Lo dice, lo canta, se hincha. No sé nada más. 25
HOSANNA: (*Gritando.*) ¿Quieres decir que aceptas el hecho fríamente?
CUSTODIO: ¿Qué hecho?
HOSANNA: ¿Quieres decir que te jactas de tenerla encinta?
CUSTODIO: (*Gritando.*) ¡No quiero decir nada! 30
HOSANNA: ¡Pero lo dices claramente!
CUSTODIO: Es posible.
HOSANNA: (*Gritando.*) ¡Asqueroso! La violas sobre mi cuerpo cuando duermo. ¡La embarazas bajo mi propia ropa! ¡Aquí mismo lo has hecho, en este cochecito! 35
CUSTODIO: (*Gritando.*) ¡Cállate! No he sido yo.
HOSANNA: (*Histérica.*) ¿Y quién si no? . . . Sabes que todos han muerto. No queda una brizna de hierba. Estamos solos.
CUSTODIO: Desde hace dos horas.

6. hecha . . . gateando *rolled up in a ball, she crawls out.*

HOSANNA: Desde hace años..., y las nubes no eyaculan. ¡Bestia!

CUSTODIO: (*Gritando.*) ¡Cállate! ¡Sabes que soy impotente!

HOSANNA: Sí, lo sé. Lo sé. Te he esperado treinta años con
5 las piernas abiertas.

CUSTODIO: No la he tocado. Me da asco. Es como un animal lleno de agua.

HOSANNA: Te las arreglaste[7] de alguna manera. Hace un rato pedías fricciones...

10 *CUSTODIO:* Vamos a tener que llegar hoy al Paraíso.

HOSANNA: ¿Para qué? No quiero moverme. Estamos ya en el Paraíso y no me lo habías dicho: tú, un Adán impotente; yo, una Eva virgen y paralítica, y nos empuja adelante un ángel vengador demente y embarazado.

15 *Entra la PIOJA sin llevar chatarra.*

CUSTODIO: (*Mirándola.*) A lo mejor he sido yo y no me acuerdo. Sería maravilloso, Hosanna, ¿no es cierto?...

Pequeña pausa. A partir de este momento la intensidad de la luz empieza a decrecer.

20 *HOSANNA:* ¿No te das cuenta?

CUSTODIO: ¿De qué?

HOSANNA: Tenemos que repoblar el mundo (*Se ríe.*)

CUSTODIO: Podemos empezar por inventar el pecado.

HOSANNA: ¡Qué vergüenza! ¡Qué dirán de nosotros!

25 *CUSTODIO:* ¿Quiénes?

HOSANNA: Es verdad. Estamos solos en el Paraíso. (*Pequeña pausa.*) Y sin embargo todo depende de nosotros.

CUSTODIO: ¿Depende qué?

HOSANNA: Rehacerlo todo, reconstruir el mundo, inventar
30 la vida... Eso casi suena convincente: la vida. (*A CUSTODIO, que está como abstraído.*) ¿Me oyes?

CUSTODIO sale rápidamente con la cara descompuesta.

CUSTODIO: Algo me cayó mal.[8] Ya vuelvo.

HOSANNA: No ensucies la chatarra.

35 *CUSTODIO desaparece. La PIOJA se ha sentado en el suelo, apoyando la espalda contra la chatarra y con los brazos cruzados sobre el vientre. No se mueve. HOSANNA, desde el otro extremo del escenario e inmóvil, la mira fijamente. Se acerca lentamente a ella.*

7. Te las arreglaste *You arranged it.* 8. Algo me cayó mal. *Something's not sitting right in my stomach.*

Cuando está a su lado la mira un rato. Luego con un pie trata de moverla y por último le habla. Una luz tenue ilumina a HOSANNA. La PIOJA se recorta como una silueta inmóvil. El resto es una suave penumbra.

HOSANNA: ¿Me oyes, Pioja?... (*Silencio.*) Sé que me oyes. (*Silencio.*) Tú y él venían juntos. Se asomaron sobre la fosa, recortados en el pedazo de cielo negro.[9] ¿Por qué? No querías verme, pero tuviste que gritar. Venías con él. (*Un silencio.*) ¿Quién eres al fin y al cabo?... Una especie de animal. Los instintos en carne viva. Una,[10] en cambio, tiene tras de sí una vida entera, una tradición, una obligación... Sé dominarme, sé comportarme. Puedo vigilar mis pasiones..., bueno, pasiones no, pero... Tengo principios, valores, consignas. Una no ha tomado la vida a la ligera sino al pie de la letra.[11] (*Silencio corto.*) ¡Mendiga harapienta, embarazada en el barro, tienes tu merecido![12] Y te espera todavía lo peor. No es un garbanzo lo que te has tragado. Es una cosa viva que crece como un pescado ciego. (*De pronto desmoronándose.*) Yo..., yo quería tener un hijo... Querría que me mordiera a mí en el vientre ese engendro tuyo... Envidio hasta el aire que rozas. Me duele sólo que existas. Querría morirme... Soy un poco de ceniza esperando con terror el viento que la va a dispersar. (*Un silencio doloroso. Luego brusco cambio de intención.*) No eres nadie. No tienes nada. Nada... Yo tengo una cama, un cochecito nuevo y un marido que lo empuja. Yo tengo un vestido de novia. Si Custodio y yo no cabemos en el cochecito, no es cosa tuya; ¡pero no nos acostaremos en el barro ni sobre todos esos cadáveres!... Eres informe, fea, vegetal... (*Un silencio acongojado.*) Y, además, está Custodio... incrustado en mi vida como un piojo debajo de la piel. Si sólo me escuchara cuando le digo algo tan tonto como: tengo miedo o busquemos juntos un poco de sombra o..., pero eso es pedir mucho. Si sólo pudiera ponerle la mano en la rodilla y esperar..., pero eso es quizás mucho todavía. Si sólo pudiera mirarlo y que él me mirara..., pero quizás todavía... Si sólo..., una vez..., yo podría..., nunca... (*Se queda un momento sumida en un desolado silencio y luego bruscamente escupe a la PIOJA en plena cara, gritándole.*) ¡Puta! (*HOSANNA se va al otro extremo cojeando con rapidez y entrando en la penumbra que inunda esa zona.*

9. recortados... negro *in profile against the black sky.* 10. Una *Hosanna is referring to herself, in contrast to Pioja.* 11. no ha tomado... letra *has not taken life lightly but literally (seriously).* 12. tienes tu merecido *you've got what you deserve.*

No sale. Entra CUSTODIO un poco vacilante y algo descompuesto. Mira a su alrededor buscando a HOSANNA.)

CUSTODIO: ¡Hosanna! . . . (*HOSANNA, en la penumbra, no se mueve. CUSTODIO, desconcertado, se queda un momento inmóvil y luego se acerca muy lentamente a la PIOJA, casi como hipnotizado por su quieta presencia. Cuando está muy junto a ella le habla como expresando en voz alta un monólogo interior.*) Ahora resulta que te violé . . . Si lo hice, no lo recuerdo. Pero sería mejor aceptarlo. Lo que siempre me estuvo vedado, ahora se realizó fuera de mí, sin mí . . . , y se realizó en ti, pobre loca sin rumbo . . . ¿Cuánto tiempo ha pasado desde que engendraste? ¿Cuándo sucedió todo esto? ¿Desde cuándo somos los únicos sobrevivientes? Si sólo pudiera precisar eso, sabría si he sido yo quien, en un profundo sueño sin recuerdo, te violé o si todo sucedió antes, cuando los demás vivían y yo moría cada día . . . ¡Oh revelación del mundo! Todo depende de ti, ramera alucinada, de tus desvergonzados recuerdos incoherentes, de tu canto, de tu incomprensible carga . . . Cuando te vi eras un punto negro en la orilla del desastre. Creí que eras un pájaro o un animal que hurgaba en la carroña . . . , pero cantabas. ¿Por qué empezaste a gritar cuando encontraste a Hosanna hundida en la grieta que abría la tierra? . . . Se hundía, desaparecía por fin y tú la sacaste . . ¿Qué querías? ¿Qué quieres? . . . ¿Qué te he hecho yo para que me la entregaras de nuevo? . . . (*Un silencio acongojado.*) Ella . . . , ella me odia. Ella no sabe todo. No sabe que puedo imaginar cosas. Puedo incluso, a veces—muy raras veces—, recordar mi vida anterior sin que ella se dé cuenta. (*Pequeña pausa.*) Tuve otra mujer hace mucho tiempo. Sólo me acuerdo que tenía los pies pequeños y una vena azul en el cuello. Creo, aunque no estoy seguro, que tuvimos un hijo que nació muerto. Hosanna debió adivinarlo porque a veces se ríe a escondidas . . . (*Un silencio. CUSTODIO ya no mira a la PIOJA. Le da la espalda y habla directamente hacia el público.*) ¿Qué estaba diciendo? . . . Algo del tiempo o del largo camino hacia el Paraíso, donde uno puede estar seguro. Dicen que allá no matan a los viejos. Yo no lo creo, pero se lo hago creer a ella para que no sufra. ¿Cómo puede haber un lugar—aun siendo el Paraíso—donde no echen a los viejos a una fosa con aserrín, como hacen en todas partes; donde no los acorralen, les exijan tener hijos, los castren o los exterminen? No creo, pero es bueno imaginarlo, simular que se cree. Puede ser que . . . , nadie sabe . . . , a lo mejor allí . . . , un día . . . , el aserrín . . . (*Un silencio. La luz aumenta imperceptiblemente.*)

HOSANNA: (*Desde la penumbra.*) ¿Y si la ahorcáramos?
CUSTODIO: (*Sobresaltado.*) ¿Estabas ahí?
HOSANNA: Sí.
CUSTODIO: Espiando.

La intensidad de la luz aumenta imperceptiblemente. 5

HOSANNA: ¿Y si la ahorcáramos?...
CUSTODIO: Se podría pensar que está amaneciendo si no supiéramos que eso es imposible, claro.
HOSANNA: ¿Y si la ahogáramos?
CUSTODIO: (*Abstraído.*) ¿Ah? 10
HOSANNA: Ahogarla.
CUSTODIO: ¿A la Pioja?
HOSANNA: Sí.
CUSTODIO: ¿Para qué?...
HOSANNA: Para hacer algo. Para terminar. 15
CUSTODIO: Para terminar tenemos que llegar al Paraíso.
HOSANNA: Vámonos, entonces. Falta poco.
CUSTODIO: (*Inexpresivo.*) Sí, vámonos.
HOSANNA: Me meteré en el cochecito y tú me avisarás cuando lleguemos. 20

Un silencio.

CUSTODIO: ¿Y si la abandonáramos?
HOSANNA: ¿Irnos solos?
CUSTODIO: Sí.
HOSANNA: Se morirá. 25
CUSTODIO: No creo.
HOSANNA: Va a parir. Sola se morirá.
CUSTODIO: No creo que le importe.
HOSANNA: ¿Y si la matáramos nosotros primero?
CUSTODIO: También se morirá. 30
HOSANNA: Oh, no había pensado en eso.

Un silencio.

CUSTODIO: ¿Somos malos, Hosanna?
HOSANNA: No, Custodio. Somos puros.
CUSTODIO: Ya no quedan puros. 35
HOSANNA: Ni uno solo.
CUSTODIO: Sólo queda la Pioja preñada.

Un silencio corto.

HOSANNA: Tengo una idea.
CUSTODIO: Guárdatela.
HOSANNA: Crucifiquémosla.
CUSTODIO: Eso está muy visto.[13] Todo el mundo lo hace.
5 *HOSANNA:* Enterrémosla.
CUSTODIO: Es difícil.
HOSANNA: Golpeémosla.
CUSTODIO: No tengo fuerza. Moriría yo.
HOSANNA: Cubrámosla con la chatarra hasta que desapa-
10 rezca.
CUSTODIO: Eso jamás.
HOSANNA: ¿Por qué?...
CUSTODIO: Perderemos la chatarra. Es lo único que nos queda.
15 *HOSANNA:* Vale la pena.
CUSTODIO: No sé.
HOSANNA: Sé generoso.
CUSTODIO: Es *mi* chatarra.
HOSANNA: Hazlo por ella.
20 *CUSTODIO:* Siempre tengo que salir perdiendo algo.
HOSANNA: Es un pequeño sacrificio. Así nadie podrá reprocharnos nada.
CUSTODIO: Tal vez tengas razón. Será la única forma de no tener remordimientos. (*CUSTODIO va hacia el fondo y mira un*
25 *momento a la PIOJA, que no se ha movido ni parece verlo. CUSTODIO toma el primer gran trozo de chatarra, lo sostiene un momento en el aire y luego lo deja caer sobre la PIOJA. Cada trozo que deja caer sobre su cuerpo, aplastándolo, es acompañado por una especie de letanía que recita HOSANNA con una voz monótona y rutinaria.*)
30 *HOSANNA:*

«Guía sus pasos para que no tropiece...
Guárdala del mal, Señor
(*Nuevo trozo de chatarra sobre la PIOJA.*)
Dale fuerzas a la hora de la prueba...
35 Guárdala del mal, Señor.
(*Más chatarra sobre su cuerpo.*)
Que no la sorprendan desprevenida las trompetas del Juicio...
Guárdala del mal, Señor.

13. Eso... visto *That's common.*

(*Más chatarra sobre su cuerpo.*)
A la Santa hora del Martirio...
Guárdala del mal, Señor.
(*Más chatarra sobre su cuerpo.*)
Que el peso de la vida le sea leve... 5
Guárdala del mal, Señor.
(*Más chatarra sobre su cuerpo.*)
Que el amor inspire nuestros actos...
Guárdala del mal, Señor.
(*Más chatarra sobre su cuerpo.*) 10
Perdónale, Señor, sus debilidades y reconfórtala en la hora de la muerte.
Amén».
(*CUSTODIO ha terminado.*)

La PIOJA no se ha movido ni ha emitido ni un solo quejido. Ha desaparecido aplastada. Un momento HOSANNA y CUSTODIO juntos e inmóviles. De pronto, de debajo del montón de chatarra, surge un grito escalofriante seguido de otros gritos menores. 15

HOSANNA: Le empiezan los dolores.
CUSTODIO: ¿Ya?... 20
HOSANNA: Sí, el parto.
CUSTODIO: ¿Es malo eso?
HOSANNA: Es natural.
CUSTODIO: ¿Como la muerte?
HOSANNA: Sí, tan natural como la muerte. 25
CUSTODIO: ¿Como nosotros?
HOSANNA: Sí, tan natural como nosotros.
CUSTODIO: Entonces, está bien.

Nuevos gemidos más sordos, pero más urgentes.

HOSANNA: Ahora son más seguidos. 30
CUSTODIO: ¿Tú crees que nacerá *eso*?...
HOSANNA: ¿Qué?...
CUSTODIO: Lo que tiene que nacer.
HOSANNA: No sé.
CUSTODIO: Vámonos. 35
HOSANNA: Cree que le vamos a ayudar.
CUSTODIO: Sí, lo cree.
HOSANNA: Y no habrá nadie.
CUSTODIO: Vámonos.
HOSANNA: Estará completamente sola. 40

CUSTODIO: Sola.
HOSANNA: Nosotros sólo somos testigos.
CUSTODIO: Hemos perdido lo único que teníamos: la chatarra.

5 *Gemidos largos y sofocados.*

HOSANNA: Empieza a parir. Nos llama.
CUSTODIO: No oigo nada. Estoy muy excitado.
HOSANNA: Deberías haberme aplastado a mí.
CUSTODIO: Es demasiado tarde.

10 *Escuchan un momento.*

HOSANNA: Ya no nos llama.
CUSTODIO: ¿Qué hace?
HOSANNA: Trata de respirar.

Escuchan de nuevo.

15 *CUSTODIO:* ¿Y ahora?...
HOSANNA: Ahora, nada
CUSTODIO: Entonces..
HOSANNA: Terminó.
CUSTODIO: ¿Qué?
20 *HOSANNA:* Terminó.
CUSTODIO: ¿Todo?
HOSANNA: Todo.

Un gran silencio. Ahora CUSTODIO se mueve hacia el cochecito y empieza a empujarlo.

25 *CUSTODIO:* Vamos.
HOSANNA: Vamos. Nos espera el Paraíso. (*HOSANNA sale cojeando detrás de CUSTODIO.*)

La intensidad de la luz ha ido decreciendo hasta convertirse todo en tinieblas. Se repite la misma sorda, lejana y violenta explosión del 30 *comienzo de la obra. Ahora un haz de luz muy fino rompe la oscuridad e ilumina el cuerpo muerto de la PIOJA caído sobre el montón de chatarra con la cabeza violentamente doblada hacia atrás y los ojos abiertos y fijos. Los miembros de su cuerpo desarticulados y las piernas abiertas. Se escucha, entonces, la voz de la PIOJA, que* 35 *parece salir del cuerpo muerto, aunque no provenga de ahí, porque la cara de la muerta está rígida y no articulará palabra. La voz* no *debe ser grabada en cinta magnética. No debe tener inflexiones melodramáticas. Es sorda, violenta y segura.*

LA VOZ DE LA PIOJA:

Yo di a luz en el principio.
Yo hablo del principio,
no de mi memoria
ni de mi dolor, 5
sino del principio,
cuando Dios creó la tierra
sin semilla
y colgó a secar el cielo.

Hizo a las bestias, bestias, 10
y a los nombres sin sentido
les dio pelos y mordiscos,
pero a mi carne, carne,
no le dio reposo alguno.

Sólo le dio sexo y rabia 15
y alto temor y muerte
y algo que está empezando
a vivir.

Algo terrible y justo.
como grito rebelado. 20
Algo que empieza a estallar
como un huevo.
Algo que ya está aquí:
¡Un mundo nuevo!

En el principio, 25
yo hablo del principio,
vi que se separó la luz
de las tinieblas
y así anocheció
y pudo luego amanecer. 30

El haz de luz se extingue suavemente sobre el rostro de la PIOJA hasta producirse la oscuridad total.

Ejercicios

A. Preguntas

1. ¿Qué puede significar la «sorda, lejana y violenta explosión» que estalla al comienzo del drama?
2. ¿Cómo están los trozos de chatarra que va acumulando la muchacha (la Pioja), y qué pueden ser estos?
3. ¿Cómo están vestidos Hosanna y Custodio, y por qué los habrá vestido de esta manera el autor?
4. ¿Para qué sirve el cochecito que empuja Custodio?
5. ¿De qué está cubierta la tierra, y cuál es la actitud de Custodio ante este fenómeno?
6. ¿En dónde estaba Hosanna cuando estalló la gran explosión, y con quién estaba hablando?
7. ¿Cuánto tiempo hace que estalló la explosión?
8. Según Custodio, ¿en qué estado está la Pioja?
9. ¿Por qué cree Hosanna que Custodio tiene que ser el que la embarazó a la Pioja, y por qué no lo cree Custodio mismo?
10. ¿Qué revela Hosanna de sí misma cuando habla a solas con la Pioja?
11. ¿Qué dudas tiene Custodio respecto al Paraíso?
12. ¿Por qué quiere Hosanna matarla a la Pioja?
13. ¿Qué hacen Custodio y Hosanna mientras dejan caer trozos de chatarra sobre el cuerpo de Pioja?
14. ¿Por qué empieza a gritar y gemir la Pioja?
15. ¿Qué significado puede tener la explosión que estalla al final del drama?

B. Temas

1. Una descripción de la Pioja.
2. La relación entre Hosanna y Custodio.
3. El carácter del diálogo entre Hosanna y Custodio.
4. El humor negro o grotesco en la obra.
5. Lo que puede representar la figura de Pioja en el drama.
6. Elementos bíblicos y religiosos en la obra.

7. Posibles significados de los tres títulos que Jorge Díaz ha empleado con este drama: *El génesis fue mañana*, *La vigilia del degüello*, y *La víspera del degüello.*
8. *El génesis fue mañana* y la tradición del teatro del absurdo.

C. Modismos y expresiones

Escriba usted las oraciones en español. En cada una emplee uno de los modismos o expresiones siguientes:

a la ligera	**ponerse a**	**dejarse** (+*inf.*)	**dar a luz**
tener sentido	**en absoluto**	**sin embargo**	**dar asco**
a partir de	**asomarse a**	**a escondidas**	**de rodillas**

1. They don't like him at all, but he is the judge.
2. The men fell to their knees when they heard the shout.
3. I hope that John and Paul don't take his threats lightly.
4. They used to laugh at him on the sly.
5. If death didn't exist, life would have no meaning.
6. The woman gave birth before her husband arrived at the hospital.
7. She began to sing when she was walking through the garden.
8. When the bus arrived, the children appeared at the window.
9. It would nauseate her to see them in their present condition.
10. Her hands, nevertheless, are small and very pretty.
11. Starting today, I hope to go to the beach every afternoon.
12. When she heard the explosion, she let herself fall to the floor.

Vocabularios

Abbreviations

adv	adverb
f	feminine
fig	figurative
inf	infinitive
interj	interjection
m	masculine
pp	past participle
pl	plural
v	verb

Español—Inglés

The Spanish–English vocabulary intends to be complete except for the following items: exact or easily recognizable cognates; numbers; common pronouns, prepositions, and conjunctions; regular and irregular forms of most common verbs; regular past participles when the infinitive is given and the meaning does not change; adverbs ending in -*mente* when the adjective is given; diminutives when the noun or adjective is included; words used only once in the book when their meaning is given in footnotes; and basic words any first-year student is expected to know.

abajísimo very deep
abajo down, below; **hacia**– downwards; por – underneath
abalanzar to throw (oneself); to balance
abierto open; **ver el cielo** to see one's way out of difficulty
abismo *m* abyss
ablandar to soften
abombado sticking out, puffed out
aborrecer to hate, abhor
aborto *m* miscarriage, abortion
abotonar to button
abrazar to embrace
abrir to open; **– paso** to get ahead
absoluto: en absoluto not at all
absolver (ue) to absolve
absorto absorbed
abstraer to abstract
abstraído absent-minded
abuelo *m* grandfather
abundar to abound
aburrir to bore, annoy; **–se** to be bored
abyección *f* abjection
acabar to finish; **– de** to have just; **– por** to end up by
acalorar to warm, heat
acallar to silence, quiet
acariciador caressing
acariciar to caress, cling to
acariciás: acaricias you caress
acaso maybe, perhaps
acceder to accede, give in
accesso *m* attack; **– de llanto** outburst of tears
acechar to spy on
aceite *m* oil; **– bronceador** suntan oil
acercar to come near, approach
aclaración *f* clarification
acogedora warm, appealing
acomodar to arrange, set right, accommodate
acompañar to accompany
acongojado anguished
acontecimiento *m* happening
acordar (ue) to agree; **–se de** to remember
acordás: acuerdas you remember
acorde *m* harmony

acorralar to corral, surround
acostar (ue) to put to bed; **–se** to lie down
acostumbrarse to become accustomed
acta *f* certificate; complaint; **– de consignación** (certificate of) report
actitud *f* attitude
acto: levantar un acto to draw up a statement, file a complaint
actuación *f* action, performance
actualidad *f* present time; **en la –** at the present time
acudir to come, come to the rescue
acuerdo *m* agreement; **de – con** according to
acumular to accumulate
achaque *m* attack, habitual indisposition
ad libitum *(Latin)* freely
adecuado adequate
adelante ahead, forward
ademán *m* gesture
adentro within, inside; **montaña –** backwoods
adivinar to guess, make out, discern
admiración *f* admiration, astonishment
admirador *m* admirer
adormecer to fall asleep
adormilado drowsy, sleepy
adquirir to acquire
advertir (ie) to warn, advise
afeitar to shave
aferrar (ie) to seize; **– a** to stick to
afirmar to agree, affirm
afuera outside
agarrar to seize, grasp
ágil nimble
agitar to agitate, wave
agraciado favored
agradable agreeable, pleasant
agradar to please, give pleasure
agradecer to be grateful
agregar to add
agua: hacérsele la boca agua to make one's mouth water
aguaita: aguanta waits
aguaje *m* tidal wave
aguantar to bear, endure; hold one's breath
aguardar to wait for
agüero *m* omen
agüita *f* water
aguja *f* needle
ahogar to drown, smother, choke
ahora now; **– bien** now then
ahorcar to hang
ahorrar to avoid; to save
airado angry
aire *m* air
aislado isolated
ajar to crumple
ajeno foreign, unaware
ajetreo *m* agitation
ala *f* wing
alarde *m* ostentation
alargar to hand over
alborozar to gladden, exhilarate
alcance *m* reach; **al – de** within reach of
alcanzar to reach, overtake, succeed in
alcoba *f* bedroom
alegrar to gladden, comfort
alegría *f* happiness
alejar to move away, withdraw
alergia *f* allergy
aleteo *m* palpitation
alfajía window frame
alfombra carpet, rug
algo something, somewhat
algodón *m* cotton
aligerar to make lighter
alimento *m* food, foodstuff
aliviar to lighten, relieve
alma *f* soul
almacén *m* warehouse
almendro *m* almond tree
almíbar sugar syrup
almohada *f* pillow, cushion
almohadón *m* large cushion, pillow
almuerzo *m* lunch
alquiler *m* rent
alrededor around, surrounding
altanero haughty, arrogant
alterado disturbed, angered
alternar to alternate, change
alto high, tall; aloud; **en lo –** on top
alucinado bedazzled, hallucinated
aluminio *m* aluminum
alzar to raise
allanamiento de morada *m* housebreaking
amabilidad *f* amiability, friendliness
amable affable, kind
amado *m* beloved, darling
amanecer to draw towards morning, dawn
amante *m & f* lover, paramour
amantísimo very loving
amapola *f* poppy
amargo bitter, grieved
amargura *f* bitterness

amarillo yellow
amarrar to tie, fasten
ambiente *m* environment
ámbito *m* space
ambos both
ambulante shifting, walking; **vendedor –** *m* door-to-door salesman
amenazador threatening
amenazar to threaten
amistad *f* friendship
amontonar to be crowded, pile up
amorcito *m* beloved
amorosa lovingly
ampliar to enlarge
amplio wide, ample
anciano *m* old man
anda go on (*familiar command of* andar)
andadas: con andadas deceitfully, slyly
andar to walk, step; **– en** to be going on; *m* pace, step
andrajosa ragged, tattered
angustia *f* anguish
angustiado distressed
angustioso painful, anguished
anhelante eager
ánima *f* ghost, spirit
ánimo *m* spirit; **cobrar** – to take courage
aniquilador destructive
aniquilar to annihilate
anjá *an exclamation such as* so! *or* hold on!
anoche last night
anochecer to grow dark
ansia *f* anxiety, longing
ante before; in the face of
anteojos *m pl* eyeglasses
anterior previous
antes: cuanto antes as soon as possible
antier = anteayer the day before yesterday
antipatía *f* antipathy
anunciar to announce
anuncio *m* announcement
año: con años into one's years; **hace años** for years
apaciguar to calm, appease
apagar to put out, go out, extinguish
aparato *m* apparatus
aparecer to appear
apartar to leave, take away
aparte separately, different; **– de** besides, in addition to
apasionado passionate, loving
apelar to appeal
apenas scarcely, as soon as
apio *m* celery
aplastar to crush, smash
apoderar to empower; **–se de** to take hold of, seize
apoyar to support
apoyo *m* support, aid
apreciar to appreciate
apresurar to hasten, hurry
apretar (ie) to tighten, squeeze, clench
apretón *m* tight hold
aprisa quickly, rapidly
aprontar to prepare quickly
aprovechar(se) to make use of, take advantage of
apuntar to take note, jot down; to charge (money); **– a la bolita** to take a chance (lottery)
apurado hurried, in a hurry
apuro *m* haste, hurry
aquí here; **he–** behold, consider
ara *f* altar; **en –s de** for the sake of
arable tillable
árbol *m* tree
arbusto *m* shrub
archivar to file
archivo *m* file
arder to burn
arena *f* sand
arma *f* weapon
aro *m* hoop, rim
arraigado deeply rooted
arrancado poor, penniless
arrancar to root up
arrastrar to drag
arrebatar to snatch, grab
arrebato *m* fit, rage
arreglar to arrange, fix, manicure
arreglo *m* agreement, settlement
arrendar (ie) to rent
arrepentir (ie) to repent
arriba up; **por–** overhead, above
arriesgarse to dare, risk
arrobado ecstatic
arrodillarse to kneel down
arroyo *m* brook
arroz *m* rice
arruga *f* wrinkle
arruinar to ruin
arrullar to lull, bill and coo
articulación *f* joint
articular to articulate
asco *m* nausea; **dar** – to nauseate
asegurar to assure, secure

asentir (ie) to agree, assent, nod
aseo *m* *toilette*, grooming
aserrín *m* sawdust
aserrío *m* the making, construction
asesinato *m* murder
asfixia *f* suffocation
así thus, this way
asido seized, grasped; **–s de la mano** holding hands
asiento *m* seat
asilo *m* asylum, home
asistir to attend, be present
asomar to show; **–se a** to appear at
asombrado astonished, surprised
asombrarse to be astonished, be surprised
asombro *m* amazement; fright
aspaviento *m* fuss, exaggerated gesture
aspecto *m* aspect, appearance
aspereza *f* roughness, rough spot
aspirar to inhale; to aspire
asqueroso nauseating, loathsome, filthy
astro *m* star, planet
astrónomo *m* astronomer
asunto *m* matter, affair
asustar to scare, frighten
atañer to concern
atar to tie, bind; **loco de –** stark raving madman
atardecer to draw toward evening
ataúd *m* coffin
atender (ie) to pay attention, answer, wait on
atento attentive
ateo *m* atheist
aterrador frightful, terrifying
aterrar (ie) to terrify
aterrorizar to frighten
atizar to poke, stir up
atónito astonished, surprised
atormentar to torment, torture
atorranta *f* good-for-nothing
atrás behind, backward
atrasado late
atravesar (ie) to cross
atrayente attractive
atrever to dare
atrevido bold
atrevimiento *m* boldness
atroz atrocious
aullar to bawl, howl
aullido *m* bawling, howl
aumentar to increase
aún still
aura *f* turkey buzzard
ausencia *f* absence
ausente absent, detached
autógena *f* welding
avanzar to advance
averiguar to find out
avión *m* airplane
avisar to advise, warn
ayudar to help
azar *m* chance; **al –** at random
azorado upset, disturbed
azotar to beat down on
azul blue

bacarat *m* brand of crystal
bailar to dance
baile *m* dance
baja: en voz baja in a low voice
bajar la vista to look down, lower one's eyes
bajás: bajas you go down
bajo: por lo bajo under one's breath
balandra *f* sloop
balbucir to mumble
balcón *m* balcony, porch
balde: en balde in vain
banco *m* bench
bandeja *f* tray
bañar to bathe, swim
bañista *f* bather, swimmer
baño *m* bath, bathroom; **traje de –** bathing suit
baranda *f* railing, banister
barato cheap
barba *f* whiskers, beard
barbudo bearded
barrendero *m* street sweeper
barrer to sweep
barriga *f* stomach, belly
barrio *m* district, neighborhood
barro *m* clay, mud
bastar to be enough, be sufficient
bastidor *m* wing of stage scenery
bastón *m* walking cane
bata *f* smock, dressing gown
batir to stir, beat; *m.* beating
belleza *f* beauty
bello beautiful, fair
bencina *f* gasoline; **echar –** to put in gasoline
berrear to bellow, cry like a calf
besar to kiss
beso *m* kiss
bestia *f* beast

beta *f* cord, thread
bicho *m* animal
bien well, okay; very; **ahora–** now then; **– hombre** quite a man; **más –** rather
bigote *m* mustache
billete *m* bill, note (money)
blando soft
blusa *f* blouse
blusón *m* large blouse
boca *f* mouth; **hacérsele la – agua** to make one's mouth water
bocadito morsel
bocanada *f* puff, whiff
bocina *f* horn, phonograph horn
boda *f* wedding; **torta de –s** *f* wedding cake
bodega *f* grocery store; cellar
bofetada *f* slap to the face
bogar to row
bola *f* ball
boleta *f* authorization slip
bolita: apuntar a la bolita to take a chance (lottery)
bolsa *f* purse, pocketbook, pouch; **hacer –s** to bag out (a bathing suit); **– de género** cloth bag; **– de labor** sewing box
bolsillo *m* pocket; *fig* money
bolso *m* purse
bombero *m* fireman; **capitán de –s** fire chief
bombilla *f* light bulb
bomboncito *m* honey (term of endearment)
bondad *f* goodness
bondadoso kind, good
boquiabierto open-mouthed
bordar to embroider
borde *m* edge, border
borrar to cross out, erase; **–se** to disappear
borrego *m* lamb
bostezar to yawn
bota *f* boot
botanita *f* snack
botar to fling, throw, throw away
botella *f* bottle
botón *m* button
bracito *m* little arm
bramido *m* roar
brasita *f* little chunk of live coal
braza *f* fathom; **a pocas –s** a few fathoms down
brebaje *m* potion, beverage
brevemente briefly
bribón *m* impostor, rascal
brillar to shine, sparkle
brincar to jump
brindar to toast
briznar *f* blade
broma *f* joke
bromear to joke
bronceador *m* bronzer, suntan; *aceite –* suntan oil
bruces: caer de bruces to fall headlong
brusco rough, harsh
brusquero *m* bushes, underbrush
bucarito *m* small earthen vessel, vase
búcaro *m* vase
buchón (-ona) bulging, fat
buenazo very good
burgués (-guesa) middle class
burlar to make fun of, mock
burlón (-ona) mocking
buró *m* bureau, night table
burocracia *f* bureaucracy
burro *m* donkey; **– de carga** pack animal
búsqueda *f* search
butaca *f* armchair

cabalgado mounted, ridden; lived it up
caballo *m* horse
cabelludo hairy; **cuero –** *m* scalp
caber to fit into, be appropriate
cabeza: denegar (ie) con la cabeza to shake one's head no
cabezón *m* large head
cabezota *f* large head
cabo: al fin y al cabo at last, finally
cabo-de-hacha *m* small tree which grows wild in many parts of Spanish America
cacerola *f* casserole
cacha *f* handle
cacharro *m* cooking pots
cada: a cada rato every little while
cadena *f* string, chain
cadera *f* hip
caer to fall, befall; **– de bruces** to fall headlong; **– de rodillas** to fall on one's knees; **– en la cuenta** to "catch on"; **dejar –** to allow to fall
caja *f* box, case
cajón *m* large box, drawer
calabaza *f* pumpkin
calamidad *f* calamity
calcetín *m* sock

calentar (ie) to warm
calidad *f* quality
caliente warm
calmar to calm
calor *m* heat, warmth; **con –** intensely; **hacer –** to be warm, hot (weather); **tener –** to be warm, hot (people)
calumnia *f* calumny, slander
calumniado slandered
calzar to shoe, put on shoes
calzones *m pl* underwear, shorts
callampa: poblaciones callampas *f pl* urban slums
callarse to become quiet, shut up
callejero: vendedor callejero street vendor
callo *m* callous
cama *f* bed
cambiar to change
cambio *m* change, exchange; **a – de** in exchange for; **en –** on the other hand
caminar to walk
camión *m* truck
campamento *m* camp
campanada *f* stroke of a bell
campanilla *f* small bell
cana *f* gray hair
canalete *m* paddle
canallada *f* despicable act
canasta *f* basket
canasto *m* wastepaper basket
canción *f* song
candela *f* fire
candil *m* lamp, lantern
canillera *f* fear
canoso gray-haired
cántico *m* canticle
cantidad *f* quantity, amount
canto *m* chant
capacidad *f* ability, capacity
caparazón *m* crustacean
capaz capable
capelo *m* cardinal's hat
capricho *m* whim
caprichoso whimsical, capricious
cara *f* face; **dar la –** to face; **en plena –** full in the face
caracol: escalera de caracol *m* winding stairway
caramba *an exclamation meaning something like* darn! **or** damn!
carbón *m* coal
carcajada *f* outburst of laughter
cárcel *f* jail, prison
cardumen *m* school of fish
carga charge, burden, load; **burro de –** pack animal
cargo *m* burden; **correr a – de** to be the responsibility of
caricia *f* caress
cariño *m* dear; fondness
carnada *f* bait
carne *f* meat, flesh
carnicero *m* butcher
caro dear, expensive
carota *f* large, frightening face
carpa *f* tent
carrera *f* race
carrete *m* spool; **– de hilo** spool of thread
carretel *m* spool
carrizo *m* bamboo sticks or reeds used to make puppets' frames
carroña *f* carrion, putrid flesh
cartón *m* cardboard
cartucho *m* can
casa de pompas fúnebres *f* funeral home
cascada *f* waterfall, cascade
cáscara *f* shell
casero domestic
caserón *m* large tumble-down house
caso: en todo caso in any case; **hacer caso** to pay attention
castañetear to chatter
castigar to punish
castigo *m* punishment
castillo *m* castle
castrar to castrate
casualidad chance; **por –** by chance
catrina: muerte catrina *f* well-dressed skeleton (figure in Mexican popular art)
cauto cautious
cavar to dig
cazuela *f* cooking pot
cebar to fatten, feed well; to taste human flesh
cegar (ie) to blind
ceja *f* eyebrow
celoso jealous
cementerio *m* cemetery
cena *f* supper
ceniza *f* ash
censo *m* census
centellear to sparkle
ceñir to gird, fit tight
cepillar to polish, brush
cercano near

cerebro *m* brain, cerebrum
ceremonioso formal
cerradura *f* lock; **ojo de la –** keyhole
cerro *m* hill
cerrojo *m* latch
certificar to certify, register
cerveza *f* beer
cesta *f* basket
cestico *m* little basket
ciego blind; **ventana ciega** *f* false window
cielo *m* sky, heaven; **ver el – abierto** to see one's way out of difficulty
cierto: ser cierto to be certain, be correct
cincuentón in one's fifties
cine *m* movie, theater
cinematógrafo *m* motion-picture industry, moving picture
cinta *f* band, ribbon, reel of film
cintura *f* waist
cita *f* date, appointment
citar to cite, make an appointment with
ciudad *f* city
ciudadano *m* citizen
claro clear, bright, light; *interj.* of course!; *m* opening; **– que sí** sure, of course
clavar to nail, stick
clavel *m* pink carnation
cobarde cowardly; *m* coward
cobertor *m* bedspread
cobrar to recover, charge; **– ánimos** to take courage
cobrizo coppery
cocer to cook
cocina *f* kitchen
cocinar to cook
cocinita *f* stove
coche *m* car, cart; **– de cuna** baby carriage
cochino dirty; *m* pig
codazo *m* nudge with the elbow
codo *m* elbow
coger to grasp, catch
cohete *m* firecracker, rocket
cojear to limp
cojín *m* cushion
colcha *f* bedspread
colchón *m* mattress
colegial *m* school student
colgar (ue) to hang, hang up, suspend; **– de** to hang from
colmar to fill
colmillo *m* eyetooth
colmo *m* limit, height; **esto es el –** this is the limit
colocar to put, place
colorido colorful
comedia *f* comedy, play
comediante *m* actor, player
comedimiento *m* politeness
comedor *m* dining room
comenzar (ie) to begin, start
cometer to commit, entrust
comida *f* meal
comienzo *m* beginning
como how, as; ¿cómo? what?; **¡ – no!** of course!; **tal y como** just the way
cómoda comfortable; *f* bureau, chest of drawers
compañero *m* companion
complacer to please
cómplice *m & f* accomplice
componer to compose, arrange
comportar tolerate, behave
compra *f* purchase; **hacer sus –s** to go shopping
comprobar (ue) to check, prove
comprometedor compromising
comprometer to involve, compromise
conciliador peacemaking
concluir to conclude
concurrir to coincide
conde *m* count
condenación *f* condemnation
conejo *m* rabbit
confesar (ie) to confess, acknowledge
confiar to trust
conforme agreeable, alike, suitable
confundir to confuse, confound
confuso confused, jumbled
conga *f* type of drumbeat; Cuban dance
conque and so, so that
conseguir (i) to obtain
consejo *m* a piece of advice
consentimiento *m* consent
conserje *m* caretaker, janitor
consigna *f* order, standard
consignación *f* report; **acta de –** (certificate of) report
consignar to mention, point out, consign
consistencia *f* consistency
consolar (ue) to console, comfort
constar to be evident, be recorded
consultorio *m* office
consumado fulfilled, consummated
contable *m* accountant, bookkeeper
contar (ue) to tell, count; **– con** to count on

contemporizar to adapt to a situation
contener to contain
contrabandista *m* smuggler
contradecir to contradict
contraído contracted; restricted
contrario: al contrario on the contrary
contratiempo *m* disappointment
contrato *m* contract
contribuciones *f pl* taxes
convalecencia *f* convalescence
convencer to convince
convenir to suit, be appropriate
convertir (ie) to convert; **–se en** to be converted into
convincente convincing
convulso convulsive, excited
copa *f* glass, goblet
copular to copulate
coqueta *f* flirt, coquette; vanity (furniture); *adv* flirtatiously
coquetear to flirt
coraje *f* courage, anger, passion
corazón *m* heart
corbata *f* necktie
cordel *m* cord
cordero *m* lamb
cordón *m* cord
cordura *f* sanity
coronado crowned, topped
corregir (i) to correct
correntada *f* swift current, strong current
correr to run; **al –se el telón** when the curtain is drawn (raised); **– a** to run out, dismiss; **– a cargo de** to be the responsibility of; **– con** to run up to; **nadie les corre** no one runs from them
corriente commonplace, ordinary; *f* current
corroer to corrode; prey upon
cortar to cut; **– en seco** to cut short
corte *f* court; *m* piece of material, cut of cloth; **hacer la –** to court
cortina *f* curtain
coser to sew; **máquina de –** *f* sewing machine
cosquillas *f pl* tickling
costar (ue) trabajo to be difficult
costumbre *f* custom
costumbrista relating to the customs of a region
costura *f* sewing; **alta –** fashion designing, *haute couture;* **taller de –** sewing shop
costurera *f* dressmaker, seamstress
costurero *m* sewing box
cotidiana daily, everyday
cotona *f* cotton shirt
cotorro talkative
covachón *m* cave, small room
coyuntura *f* joint, articulation
crear to create
crecer to grow, increase
creciente growing
crepúsculo *m* twilight
criada *f* servant, maid
criar to raise, rear
criatura *f* creature, child
cristal *m* glass, window pane
cristiano Christian; man
crucigrama *m* crossword puzzle
crujir to creak
cruz *f* cross
cruzada *f* crusade
cruzar to cross
cruzás: cruzas you cross
cuadra *f* square; plot of land, block
cuadrarse to stand at attention
cuadro *m* scene; picture; **a –s** checkered
cualquiera any, anyone
cuando when; **– menos** at least; **de vez en –** from time to time
cuanto as much as; **– antes** as soon as possible; **en –** as soon as
cuarta *f* fourth part, quarter
cuarto *m* room
cubeta *f* pail
cubierto covered; *m pl* silverware
cubrir to cover
cucaracha *f* cockroach
cucarachero frightened, panicky
cuclillas: en cuclillas in a crouching or squatting position
cuchillo *m* knife
cuello *m* neck, collar
cuenta *f* bill; **a fin de –s** in the end; **caer en la –** to "catch on"; **darse –** to realize; **tener en –** to take into account
cuento *m* tale, story
cuerda *f* cord, string, rope
cuerdo sane
cuero *m* leather; **– cabelludo** scalp
cuerpo *m* body
cuidado careful; **pierde –** don't worry; **tener –** to be careful
cuidadosamente carefully
cuidar to take care
culpa *f* blame, guilt

culpabilidad *f* guilt
culpable guilty, blamable
culto cultured
cumplir to fulfill, complete; – . . . **años** to be . . . years old
cuna *f* cradle; **coche de** – baby carriage
cuñada *f* sister-in-law
cura *m* priest
curiosear to browse around
cursi cheap, vulgar
curso *m* course; **irse en** – to have diarrhea
chalaco *m* person from Callao (a Peruvian seaport); **como – en poza** very much at home
chalina *f* scarf
champán *m* champagne
chantaje *m* blackmail
chapoteo *m* splash, splatter
chaqueta *f* jacket
charada *f* charade
charla *f* chat
charmés *m* shiny cloth
chatarra *f* junk, scrap metal
chico little, small; *m* child; **de** – when he was a child; **más** – smaller
chiflar to hiss
chiflón *m* puff
chillar to screech, scream
chillido *m* screech
china *f* half-breed maidservant (often used as insult)
chino *m* Chinese man
chiquillo *m* small child
chisme *m* gossip
chiste *m* joke
chivo *m* goat
chocar to hit, bump
chulo flashy, attractive

dádiva *f* gift, present
danzante *m* dancer
daño *m* harm
dar to give; hit; **da igual** it's all the same, it makes no difference; **da lo mismo** it's all the same; **dale que dale** more of the same; – **a luz** to give birth; – **asco** to nauseate; – **con** to encounter, find; – **la cara** to face; – **la razón** to agree or indicate that someone is right; – **los buenos días** to say good morning; – **parte** to report, inform; – **pena** to cause grief, make one sad; – **salida a** to give vent to, express; – **un salto** to jump, leap; – **una vuelta** to take a stroll; – **voces** to shout; – **vueltas** to go around in circles; –**le la espalda** to turn one's back on; –**se cuenta de** to realize; –**se prisa** to hurry; –**se vuelta** to turn around; **muy dado de** very much given to; **¿qué más da?** what difference does it make?
dato *m* datum, fact
deambular to stroll
debajo underneath; – **de** under
deber *m* duty
debido due, appropriate
débil weak
debilidad *f* weakness
decí: di say, tell (*familiar command of* decir)
decidido decided
decir: lo que se dice what one could call; **quere** – to mean
declarar: se me declaró asked me to marry him
decoración *f* setting
decorado *m* scenery
decrecer to decrease
decrecimiento *m* decrease
dedal *m* thimble
dedo *m* finger
defectuoso faulty, defective
defender (ie) to defend
defraudar to defraud, disillusion
degüello *m* act of beheading or cutting the throat
dejar to leave, let, allow; – **caer** to drop, let fall; – **de** to stop; –**se** to allow oneself to; –**se oír** to allow or be able to be heard
dejo: un – de a touch of
delantal *m* uniform, apron
delante de in front of
delatar to accuse, denounce
delectación *f* delectation, delight, pleasure
deleznable fragile, frail
delgado thin
delicadeza *f* delicacy
delicioso delightful, delicious
delirar to talk nonsense, be delirious
delito *m* crime
demás other, rest of; **los** – the rest; **por lo** – furthermore
demente insane, demented
demonio *m* demon

demorar to delay
demostrar (ue) to demonstrate, show
denegar (ie) to deny; – **con la cabeza** to shake one's head no
denotar to denote, express
denunciar to denounce, squeal on
derecho *m* right, justice, law
derramar to pour out, spill
derrumbar to plunge headlong, crumble
desabrochar to unbutton
desacuerdo *m* disagreement, disharmony
desafiante defiant
desafiar to challenge
desagradable unpleasant
desalentar (ie) to discourage
desamparado helpless
desanimarse to become dejected
desaparecer to disappear
desarrollo *m* development
desarticulado disjointed
desasosiego *m* restlessness
desastre *m* disaster
desayunar to eat breakfast
desayuno *m* breakfast
desbaratar to destroy, break into pieces
descalzo barefoot
descansar to rest
descolorido discolored, faded
descomponer to disturb, decompose, become distorted
descompuesto decomposed
desconcertante baffling, disconcerting
desconfiar to doubt
desconocido unknown
descorrer to unlock, move backward
descubierto uncovered, discovered; **al** – uncovered, open
descubrir to discover, find
descuidado living without trouble or care
descuidar to neglect
desdén *m* disdain, contempt
desdichado unfortunate
desencantar to disenchant
desencanto *m* disenchantment, disillusion
desenfrenado unbridled, wanton
desenlace *m* outcome, denouement
desentendido unmindful; **hacerse el** – to pretend not to have noticed
desentonar to be out of tune
desesperación *f* despair
desesperado despairing
desesperar to despair
desfallecer to grow weak, faint, swoon
desfalleciente pining
desgano *m* indifference, boredom
desgañitarse to shriek
desgarrado dissolute, unrestrained
desgarrador heart-rending
desgarramiento *m* laceration
desgracia *f* misfortune
desgraciadamente unfortunately
desgraciar to disgrace, harm
desgreñado disheveled
deshabillée ***m*** negligee
deshacer to undo, destroy
deshecho disposed, gotten rid
desinflar to deflate
deslizar to slide
deslumbrante dazzling, bewildering
desmesuradamente excessively
desmoralizar to demoralize
desmoronar to languish, wane
desnudar to undress
desnudo nude, naked
desolado desolate
desorden *m* disorder
desordenar to disturb
despacio slowly
despedir (i) to dismiss, throw out; **–se** to say good-bye, say farewell
despegar to separate, unglue, come apart
despejar to clear
desperdicio *m* waste
desperezar to stretch
despertar (ie) to wake up, awaken
despojos *m pl* spoils
despreciable contemptible
despreciar to despise, scorn, reject
desprendido loose
despreocuparse to stop worrying
desprevenido unprepared
desquiciado unsettled
desquiciar to disorder
desquitar to retaliate
destapar to uncover
destartalado jumbled
destrozar to destroy
destruir to destroy
desuso *m* disuse
desvencijado rickety, falling apart
desventurado unfortunate
desvergonzado shameless
desvestir (i) to undress
desviar to switch, turn off
detalle *m* detail
detener to stop, check, detain
detenidamente carefully, thoroughly
detestar to detest, hate

detrás: por detrás in back
deuda *f* debt
devanar to reel, wind; **– los sesos** to rack one's brain
devolver (ue) to return
día con día day after day
diablo *m* devil
dialogar to converse
diario daily
dictar to dictate
dicho said; **mejor –** rather
diente *m* tooth
diestra *f* right hand; **a – y siniestra** right and left
diferir (ie) to differ
difunto dead
diluir to dissolve
diluvio *m* overflow, flood
dirección *f* address, direction
dirigir to direct, guide; **–se a** to go toward, speak to
disculpar to forgive
discurso *m* talk, speech; **pronunciar un –** to give a speech
discutir to discuss
disecado dissected
disfraz *m* mask, disguise
disfrazarse to disguise oneself
disgustar to dislike
disimuladamente on the sly
disipar to dissipate
disminuir to diminish
disolver (ue) to dissolve
disonante discordant
disparo *m* shot, firing
displicencia *f* coolness, indifference
disponer to prepare, arrange; **–se** to get ready
dispuesto ready, prepared; **estar – a** to be ready to
distinguir to distinguish
distinto different, distinct
distraer to distract
distraído distracted, absent-minded
divertido amusing, amused
divertir (ie) to amuse; **–se** to enjoy oneself
dizque = dice que it's said that
doblar to double over, turn
doler (ue) to hurt, ache
dolor *m* ache, sorrow, pain
doloroso painful
dominar to dominate; **–se** to control oneself
dorado golden
dormido asleep; slow, dull; **quedarse –** to fall asleep
dormir (ue) to sleep; **–se to go to sleep,** fall asleep
dormitorio *m* bedroom
Dos Equis brand of Mexican beer
drama intercalado *m* play within a play
dramaturgo *m* dramatist, playwright
duda *f* doubt
dudar to hesitate, doubt
dueño *m* owner
durar to last
duro hard, harsh

ebrio drunk
ecuatoriano from Ecuador
ecuestre equestrian
echar to throw, discharge; **– bencina a** to put gasoline in; **– humo to give off** smoke; **– suertes to draw lots**
edad *f* age
edificio *m* building
efectivo real, actual
efectuar to effect, make
eficacia *f* efficacy, efficiency
efímero ephemeral
egipcia Egyptian
egolatría *f* self-idolatry
eje *m* shaft, axle
elegir to elect, choose
elevado high, elevated
eludir to evade, elude
embajada *f* embassy
embalsamado embalmed
embarazar to make pregnant
embarcar to embark
embargo *m* embargo; **sin – nevertheless**
embelesado fascinated
emborracharse to get drunk
emocionado full of emotion
empadronador *m* census taker
empadronar to register, take the census of
empeñar to oblige, hock; **–se to persist,** insist
empezar (ie) to begin, start
empleada *f* employee
emplear to employ, use
empleo *m* job; employment, use
empolvado dusty
empozado deep in the water
empujar to push
empujón *m* push, shove

empuñado grasped, clenched; **mano empuñada** *f* fist
empuñar to grip, clasp
enajenar to alienate
enamoradizcado in love
enamorado in love; *m* lover
encadenado immobilized, chained
encaje *m* lace
encantador charming, delightful
encantar to charm, delight
encarar to face, aim;**–se con** to face, confront
encargado *m* representative, person in charge
encargar to request, entrust; **–se de** to take charge of
encargo *m* assignment
encender (ie) to light, light up
encerrar (ie) to lock up, confine
encima on top of, above
encinta pregnant
encoger to shorten, shrink, draw up; **–se de hombros** to shrug one's shoulders
encomendar (ie) to commend
encontrar (ue) to find, encounter
encorvar to bend
encuentro *m* encounter
endurecer to harden
enérgico energetically
enfermera *f* nurse
enfermo sick
enfrentar to confront
enfríar to make cold
enfurruñarse to get angry
engañar to deceive
engendrar to create, beget
engendro *m* fetus
engordar to get fat, fatten
engrandecer to elevate, exalt
enjuto lean, drawn
enlazar to encircle
enloquecer to madden
enmudecer to become silent
enojar to anger; **–se** to become angry
enredador *f* entangler, tattler
ensaladita *f* little salad
enseguida immediately, right away
enseguidita right away
enseriarse to become serious
ensuciar to dirty
ensueño *m* rapture, enchantment
entarimado *m* inlaid floor
entender: no entiendo ni pizca I don't understand anything at all
enterar to inform; **–se** to find out about; to recoup one's losses; to be close
enternecer to soften, be moved
entero whole, entire
enterrar (ie) to bury
entorpecer to clog, obstruct
entrada *f* entrance, admission
entrambos both, between the two
entrar to enter; **–le ganas a uno** to get the desire to
entrecortado hesitating
entregar to deliver, hand over, turn in
entremés *m* side dish
entretener to entertain, amuse
entrever to see imperfectly, glimpse
entristecer to become sad
entrometer to intrude
enumerar to list, enumerate
envejecer to become old
envenenar to poison
envidia *f* envy
envidiar to envy
envoltorio *m* bundle
envolver (ue) to encircle, surround
envuelto wrapped
época *f* era, epoch
equinoccio *m* equinox
equivocación *f* mistake
equivocarse to be mistaken
erigir to erect
esbelto slender, well built
escabullir to slip away, escape
escalera *f* staircase; **– de caracol** winding staircase
escalofriante chilling
escalofrío *m* chill
escandalizar to scandalize
escándalo *m* scandal, uproar
escena *f* scene, stage
escenario *m* scene, stage
escenografía *f* scenery
esclava *f* slave
esclavitud *f* slavery
esclavizar to enslave
escoger to choose
esconder to hide
escondidas: a escondidas on the sly, in a hidden manner
escondite *m* hiding place
escopeta *f* shotgun
escritorio *m* desk
escrúpulo *m* scruple
escuela *f* school

escupir to spit
esfuerzo *m* effort, stress
esmirriado weak, sickly, thin
eso that, exactly that; **por – therefore**
espacio *m* space; **por-de** for about
espalda *f* back, shoulder; **estar de –s** to have one's back to; **darle** or **volverle la –** to turn one's back on
espantar to scare, frighten
espantoso frightful, astounding
espasmo *m* spasm
espasmódico spasmodic, convulsive
especie *f* type
espectro *m* specter, ghost
espejo *m* mirror
espejuelos *m pl* eyeglasses
espera *f* wait
esperanza *f* hope
esperanzado hopeful
esperpento *m* fright (ugly person)
espeso thick
espiar to spy
esposa wife
espuma *f* foam
esquina *f* corner
estadística *f* statistics
estallar to burst, burst forth
estallido *m* crash, outburst
estampado *m* cotton print; **vestir a –s** to wear a cotton print dress
estar to be; **– de espaldas** to have one's back to; **– dispuesto a** to be ready to; **–en la luna** to be absentminded, be "out of it"; **– harto** to be fed up; **– rico** to be very nice, great; **– seguro** to be sure; **– visto** to be evident
estático static, dumbfounded, speech less
estatua *f* statue
este this; "um", "ah"
estero *m* inlet
estirado stiff, skinny
estirar to stretch
estirpe *f* race, family
estofa *f* quality, condition
estornudar to sneeze
estratagema *f* strategy
estrella *f* star
estremecer to tremble, shudder
estribo *m* stirrup; **perder los –s** to lose control
estridente strident, harsh sounding
estropear to damage, spoil
estruendoso noisy
estudio *m* study
estupor *m* stupor, amazement
etiqueta *f* formality, etiquette
evitar to avoid
exaltarse to become excited
excrecencia *f* excrescence, abnormal or superfluous outgrowth
exigencia *f* demand
exigente exacting
exigir to require
éxito *m* success
explicar to explain
explotar to exploit, explode
extasiar to delight
extender (ie) to extend
extinguir to extinguish
extranjero *m* foreign land; stranger, foreigner; **al –** in a foreign country
extrañado surprised
extrañeza *f* surprise, astonishment
extrañar to miss, find strange
extraño strange
eyacular to ejaculate

fábula *f* fable, tale
facción *f* feature
facha *f* appearance
faja *f* girdle, belt
falsete falsetto or high-pitched voice
falta *f* fault, mistake, lack; **hacer –** to be necessary
faltar to need, be lacking
falto deficient; **– de** lacking in
fallar to fail
fanfarrón (-ona) boasting; *m* bully, braggart
fantasma *m* phantom, ghost
fantoche *m* puppet
faraón *m* Pharoah
farmacia *f* pharmacy
farsante *m* fraud
fascinador fascinating
fastidiar to bother
fastidio *m* dislike, fastidiousness
fatalidad *f* fatality
favor *m* favor, help; *por* – please
fe *f* faith
feisísimo very, very ugly
felicidad *f* happiness
felicitar to congratulate
feligrés *m* parishioner
feo ugly
feria *f* fair
feroz ferocious
festejar to celebrate, entertain

fibra *f* fiber, grain
fiebre *f* fever
fiel faithful, honest
fiera *f* wild beast
fiero fierce
figurar(se) to imagine; **¡figúrese!** just imagine!
fijar to fix, fasten; **–se** to notice
fijo fixed, placed
fin *m* end; **a – de** at the end of; **a – de cuentas** in the end; **al – y al cabo** at last, after all
final *m* end
fingir to pretend, feign
firmar to sign
firme firmly, steadily
fiscal pertaining to a treasury; **prueba –** *f* financial data
fisco *m* state treasury
fistol *m* necktie pin
flaco thin, skinny
flato *m* gas
flauta *f* flute
flemón *m* abscessed tooth, gumboil
flojo cowardly, weak
florero *m* flower vase
flotar to float
flote *m* floating; **largarse a –** to surface
foco *m* spotlight
fogata *f* bonfire, campfire
fogón *m* cookstove
fondo *m* core, background
footing *m* walk
forcejear to struggle
forma *f* form, outline
forro *m* lining
fosa *f* grave
foso *m* hole in the ground
franca frank, open
francés (-esa) French
frasco *m* bottle, jar, flask
frazada *f* blanket
frecuentar to frequent
fregar (ie) to bother, annoy; rub; foul up
frente *f* forehead; *m* front; **– a** facing, opposite
fricción *f* friction, rubdown
frijol *m* bean
frío: hacer frío to be cold
frontera *f* frontier, border
frotar to rub
fuente *f* fountain
fuerza *f* force, power; **a viva –** by sheer strength; **sacar –s** to drawn strength
fuga *f* flight, ardor
fulminado thunderstruck, struck by lightning
fulminante sudden, explosive
fumar to smoke
función *f* function
funcionar to function, work
funcionario *m* employee, official
fundo *m* property
fúnebre funeral; **casa de pompas –s** *f* funeral home
furia *f* fury; **hecha una –** in a furious state

gala: traje de – formal dress, party dress
galante gallantly
galantería *f* gallantry, elegance
galardón *m* prize, award
galón *f* braid
galleta *f* cookie
gallinazada *f* pickings for a buzzard
gallo *m* rooster
gana *f* desire; **de mala –** begrudgingly; **entrarle–s** a uno to get the desire to; **tener–s** de to feel like, have a mind to
ganar to earn
garabato *m* scribble
garantía *f* guarantee
garantir to guarantee
gerantizar to guarantee
garbanzo *m* chickpea
garete: al garete adrift
gárgara *f* gargle
gastar to waste, spend, expend, wear away
gata *f* maid, servant
gatear to creep, crawl
gato *m* cat
gaveta *f* drawer
gemido *m* groan
gemir to groan
género *m* kind, sort, manner; **bolsa de –** *f* cloth bag
genial brilliant
genio *m* temperament
geniol *m* a type of pill or tablet for relief of pain
gerente *m* manager
gesticular to make gestures
gesto *m* gesture
gigantesco gigantic
girar to rotate, turn around, spin
giro *m* turn, rotation

globo *m* balloon, globe
glorioso glorious, boastful
goce *m* possession, enjoyment
golpe *m* hit, blow; **de–** suddenly
golpear to strike, hit, knock
golpeteo *m* beat, hammering
goma *f* rubber
gordo fat
gorra *f* cap
gozar to enjoy, take pleasure
grabado recorded
gracioso attractive, comical
granduar to adjust
grandilocuente grandiloquent; speaking in a lofty style
grasa *f* grease, fat
grato: tener grato to please
griego Greek
grieta *f* crack, crevice
gringa *f* foreigner (In Mexico, the word usually refers to something or someone from the U.S.A.)
grisáceo grayish
gritar to shout, scream
gritico *m* little shout
grito *m* shout; **llamar a–s** to shout
grosería *f* coarseness, discourtesy, foul word
grosero coarse
gruñir to grunt
guajiro *m* a rustic
guante *m* glove
guapo handsome
guardar to watch, keep, put away
guarecerse to take refuge, take shelter
guayabera *f* leisure jacket, leisure shirt
guerrera *f* uniform jacket
guiar to guide
guindo cherry red
guiñar to wink
guisa *f* manner; **a – de** in the manner of, in such a way
gusano *m* worm; meek or dejected person

haber to have; **ha de ir** is to go, must go; **hay que** one must
habitación *f* room
hacer to do, make; **hace años** for years; **hace poco** a little while ago; **hace un ratoa** while ago; **– bolsas** to bag out (a bathing suit); **– calor** to be hot; **– caso** to pay attention; **– falta** to be lacking, need; **– frío** to be cold; **– la cuenta** to prepare the account; **– memoria** to remember, pretend to remember; **–sus compras** to go shopping; **–se** to become; **–se humo** to disappear, vanish into thin air; **–sele la boca agua** to make one's mouth water
hacia toward; **–abajo** downward
hacienda *f* farm, ranch; finance; **Secretaría de –** Secretary of Finance
hachazo *m* blow or stroke with an axe
hado *m* fate
hamaca *f* hammock
hambre *f* hunger
hambriento hungry; **– de** hungry for
harapiento ragged, tattered
harapo *m* rag
harén *m* harem
harto fed up, full; **– de** fed up with
hay there is, there are; – *que* one must, it is necessary to
haz *m* beam, ray
he aquí behold, consider
hecho made, done; *m* fact, deed; **– pedazos** broken in pieces
helado *m* ice cream
hembra *f* female animals, woman
hereje *m* heretic
herido wounded, hurt
hermosura *f* beauty
heterogéneo heterogeneous, of dissimilar nature
hielo *m* ice
hierba *f* grass
hierro *m* iron
hilo *m* thread
hinchar to swell
historia *f* story, history
historieta *f* anecdote, brief account
hoja *f* leaf, sheet of paper
hojear to leaf through
holgazán *m* idler
hombrecillo *m* little man
hombro *m* shoulder; **encogerse de –s** to shrug one's shoulders
hora *f* hour; **–s de –s** hour after hour; **la – de la prueba** the hour of need
hornillo *m* burner
horno *m* oven
horrorizar to horrify
hosco sullen, gloomy
hoyo *m* hole
hueco hollow; *m* hole, emptiness
huelga *f* strike; **ponerse en –** to go on

strike
huella *f* trace
hueso *m* bone
huevo *m* egg
huir to flee, run away
hule *m* oilcloth cover
humillado humbled
humo *m* smoke; **echar –** to give off smoke; **harcerse –** to disappear
hundir to destroy, sink
huracán *m* hurricane
huraño shy, unsociable
hurgar to poke
hurtar to move away

ignorar to be ignorant of, ignore
igual equal, similar; **da –** it's the same thing, it makes no difference
ilusionar to have illusions, have hope
imagen *f* image
impasible unmoved, impassive
impávido intrepid, dauntless
impedir (i) to prevent, impede
imperativo with authority
impertérrito intrepid
imperturbable not easily excited, calm
imponer to impose
importar to be important, matter
imprenta *f* printing
improviso unexpected; **de –** suddenly, unexpectedly
impuesto *m* tax
impulsar to impel, drive, throw
impunemente with impunity, without punishment
incapaz incapable
increndio *m* fire
inclinar to tilt, bend, incline
incluso including
incómodo uncomfortable
inconsciente unconscious
inconveniente inconvenient, troublesome; *m* difficulty
incorporar to get up, incorporate
incrédulo unbelievable
increíble unbelievable, incredible
increpar to scold, reprehend
incrustado inlaid
indescriptible indescribable
índice *m* forefinger
indignar to anger, make indignant
indistintamente indistinctly, in a confused manner
inenarrable inexplicable
inesperado unexpected
inestable unstable
inflame *f* infamous person
infeliz unhappy
infierno *m* hell, inferno
informe without form; *m* report
ingeniero *m* engineer
ingenuo candid, naive
ingresos *m pl* income, revenue
iniciar to begin, start
ininterrumpido uninterrupted
injuria *f* injury
inmovilizar to immobilize, stop
inmundo unclean, filthy
innato innate, inborn
inquietar to worry, excite
inquietud *f* anxiety, uneasiness
inquilino *m* tenant, peasant
insatisfecho unsatisfied
inscribir to register
inseguro insecure, uncertain
insinuante insinuative, crafty
insinuar to insinuate
insolación *f* sunstroke
insolentar to become insolent
insólito unusual
inspectivamente inspectingly, inspectively
instalar to install
intensificar to intensify
intentar to try, attempt
intento: de intento purposely, knowingly
intercalado: drama intercalado *m* play within a play
interior: ropa interior *f* underwear
interponer to interpose, stand between
interrogativamente interrogatively, questioningly
interrogatorio *m* questionnaire
interrumpir to interrupt
intervenir to intervene
íntimo intimate
inundar to inundate
inútil useless
inventario *m* inventory
inverosímil unlikely, improbable
inyección *f* injection
ir to go; **ha de –** is to go, must be going; **–se** to go away; **–se en curso** to have diarrhea
ira *f* anger
irregularizarse to become irregular
irrumpir to burst forth, invade
isla *f* island
izquierdo left

jactarse to boast, brag
jadeante breathless
jadeo *m* palpitation, panting
jamás never
jardín *m* garden
jardinero *m* gardener
jarro *m* pitcher
jaula *f* cage
jefe *m* head, boss
jerigonza *f* gibberish
jirón *m* shred
jorobado humpbacked
jovencita *f* young woman
jovencito *m* young man
joya *f* jewel, piece of jewelry
juego *m* game
juez *m* judge
jugada *f* play, stroke
jugar (ue) to play
juguete *m* toy
juicio *m* judgment, trial; **a – de** according to the judgment of, in the opinion of; **sano–** completely sane
juntar to gather, join, put together
junto together; **–a** near, next to
jurar to swear
justamente precisely
justificar to justify
justo just; just exactly
juventud *f* youth

laberinto *m* maze, labyrinth
labio *m* lip
labrar to cut, manufacture
lacrado sealed
ladear to tilt, tip
lado *m* side; **al – de** by the side of
ladrar to bark
ladrido *m* barking
ladrón thievish; *m* thief; **paco-ladrón** cops and robbers
lagartero *m* alligator hunter
lagarto *m* alligator
lágrima *f* tear
lámpara *f* lamp
lana *f* wool
langosta *f* lobster
lanzar to throw, hurl
lápida *f* tablet, slab c**"** stone
lápiz *m* pencil; **– tinta** indelible lead pencil
largar to loosen, move away; **–se a flote** to surface
largo long; **a lo – de** all along
lástima *f* shame, pity
lastimar to hurt, wound
lastimero pitiful
latido *m* beat (of heart)
latigazo *m* blow with a whip
latir to beat
latón *m* brass
lavar to wash
lazo *m* bow, ribbon
lector *m* reader
lejano far, distant
lejísimo very far
lejos far; **a lo –** in the distance
lengua *f* tongue
lentes *m pl* glasses, lens
lentitud *f* slowness
lento slow
letanía *f* litany, repetitive chant
letrero *m* sign
levantar to raise; **–se** to get up; **– un acta** to file a complaint, draw up a statement
leve light
ley *f* law
librar to free
libre free
ligar to tie, join
ligero light; **a la ligera** quickly, lightly
lila lilac color
limar to touch up, polish
limpiar to clean
limpio clean, neat
lindo pretty, beautiful
linterna *f* lantern
liviano light, of little weight
lo que that which, as for, how
lóbrego dark, gloomy
loco crazy, mad; **– de atar** stark raving madman
locura *f* madness, insanity
lograr to get, obtain, succeed
loseta *f* small flagstone, tiles
lúbrico lubricious, lewd
luchar to fight, struggle
luego later, afterwards, then; **hasta –** see you later
lugar *m* place; **tener –** to take place
lúgubre dismal, gloomy
lujo *m* luxury
lujoso luxurious
lujurioso lustful
luna *f* moon; mirror, glass; *pl* eyeglasses; **estar en la –** to be absent-minded, be "out of it"; **– de miel** honeymoon

lunetario *m* orchestra seats
lustrado *m* shine
lustrar to polish, shine
luto *m* mourning; **vestir de –** to be dressed in mourning
luz *f* light; **dar a –** to give birth

llamar to call; **– a gritos** to shout
llanto *m* weeping; **acceso de –** outburst of tears
llegada *f* arrival
llegar to arrive; **– a** to come to
lleno full
llevar to carry, wear, have; **en peso** to carry off bodily; **–puesto** to wear; **–se** to carry away
llorar to cry
lloriquear to whine, sob

machete *m* machete, cane knife
macho *m* virile male
madera *f* wood
madriguera *f* burrow, den, place of lodging
madrugada *f* dawn
maestrica *f* old maid teacher
majadero silly
mal: de mal very badly
maldad *f* evil
maldecido wicked, depraved
maldición *f* curse
¡maldita sea! damn it all!
maldito evil, accursed; *m* evil or damned thing
malear to injure, harm
malestar *m* malaise, indisposition
maleta *f* suitcase
malhumor *m* ill humor
malicia *f* malice
malicioso sly, tricky, malicious
malito naughty
maltratar to mistreat
malvado evil
malla *f* metal mesh
mami *f* *a colloquial term of affection that can be used for a girlfriend, mother, or possibly other close acquaintances.*
mancha *f* stain, spot
manchar to stain, spot
mandar to send, order
mandarina *f* orange color
mandíbula *f* jaw
manera: de manera que so that
manglar *m* plantation of mangrove trees
manía *f* mania, madness
maniático = maníaco maniac, mad
manicomio *m* insane asylum
manifestarse to show up, be manifest
manifiesto manifest, clear
maniobra *f* procedure
mano *f* hand; **a –** by hand; **asidos de la –** holding hands; **– empuñada** fist
manotazo *m* slap, blow with hand or paw
mantel *m* tablecloth
mantener to keep, maintain
manzana *f* block
maquillado made-up
máquina *f* machine; **– de coser** sewing machine
maquinalmente mechanically, unconsciously
maravillado astonished, amazed
maravilloso wonderful, marvelous
marcar to mark
marcha *f* march, operation
marcharse to go away, leave
marchito withered
marea *f* tide
mareado dizzy
margen *m* margin; **al – de** on the edge of
maricón *m* effeminate man
maridito *diminutive of* **marido** *m* husband (often used as a term of endearment)
marioneta *f* puppet
mariposa *f* butterfly
mármol *m* marble
martillear to hammer
mártir *m* martyr
martirizar to torture
más more; **–bien** rather; **no – que** only
máscara *f* mask
mascullar to mumble
materia prima *f* raw material
matinal morning
matraca *f* wooden rattle
mayor *m* major
media *f* sock, stocking; **a –s** at he middle, half way
medianamente fairly, so so, reasonably
mediante by means of
medida *f* dimension, measure, size
medio half, middle; *m* means; **en – de** in the middle of; **– muerto** half dead
mediodía *m* noon
medroso fearful
mejilla *f* cheek

mejor better, best; **a lo –** perhaps; **– dicho** rather
memoria: hacer memoria to remember, pretend to remember
mendigo *m* beggar
menester *m* need
menor less, least
menos less; **a – que** unless; **cuando –** at least; **por lo –** at least
mensualidad *f* monthly installment
mentar to mention; **oír –** to hear mentioned
mentir(ie) to lie
mentira *f* lie
mentiroso *m* liar
mentón *m* chin
menudo: a menudo often, frequently
mercancía *f* merchandise
merecedor deserving of
merecer to deserve
mermelada *f* marmalade
meseta *f* plateau
meter to put, place; **– la pata** to intermeddle, stick one's foot in it; **–se** to meddle, interfere
mezclar to mix
miedo: tener – to be afraid
miel *f* honey; **luna de –** *f* honeymoon
miembro *m* limb
mientras tanto meanwhile
migaja *f* crumb
milagro *m* miracle
mima *a term of affection such as* "sweetie"
mimado spoiled
mímica *f* pantomime
mimodrama *m* dramatic pantomime; the telling of a story by expressive bodily or facial movements of the performers
mimoso finicky
mínimo minimal
ministerio *m* ministry, cabinet
mirada *f* look, glance
mismo: da lo mismo it's all the same
mitad *f* half, middle
moco *m* mucus; **sorberse los –s** to sniffle
moda *f* fashion, style
modales *m pl* manners
modificar to modify, change
modo manner, mode; **de – que** so, thus
mohín *m* gesture, grimace
mojar to wet, soak
molestar to bother, disturb
molestia *f* annoyance, bother
molesto annoyed, bothered
momentáneo momentaneous
monacal monastic
moneda *f* coin
monja *f* nun
monstruo *m* monster
monstruosidad *f* monstrosity
monstruoso monstrous, huge
montaña *f* mountain; **– adentro** the backwoods
montar to mount
monte *m* brush, underbrush; **romper –** to break underbrush
montón *m* pile
morada *f* dwelling, house; **allanamiento de –** housebreaking
morder (ue) to bite
mordisco *m* bite
morfar to eat (*Argentine slang*)
morir (ue) to die
mortaja *f* shroud
mosca *f* fly
mostrar (ue) to show
movedizo movable
mover (ue) to move, stir, shake
mudo mute
mueble *m* piece of furniture; *pl* furniture
mueca *f* grin, grimace
muela *f* tooth
muelle *m* pier
muerta dead; **naturaleza – still life**
muerte *f* death
muerto dead; **medio – half dead; –de** risa dying from laughter
muestra *f* sample; **dar –s de to show** signs of
multota *f* huge fine
mundo: todo el mundo *m* everyone
muñeca *f* doll
muñeco *m* puppet, doll
muñequito *m* little doll
muro *m* wall
músculo *m* muscle
músico *m* musician
mutis *m* exit
mutuo mutual

nacer to be born
nadador *m* swimmer
nalga *f* buttock, rump
nana *f* scratch, cut
nariz *f* nose
naturaleza *f* nature; **– muerta still life**
naturalidad *f* naturalness

naufragio *m* failure, ruin; shipwreck
negar (ie) to deny; **–se a** to refuse to
negocio *m* business
negro black
nene *m* male child
niebla *f* fog, mist
niñería *f* childish action
niño *m* child; **de –** as a child
nivel *m* level
noche: de noche at night
nomás just, only
nombre *m* name, reputation
notorio evident, notorious
novia *f* bride, girlfriend; **traje de –** wedding gown
novio *m* boyfriend, bridegroom
nube *f* cloud
nuca *f* nape, neck
nuera *f* daughter-in-law
nuevamente again
nuevo new; **de –** again
nulificado nullified
número *m* issue, number

obedecer to obey
obelisco *m* obelisk (*an upright, tapering pillar, usually with four sides*)
oblicuo oblique
obligar to force, obligate
obra *f* work, literary work
obrar to work, act
obsequiar to give, make a gift of
obstinado stubborn
obviamente obviously
ocasionar to cause
ocultación *f* concealment
ocultar to hide, conceal
oculto hidden
ocurrírsele (a uno) to occur to one
odiar to hate
odio *m* hate
odioso hated, hateful
oficinista *m & f* office worker
ofrecer to offer
oído *m* hearing; **al –** confidentially, in a low voice
oír to hear; **dejarse –** to be able or allow to be heard; **– mentar** to hear mentioned
ojal *m* buttonhole
ojalá I hope, wish (*an exclamation, originally from Arabic, meaning* "Would to God" *or* "May God grant")
ojo *m* eye; **– de la cerradura** *m* keyhole
ola *f* wave
oleaje *m* rush of waves
olor (hue) to smell
oler *m* odor, smell
olvido *m* forgetfulness
olla *f* pot; **– de presión** pressure cooker
opinar to be of the opinion
opio *m* opium
oponer to oppose
optar to choose, decide
oración *f* prayer, speech
orden *m* order, arrangement; *f* order (as in law); **a sus órdenes** at your service
ordenado ordered
ordenar to put in order
oreja *f* ear
orgullo *m* pride
orilla *f* bank, shore; **a –s de** on the shore of
orinar to urinate
orquesta *f* orchestra
oscilante wavering, varying
oscuras: a oscuras in darkness
oscurecer to get dark
oscuridad *f* darkness
oscuro dark, obscure
osito *m* little bear
otoño *m* fall
otorgar to grant
ovalado oval
ovillo *m* ball
oxidado rusty

paco *m* "cop"; **paco-ladrón** cops and robbers
pago *m* payment
paisaje *m* landscape
paja *f* straw
pájaro *m* bird
palabrear to chat
palabrita *interj* on my word; **– de Dios** I swear to God
palanca *f* lever
palanganero *m* washstand and basin
pálido pale
palmear to clap, pat
palo *m* stick, log
paloma *f* pigeon, dove
palomo *m* cock pigeon
palpar to touch, feel
palpitado throbbed, palpitated
pan *m* bread
pantalones *m pl* trousers

pantalla *f* lamp shade
pantorrilla *f* calf of the leg
panza *f* belly
pañuelo *m* handkerchief
papa *f* potato
papada *f* double chin
papera *f* mumps
papi *m* *a colloquial term of affection that can be used for a boyfriend, father, or possibly other close acquaintance*
par *m* pair
para si to oneself
parado spiritless
paraguas *m sing & pl* umbrella(s)
Paraíso *m* Paradise
parar to stop
parecer to seem, appear
pared *f* wall
parir to give birth
parlamento *m* speech
parpadear to wink, blink
parte *f* part, place; **a ninguna –** nowhere; **por todas –s** everywhere
partida *f* part, party; **punto de –** starting point, point of departure
partir to split; to depart; **a – de** starting from
parto *m* childbirth
pasar to pass, happen, move; **¿qué te pasa?** what's the matter with you?; **que pasaremos al . . .** for we'll move to . . .
pasear(se) to stroll, take a walk
paseo *m* walk, stroll
paso *m* pace, step, passage; **abrir –** to get ahead
pastelito *m* tart, little cake
pastilla *f* tablet, pill
pastor *m* shepherd
pata *f* paw, foot; **meter la –** to intermeddle, stick one's foot in it
patada *f* kick; **dar una –** to kick
patente clear
patillas *f pl* sideburns
patraña *f* lie
patrona *f* mistress, landlady
pavura *f* fear, terror
payaso *m* clown
paz *f* peace
pecado *m* sin
pecho *m* bosom, chest
pedazo *m* piece; **hecho –s** broken in pieces
pedir (i) to ask for, request, beg
pegar to close, shut
peinado *m* hairdo
peinar to comb, groom
peine *m* comb
pelambre *m* coarse hair
pelar to pluck, uncover, show
peleador quarrelsome
pelear to fight, argue
peligro *m* danger
peligroso dangerous
pelo *m* hair
pelota *f* ball, ball game, jai-alai
peluca *f* wig
peluche *m* plush
pellejo *m* skin, pelt
pellizcar to pinch
pena *f* pain, shame, grief; **dar –** to cause grief, make one sad; **tener –** to be ashamed; **valer la –** to be worthwhile
pensamiento *m* thought
pensativamente pensively
penumbra *f* penumbra, semi-darkness
pequeñez *f* smallness, trifle
pequeñín *m* little one (*term of endearment*)
perder (ie) to lose; **– los estribos** to lose control; **pierde cuidado** don't worry
pérdida *f* waste, loss
perdonar to pardon
pérfido perfidious, faithless
periódico *m* newspaper
permanecer to stay, remain
permiso *m* permission
perro *m* dog
perseguir (i) to persecute, pursue
personaje *m* character, personage
personal *m* staff, working force
pertenecer to pertain to, belong
pesadilla *f* nightmare
pesado heavy
pesar to weigh, disturb, cause anguish; *m* sorrow; **a – de** in spite of
peso *m* burden, weight, load; monetary unit; **llevar en –** to carry off
pestaña *f* eyelash
petardo *m* firecracker
petrificado petrified
pez *m* fish
piadoso pious, kind
piar to chirp
pibe *m* kid
picar to pierce, burn
picardía *f* knavery, roguery
picaresco mischievous, impish
pico *m* sharp point, beak

pie *m* foot; **a –** on foot; **al – de** at the foot of; **de –** standing; **ponerse de –** to stand up
piedad *f* pity, mercy
piel *f* fur, skin
pierna *f* leg
pieza *f* piece; play; room
pinar *m* pine grove
pinchar to pierce, stick
pintado painted
piojo *m* louse (insect)
piojoso full of lice
pirámide *f* pyramid
piropo *m* flattery, flattering remark
pisada *f* footstep
pisar to step on
piso *m* floor
pizca *f* mite, bit; **no entiendo ni – I** don't understand anything at all
placer *m* pleasure
plácido quiet, placid
plaga *f* plague
plancha *f* iron
planchar to iron
plano plane, level; **primer –** foreground
planta *f* floor (*of a building*), plant
plantear to plan
plata *f* silver; money
platicar to talk, chat
platillo *m* saucer
playa *f* beach, shore
plaza *f* square, plaza, marketplace
plazo *m* term; **a –s** in installments
plebeyo *m* plebeian
pleno full; **en plena cara** full in the face
plomo *m* lead
pluma *f* pen
población *f* population; **–es callampas** urban slums
pobrecito *m* unfortunate one, poor little thing
pocilga *f* pigpen
poco little; **a –** shortly afterwards; **hace –** a little while ago; **– a –** little by little
poder (ue) to be able; **no – más** to be exhausted; **puede que** it can be that; **¿se puede?** May I come in?
poderoso powerful, wealthy
podés: puedes you can
podrido rotten
poesía *f* poetry; **una –** a poem
pololo *m* boyfriend
polvo *m* powder, dust
pólvora *f* gunpowder
polvoriento dusty
pompa *f* pomp; **casa de –s fúnebres** funeral home
poner to put, place; **–se +** ***adj.*** to become + *adj*; **–se a** to begin to; **–se de pie** to stand up; **–se en huelga** to go on strike
por through, by; **– eso therefore**
portador *m* bearer, holder
portar to behave; carry
portátil portable
posta *f* posthouse, first-aid station
postura *f* position, posture
poza: como chalaco en poza very much at home
pozo *m* well
pradera *f* meadow
preámbulo *m* preamble
precaver to prevent
precedido preceded
precio *m* price
precioso precious, valuable, charming
precipitado hasty
precisamente precisely
precisar to determine
preferir (ie) to prefer
pregonar to proclaim, call out
preguntar to ask
prejuicio *m* prejudgment, prejudice
premiar to reward
premio *m* reward, prize
prender to catch, pin up, seize
prendido angry, furious, flushed
preñado pregnant
preocuparse to worry
preparativo *m* preparation
presión *f* pressure; **olla de –** ***f*** **pressure** cooker
preso imprisoned, arrested
prestar to lend
presumir to boast
pretender to try to, pretend, intend
primavera *f* spring
primer término foreground
primo prime, raw; *m* cousin; **materia prima** *f* raw material
principal: lo principal the biggest or most important thing
príncipe *m* prince
principiar to begin
principio *m* beginning; principle; **a –s de** at the beginning of
prisa *f* haste, speed; **darse –** to hurry;

más de – faster, more rapidly
prisionero *m* prisoner
privado private
privilegiado favored, privileged
probar (ue) to try, test, prove; **–se** to try on
procedencia *f* origin
procesar to try, put to trial
profanado profaned
profundamente profoundly
prójimo *m* fellow man, neighbor
promesa *f* promise
prometer to promise
pronto soon, quick; **de –** suddenly; **por de –** for the present
pronunciar to pronounce, utter; **– un discurso** to give a speech
propensión *f* propensity, susceptibility
propio proper, own
proponer to propose
propósito *m* purpose
proteger to protect
provenir to originate from
provocar to provoke, tempt
próximo next
proyecto *m* project
prueba *f* proof, test; **la hora de la –** the hour of need; **– fiscal** financial data
publicar to publish
público *m* public audience; **al –** to the audience
pudín *m* pudding
pudor *m* decorousness, modesty
pudrir to rot
puerquito *m* little pig, piglet
puesto dressed, placed; **llevar –** to wear; **– que**since
pulcramente beautifully, neatly
pulmón *m* lung
pulmonía *f* pneumonia
pulsera *f* bracelet; **reloj de –** wrist watch
punta *f* end, extremity; **en –s** on tip-toe
punto *m* point; **a – de** about to, on the point of; **– de partida** starting point, point of departure
puño *m* fist
puro pure; merely, just
puta *f* whore, prostitute

quebrar to crack, break
quedar to stay, remain; **–le (a uno)** to fit, remain to; **–se dormido** to fall asleep
quedo quiet
queja *f* complaint
quejarse to complain
quejido *m* moan
quema *f* fire, burning; **salir en –** to leave hurriedly
quemar to burn
querer (ie) to want, desire; **– decir** to mean
queridito *m* dear little one
querido *m* lover, dear
quicio: sacar de quicio to drive one crazy
quincena *f* semi-monthly pay
quitar to take away, take out, remove
quizá(s) perhaps

rabia *f* rage
rabo *m* tail
radiografía *f* X-ray
ráfaga *f* whiff,gust
raíz *f* root, base; **a – de** right after, stemming from
rama *f* branch
ramera *f* prostitute
ramo *m* bouquet
rapar to shave
rapidez *f* rapidity
raptar to kidnap
rara vez seldom
rascar to scratch
raspar to scrape, erase
rastro *m* scent, trail
rato: a cada rato every little while; **hace un rato** a short time ago
raya *f* stripe; **a –s** striped
rayado striped
rayo *m* ray, flash of lightning
razón *f* reason; **dar la –** to agree or indicate that someone is right; **– social** firm name; **tener –** to be right
re mal very badly
reaccionar to react
real *m* silver coin
realizar to accomplish, carry out
reanudar to renew, resume
rebelado rebelled
recámara *f* dressing room, bedroom
recapacitar to run over in one's mind, recapitulate
recelo *m* fear, anxiety
receloso distrustful, fearful
recinto *m* place, enclosure
reclamar to claim
recluir to seclude, shut in
recobrar to recover, regain

recogedor *m* gatherer
recoger to gather, pick up
recogido drawn back
recomponer to repair
reconfortar to comfort
reconocer to recognize, admit
reconstruir to reconstruct
recordar (ue) to recall, remember, call to mind
recorrer to run over
recortar to outline, profile
recubierto covered
recuento *m* count
recuerdo *m* memento, memory, remembrance
rechazar to reject, repel
redención *f* salvation, redemption
redondo round
reducido reduced
referente referring
referir (ie) to refer
reflejo *m* reflex; reflection
reflexionar to think, reflect
reflexivo thoughtful
refrán *m* proverb
refugiar to shelter, take refuge
refugio *m* refuge
regadera *f* sprinkler, watering pot
regalar to present, give a present
regalo *m* gift, present
registrar to search
regresar to return
regreso *m* return
rehacer to make over, do over, repair
rehuir to avoid
reinecita *f* little queen
reiniciar to begin again
reír to laugh
reja *f* grate, grill
relámpago *m* lightning, flash
relato *m* report, story
reliquia *f* trace, relic
reloj *m* watch, clock; **– de pulsera** wrist watch
reluciente shining
remecer to swing, rock
remediar to remedy
remedio *m* remedy; **no hubo más – que** there was nothing to do but
remilgo *m* nicety
remordimiento *m* remorse
rendija *f* crack, crevice
renegar (ie) to deny
reparar to repair, mend; **– en** to notice, pay attention to
repente: de repente suddenly
repentino sudden
repetir (i) to repeat
repoblar to repopulate
reposo *m* rest
representación *f* performance, representation
representante *m* representative
reprobatorio reprobative, admonishing
reprochar to reproach
repugnar to be repulsive
resbalar to slip
resonar to resound, echo
respecto a with regard to
respetar to respect
respeto *m* respect
respingar to ride up, curl up
respirar to breathe
resplandeciente brillant, radiant
respuesta *f* answer
restablecido reestablished, recovered
restante remaining
restos *m pl* remains
restregar to rub
resuelto resolved, solved
resultado *m* result
resultar to become, turn out to be, result
retazo *m* piece
retirada *f* retreat
retirar to take away, remove
retobadísimo wily, cunning
retocar to retouch, touch up
retorcido twisted, contorted
retornar to return
retrato *m* photograph, picture
retroceder to back away, retreat
reventado exhausted, worn out
reventar (ie) to blow up
revés *m* reverse; **al –** in the opposite way
revisar to reexamine, revise
revista *f* magazine
revolcar (ue) to knock down
revolver (ue) to stir, turn around
revuelto disordered
reyecito *m* little king
rezar to pray, say a prayer
rico rich, nice; **estar –** to be very nice, great; **ser –** to be very nice
riéndose laughing
riesgo *m* danger, risk
rigor: en rigor in reality
rincón *m* corner

riña *f* fight, struggle
riqueza *f* riches, wealth
risa *f* laugh, laughter; **muerto de –** dying from laughter
rítmico rhythmical
rito *m* rite, ceremony
robar to rob
robo *m* robbery, theft
rodar (ue) to roll
rodear to surround
rodilla *f* knee; **caer de –s** to fall on one's knees; **de –s**kneeling
rogar (ue) to beg
rojizo reddish
romero *m* rosemary
romper to break, tear; **– a** to burst out; **– monte** to break underbrush
rondador *m* type of cane flute
rondar to go around, wander
ropa *f* clothing; **– interior** underwear
ropero *m* wardrobe, closet
rosa *f* rosy, pink
rosado pink, rose-colored
rostro *m* face
roto broken, torn; debauched; *m* member of the urban poor class
rozar to graze
rubicundo rosy with health
rubio blonde
rueda *f* circle, wheel
rugido *m* roar
rugir to bellow, roar
ruido *m* noise
ruiseñor *m* nightingale
rulo *m* a waterless area; **no sea tan de –** don't be afraid of the water
rumbo *m* direction
rumor *m* murmur
ruso Russian
rutina *f* routine
rutinario routine

sábana *f* sheet
sabiamente knowingly,wisely
sabor *m* taste
sacar to take out, remove; **– de quicio** to drive one crazy; **– fuerzas** to draw strength
sacerdote *m* priest
saciar to satiate
sacudida *f* jolt
sacudir to shake
sagrado sacred
salado salty
salida *f* leaving, departure; **dar – a** to give vent to, express
salir to go out, exit, enter onto stage
salmodia *f* psalmody, osalm
salón *m* parlor
salsa *f* sauce
saltar to jump, leap; **– a la vista** to be self-evident
salto *m* jump, leap; **dar un –** to jump
salud *f* health
saludar to greet
saludo *m* greeting
salvaje *m* savage
salvar to save
salvo except
sandía *f* watermelon
sangrar to bleed
sangre *f* blood
sano healthy; **– juicio** completely sane
santificado sanctified
santo holy
saridón *m a pill or tablet for relief of pain*
sastre *m* tailor
satisfecho satisfied
seboso greasy
secar to dry
seco dry, withered; **cortar en –** to cut short
secuestrar to kidnap
seda *f* silk
sedante *m* sedative
seguida: en seguida at once, right away
seguir (i) to continue, follow
según according to
segundo second; **– término** background
seguridad *f* surety, certainty
seguro: estar seguro to be sure
selva *f* jungle
semana *f* week
semblante *m* expression
semejanza *f* similarity, resemblance; **a – de** like, in the image of; **a – suya** in his image or likeness
semilla *f* seed
sencillo unaffected, simple
sendo long **en – s troncas** each on his own log
seno *m* bosom
sentarse (ie) to sit
sentencia *f* dogmatic opinion or statement
sentido *m* sense; **tener –** to have meaning, make sense
sentir (ie) to feel, regret; **–se** to feel

(strong, weak, etc.)
seña *f* sign
señalar to signal, point
señoritingo *m* sissy, no-account (*derogatory expression*)
sepa *the present subjunctive of* saber
sepelio *m* burial
sepulcro *m* tomb, sepulcher
sepultado buried
ser to be; **– cierto** to be certain, be correct) **– rico** to be very nice; *m* being
serie *f* series
serio serious, solemn
sermonear to sermonize
serpiente *f* snake
servicio *m* dishes; service; **por –** please
servidor *m* servant
servir (i) to serve
seso *m* brain; **devanar los –s** to rack one's brains
siempre que whenever
sierpe *f* serpent, snake
siglo *m* century
significado *m* meaning
significar to mean, signify
significativo significant
siguiente following, next
silbar to whistle
silvestre wild
silla *f* chair
simpatía congeniality
simular to pretend, simulate
sin embargo nevertheless
sindicato *m* labor union
siniestro sinister; *f* left hand; **a diestra y siniestra** right and left
sinuoso sinuous, wavy, evasive
siquiera although, even; **ni –** not even
sirvienta *f* servant
smoking *m* tuxedo, dinner coat; **vestido de –** wearing a tuxedo
sobar to massage, rub
soborno *m* bribery
sobrante left over, surplus
sobrar to be left over, be in excess
sobre *m* envelope
sobresalir to stand out
sobresaltarse to be startled
sobrevenir to happen, take place
sobreviviente *m* survivor
sobrevivir to survive
sobriedad *f* sobriety
sobrina *f* niece
sobrino *m* nephew
social: razón social *f* firm name
sofocar to choke, suffocate
solamente only
solas: a solas alone, by oneself
soldado *m* soldier
soledad *f* solitude, loneliness
soler (ue) to be accustomed to
solicitado solicited, asked for
solicito careful
soltar (ue) to let go, release
soltera *f* unmarried woman
solucionar to solve
sollozar to sob, cry out
sombra *f* shadow
sombrero *m* hat
sombríamente shadily
someter to submit
sonámbulo *m* sleep walker
sonar (ue) to sound, ring
sonido *m* sound
sonoro loud, sonorous
sonreír to smile
sonriente smiling
sonrisa *f* smile
soñar (ue) to dream; **– con** *or* **en** to dream about
sopa *f* soup
soplar to blow, fan
soplo *m* breath, gust
soportar to bear, put up with
sorber to sip, swallow; **– se los mocos** to sniffle
sordina: en sordina mutely, softly
sordo dull, deaf, muffled
sorprender to surprise
sorprendidísimo very surprised
sorpresa *f* surprise; **vaya –** what a surprise
sortilegio *m* sorcery, witchery, spell
sospecha *f* suspicion
sospechar to suspect
sostener to support, hold up
suave suave, soft
subgerente *m* assistant manager
subir to go up
súbito sudden
subsistir to remain, subsist
subterráneo *m* subway
suceder to happen, take place
sucio dirty
suegra *f* mother-in-law
sueldo *m* salary
suelo *m* ground, floor

suelto loose, apart
sueño *m* dream, sleep
suerte *f* luck, fortune; **echar –s** to draw lots, choose heads or tails; **tener –** to be lucky
sufrir to suffer
sugerir (ie) to suggest
sulfurar to irritate, anger
suma *f* sum; **en –** in short; **– cortesía** great courtesy
sumir to immerse, sink, plunge
suntuoso sumptuous
superar to overcome
suplicar to beg, implore
suponer to suppose
suprimir to remove, suppress
supuesto supposed; **por –** of course
surgir to surge forth
suspender to stop, suspend
suspirar to sigh
susurrante whispering
susurro *m* whisper
sutilmente subtly

tacto *m* touch, tact; **al –** by touch
tafetán *m* taffeta, thin silk
taimado embarrassed, sullen
tajante cutting
tajo *m* cut
taller *m* workshop; **– de costura** sewing shop
tamaño *m* size
también also
tambor *m* drum
tampoco neither, either
tanto so much; *m* sum, amount, **en –** in the meantime; **mientras – meanwhile; no es para –** it's not that important; **un –** somewhat
tapa *f* lid, cover
tararear to hum
tardar to delay
tardío late, slow
tarea *f* task
tarjeta *f* card
taza *f* cup
té *m* tea; **juego de –** tea set
técnica *f* technique
técnico technical
techo *m* roof
tejer to knit
tejido *m* knitting
tela *f* cloth, fabric
telaraña *f* spider web, cobweb
telegrafista *m* telegraph operator
telita *f* thin fabric
telón *m* curtain; **al correrse el –** when the curtain is drawn (raised)
tembladera *f* bog
temblar (ie) to shake, tremble
tembloroso trembling
temer to fear
temible frightful
temor *m* fear
temprano early
tender (ie) to stretch, hang; **–se a** to stretch oneself out
tendido *m* the clothes hung out to dry
tener to have, possess; **– cuidado** to be careful; **– en cuenta** to take into account; **– ganas de** to feel like, **– lugar** to take place; **– miedo** to be afraid; **– pena** to be ashamed; **– que** to have to; **– que ver con** to have to do with; **– razón** to be right; **– sentido** to have meaning, make sense; **– suerte** to be lucky
tenga take it
tenida *f* outfit
tentador tempting
tentar to tempt
tenue thin, tenuous
teñido dyed, stained
teogonía *f* theogony, relating to the origin of the gods
tequilita *f* little drink of tequila
tercero third
terco stubborn
terminar to finish; **hemos terminado** we're through
término *m* end; **primer –** foreground; **segundo –** background
ternura *f* tenderness
terrena earthly
terreno *m* terrain
terso smooth, terse
testigo *m* witness
tez *f* complexion
tiburón *m* shark
tiempísimo much time
tienda *f* store
tierno tender
tieso stiff, taut
tiesto *m* flowerpot
tigre *m* jaguar
tijeras *f pl* scissors
timbre *m* bell, doorbell
tinieblas *f pl* darkness

tinta *f* ink
tinte *m* tint, color
tipejo *m* guy (*with negative connotation*)
tipo *m* type, guy
tirar to pull, fling, throw, flip
tirón *m* jerk, pull
tironear to jerk, jump
títere *m* puppet
titubear to stagger, totter
título *m* title
tiznar to stain, burn
toalla *f* towel
tocar to touch, feel, ring; **– le (a uno)** to be one's turn
tocás: tocas you ring, touch
todo el mundo everyone
tomacorriente *m* socket
tomar to take, eat, drink
tono *m* tone
tontería *f* nonsense, foolishness
tonto foolish, silly; *m* fool
toquido *m* knock
torcido crooked, bent
torno *m* turn, revolution; **en – a** around; **en – de** around
torpe awkward, clumsy
torpeza *f* slowness, awkwardness
torta *f* cake; **– de bodas** wedding cake
tortilleria *f* tortilla shop
toser to cough
tostado tanned, sunburned
trabajo *m* work; **costar –** to be difficult
trabajosamente laboriously
traer to bring
tragar to swallow
traición *f* treachery, treason
traicionar to betray
traidor *m* traitor
traje *m* suit, dress; **– de baño** bathing suit; **– de gala** formal dress; **– de novia** wedding gown
trajín *m* moving about
tramo *m* distance, stretch
trampa *f* trap
trance *m* critical moment, last moment of life
tranquilizador calming, tranquilizing
transcurrir to lapse, pass
transformar to change, transform; **– se en** to turn into, be transformed into
transporte *m* transportation
tranvía *m* trolley, streetcar
trapisondeo *m* deception
trapo *m* rag
trapos *m pl* duds, clothes
tras after, behind
traste *m* rump, buttocks
trastornar to upset
trastorno *m* upsetting thing
tratá: trata try
tratar to treat, deal with; **– de** to endeavor; **– se de** to be a question of
través: a través de through
tremendo dreadful, horrible
trillado stale, repeated; thrashed around
trino *m* trill
triunfo *m* triumph
trompeta *f* trumpet
tronco *m* trunk
tropezar to stumble, trip over
trozo *m* piece
truculento cruel, fierce
trueno *m* thunder
trunco truncated, cut off
tuerca *f* nut
tumba *f* grave, tomb
tumefacto swollen
turno *m* turn, shift
tutear to address a person using the familiar personal pronoun **(tú)**

último last; **por –** finally
ultrahumano superhuman
ulular to screech
umbral *m* threshold, doorsill
ungüento *m* ointment, unguent
unir to unite, join
uña *f* fingernail
uñota *f* claw, large nail
usar to wear, use
útil useful; *m* utensil
utilidad *f* utility, usefulness

vaciadero *m* dumping place
vaciar to empty, vacate
vacilación *f* hesitation
vacilante hesitant
vacilar to hesitate
vacío *m* empty space, void
vago vague
vaho *m* vapor
valenciana *f* cuff
valer to be worth; **más vale** it is **better;** **– la pena** to be worthwhile
valioso valuable
valor *m* courage, value
valorizar to appraise, emphasize
vals *m* waltz

vanidoso vain
vano vain
vaquita *f* small cow
varios various
varonil manly, virile
vaso *m* glass
¡vaya! go on! *(exclamation);* **¡ – sorpresa** what a surprise!
vecino *m* neighbor
vedado prohibited
vegetal *m* vegetable
vejación *f* vexation
vejez *f* old age
vela *f* candle
veladora *f* wooden candlestick
velar to watch over; guard; – **por** to watch over, keep track of
velozmente rapidly
vena *f* vein
venado *m* deer
vencer to conquer, overcome
vencido conquered; **dar por –** to give up
venda *f* bandage
vendedor *m* salesman; **– ambulante** door-to-door salesman
vender to sell
vengador *m* avenger
venganza *f* vengeance
vengar to avenge, take revenge
venta *f* sale
ventaja *f* advantage
ventana ciega *f* false window
ventilador *m* fan
ver to see; **a –** let's see; **tener que – con** to have to do with; **vamos a –** let's see; **– el cielo abierto** to see one's way out of difficulty
veranear to summer, take a summer vacation
veraneo *m* summer vacation
verano *m* summer
veras: de veras really
verdad *f* truth; **¿verdad?** is that so?
vergonzoso shameful
vergüenza *f* shame
verso *m* line
verter (ie) to pour
vertiginosamente madly
vértigo *m* dizziness
vestido *m* suit, dress; **– de smoking** wearing a tuxedo, dinner jacket
vestir (i) to dress, wear; **– de luto** to dress in mourning
vez *f* time; **a la –** at the same time; **a su – vez** taking his turn; **a veces** at times; **de una –** at once; **de una – por todas** once and for all; **de – en cuando** from time to time; **de – en –** from time to time; **en – de** instead of; **rara –** seldom
viaje *m* trip, journey
vibrar to vibrate
vieja *f* old woman
viejecita *f* little old woman
viejito *m* little old man
viejo old
vientecito *m* light wind
viento *m* wind
vientre *m* stomach, womb
viga *f* beam, rafter
vigilar to watch over
vigilia *f* vigil
violar to violate
virar to turn
Virgen Virgin (*Often used as an exclamation. Refers to the Virgin Mary.*)
virtud *f* virtue
víspera *f* eve, day before
vista *f* sight, view; **a la – de** in view of; **bajar la –** to look down, lower one's eyes; **en – de que** considering that; **saltar a la –** to be self-evident; **volver la –** to turn one's eyes
visto seen; **estar –** to be evident
viuda *f* widow
viudo *m* widower
vivienda *f* house, dwelling
vivir to live
vivo live, vivid, quick; **a viva fuerza** by main strength; **la muy viva** the rascal, scoundrel
vocear to shout
volante *m* ruffle
volar (ue) to fly, blow up
voluble fickle, inconstant
voluntad *f* will, desire; **de buena –** willingly
voluptuosidad *f* voluptuousness
volver (ue) to return; **– a** to do something again; **– la vista** to turn one's eyes; **– le la espalda** to turn one's back on; **– se** to turn around
voraz voracious, destructive
vos you (used as second person singular pronoun in some parts of Spanish America)
voz *f* voice; **dar voces** to shout; **en –**

baja in a low voice
vuelta *f* turn; **dar una –** to take a stroll; **dar – s** to turn around, go around in circles
vulgar common, ordinary

ya still, yet; **– no** no longer
yacer to lie
yarey *m* species of palm tree
yendo going
yute *m* jute

zambo *m* person of Indian and Negro parentage, mulatto
zapatito *m* little shoe
zoológico *m* zoo
zozobra *f* anguish, anxiety
zumbar to buzz, ring
zurcir to mend

Inglés—Español

This vocabulary includes all words necessary for exercise C, *Modismos y expresiones*, except for common pronouns, prepositions, and numbers.

able: to be able poder
about de
above arriba, por encima
abscess absceso *m*, flemón *m*
across por
admit admitir
afraid: to be afraid tener miedo
after después de; **– all is said and done** al fin y al cabo
afternoon tarde *f*
again otra vez, de nuevo; **to do + *v* + –** volver a + *inf*
ago: a while ago hace un rato
alienate enajenar
all todo; **– along** a lo largo de; **not at –** en absoluto
alligator lagarto *m*
along por; **all –** a lo largo de
already ya
always siempre
any cualquier; **– of this** todo esto
anyone cualquiera
anything cualquier cosa
appeal apelar
appear aparecer; **– at** asomarse a
argue disputar, discutir
argument disputa *f*
around alrededor de, por
arrive llegar
attention atención *f*; **to pay – to** hacerle caso a
aware: to be aware darse cuenta
away: right away cuanto antes

back espalda *f*; **to have one's – turned** estar de espaldas; **to turn one's – on** darle la espalda, volverle la espalda; **to walk – and forth** dar vueltas
baked al horno
be ser, estar; **to – a question of** tratarse de; **to – able** poder; **to – difficult** costar trabajo; **to – enough** bastar; **to – evident** estar visto; **to – fed up with** estar harto de; **to – full of** estar lleon de; **to – hot** tener calor; **to – to blame** tener la culpa; **to – worthwhile** valer la pena
beach playa *f*
beat golpear; **to – (someone)** **ganarle (a** alguien)
because porque
become volverse
bedroom alcoba *f*, dormitorio *m*
before antes, antes de que
begin empezar, ponerse a
believe creer
below debajo, por debajo
best mejor; **the – thing** lo mejor
better mejor
between entre
birth nacimiento *m*; **to give – dar a luz**
black negro
blame culpa *f*; **to be to – tener la culpa**
blind ciego
book libro *m*
boy muchacho *m*, chico *m*
brag jactarse
brain cerebro *m*
break quebrar, romper; **to – up** separarse
bring traer
build construir
bus bus *m*, autobús *m*
but pero, sino
buy comprar
by por

call llamar
can: to be able poder
car coche *m*, carro *m*
case caso *m*; **in any –** en todo caso
cast lots echar suertes
census censo *m*
chair silla *f*
change cambiar
charge cobrar
child niño *m*
children niños *m pl*
choose escoger
clinic clínica *f*
coat abrigo *m*, saco *m*
come venir

condition condición *f*
contradict llevar la contraria
convert convertir; **to be –ed into** convertirse en
corner rincón *m*
couple pareja *f*
cross cruzar

dance baile *m*
dare atreverse
day día *m*; **every –** todos los días
deal distribuir; **a good –** bastante; **not to be a big –** no ser para tanto
death muerte *f*
delay tardar en
dentist dentista *m* & *f*
desire desear; **to have the – to** tener ganas de
desk escritorio *m*
die morir
difference diferencia *f*; **it makes no –** da lo mismo; **what – does it make?** ¿qué más da?
difficult difícil; **to be –** costar trabajo
discussion debate *m*, discusión *f*
distinguish distinguir
do hacer
doctor médico *m*
down: look down bajar la vista
dream soñar; **to – about** soñar con
dress vestir; vestido *m*; **to – in black** vestirse de negro
dressed vestido; **– in mourning** vestido de luto
during durante

each cada; **– other** el uno con el otro
ear oreja *f*
edge borde *m*; **on the – of** al borde de
end terminar, acabar; **to – up by** acabar por
enough suficiente; **to be –**bastar
even: not even ni siquiera
every cada; **– little while** a cada rato
everyone todo el mundo
everything todo
evident evidente; **to be –** estar visto
exchange cambio *m*; **in – for** a cambio de
exist existir
experience experiencia *f*
explosion explosión *f*
express expresar
eye ojo *m*

face cara *f*
faithful fiel
fall caer; **to – headlong** caer de bruces; **to – to one's knees** caer de rodillas; **to let oneself –** dejarse caer
famous famoso
father padre *m*
fed: to be fed up with estar harto de
feed dar de comer
feel sentir; **to – like** tener ganas, entrarle ganas a uno
fellow tipo *m*; **the poor –** el pobre *m*
fill out llenar
find encontrar; **to – out about** enterarse de
finish terminar, acabar
fire fuego *m*
first primero; **at –** al principio; **at – sight** a primera vista; **the – ones** los primeros *m pl*
floor suelo *m*
foot pie *m;* **to get to one's feet** ponerse de pie
for por, para
forest bosque *m*
fountain fuente *f*
friend amigo *m*
from de; **starting –** a partir de
full lleno; **to be – of** estar lleno de

game partida *f*
garden jardín *m*
get obtener; **to – ready to** disponerse a; **to – rid of** librarse de; **to – used to** acostumbrase a; **to – worse and worse** andar cada día peor
girl muchacha *f*
girlfriend novia *f*, amiga *f*
give dar; **to – birth** dar a luz; **to – one say in this matter** darle vela en este entierro; **to – up** dar por vencido
glasses anteojos *m pl*
go ir; **to – away** irse; **to – by** pasar por; **to – out** salir; **to – over to** dirigirse a
good bueno; **– works** obras buenas *f pl*
government gobierno *m*
grandfather abuelo *m*
grandmother abuela *f*

hand mano *f*
happy contento
hat sombrero *m*
have tener; **to – +** *inf* tener que + *inf*; **to – the desire to** tener ganas de; **to –**

just + *pp* acabar de + *inf*; to – meaning tener sentido; to – to do with tener que ver con; to – a hard time pasarlo mal; to – have the desire to tener ganas de; to – to + *inf* tener que + *inf*

head cabeza *f*; **to lose one's –** perder los estribos
headlong de bruces; **to fall –** caer de bruces
hear oír
help ayudar
here aquí
highway carretera *f*
home casa *f*
honeymoon luna de miel *f*
hope esperar
hospital hospital *m*
hot caliente; **to be –** tener calor
hour hora *f*
house casa *f*
how como; **– many** cuántos
hungry hambriento
husband marido *m*, esposo *m*

immediately inmediatamente
insist empeñarse (en)
installment: in installments a plazos
instead of en vez de
iron plancha *f*
island isla *f*

jaguar tigre *m*
jail cárcel *f*
judge juez *m*
jungle selva *f*
just justo; **to have – +** *pp* acabar de + *inf*

keep on seguir
kitchen cocina *f*
knee rodilla *f*; **to fall to one's –s** caer de rodillas
know saber

lake lago *m*
large grande
last último; **at –** por fin
laugh reír
least: at least por lo menos
leave irse, salir
left izquierda *f*; **right and –** a diestra y siniestra
let dejar; **to – oneself fall** dejarse caer
let's see a ver
letter carta *f*
life vida *f*
lightly a la ligera
like gustar *v*; a semejanza de *adv*, como *adv*
little poco; **every – while** a cada rato; **by –** poco a poco
live vivir *v*
long largo
look mirar, **to – down** bajar la vista; **to – for** buscar
lose perder; **to – one's head** perder los estribos
lots: to cast lots echar suertes
lucky afortunado; **to be very –** tener mucha suerte

mad loco; **raving –** loco de atar
made hecho *pp*
make hacer; **it –s no difference** da lo mismo; **what difference does it –** ¿que más da?
man hombre *m*; **the poor –** el pobre *m*
matter asunto *m*; **to be a – of** ser cuestión de; **to be the –** pasarle (a uno); **to give one say in this –** darle vela en este entierro
mean querer decir
meaning sentido *m*, significado *m*; **to have –** tener sentido
meeting reunión *f*
midst: in the midst of en medio de
minute minuto *m*
money dinero *m*, plata *f*
more más; **– than (+ number)** más de
morning mañana *f*
most of la mayoría de
mother madre *f*
mourning luto *m*; **dressed in –** vestido de luto
mouth boca *f*; **his – waters** se le hace la boca agua
movie película *f*
much mucho
must: one must hay que

name nombre *m*
nauseate dar asco
need hacer falta, necesitar
never nunca
nevertheless sin embargo
new nuevo
news noticias *f pl*; **– item** noticia *f*

next to junto a
nine: at nine o'clock a las nueve
noise ruido *m*
not even ni siquiera
novel novela *f*
now ahora
nurse enfermera *f*

occur ocurrir
o'clock: at nine – a las nueve
often a menudo, frecuentemente; **as – as** tan a menudo como
old viejo; **the – woman** la vieja *f*
once una vez; **– more** de nuevo
only solo, solamente
opinion opinión *f*
other otro; **each –** el uno con el otro
over a través de

paper papel *m*
park parque *m*
participation participación *f*
pass pasar, cruzarse con
patient paciente *m & f*
patio patio *m*
pay pagar; **to – attention to** hacerle caso a
perhaps a lo mejor, tal vez
play comedia *f*
please por favor
plug conectar, enchufar
poet poeta *m*
point punto *m*; **at the – of** a punto de
political político
poor pobre; **the – fellow, – man** el pobre *m*; **the – woman** la pobre *f*
possession posesión *f*; **to take – of** apoderarse de
possible posible
precisely precisamente
present actual
pretty bonito
probably probablemente
problem problema *m*
propose declarar; **to – to (someone)** declarársele (a alguien)
put poner; **to – on** ponerse; **to – on one's glasses** colocarse los anteojos; **to – one's foot in it** meter la pata

question pregunta *f*; **to be a – of** tratarse de
questionnaire cuestionario *m*
quickly de prisa

random: at random al azar
rate: at any rate en todo caso
rather mejor dicho
raving: raving mad loco de atar
read leer
ready listo; **to be –** estar dispuesto, estar listo
realize darse cuenta (de), caer en la cuenta
really en realidad
reason razón *f*; **what's the – for?** ¿a qué viene?
refuse negarse (a)
remain quedar, permanecer
remember recordar, hacer memoria
rich rico
right derecho *m*; **to be –** tener razón; **– and left** a diestra y siniestra; **– away** cuanto antes
room cuarto *m*, habitación *f*
run correr

salesman vendedor *m*
same mismo; **at the – time** a la vez
say decir
secretary secretaria *f*
see ver; **let's –** a ver
seem parecer
sell vender
serpent serpiente *f*
sew coser
shadow sombra *f*
short corto; **within a – time** dentro de poco
shout grito *m*; gritar *v*
sick enfermo
sight vista *f*; **at first –** a primera vista
sign firmar
sing cantar
sister hermana *f*
sit sentarse
situated situado
situation situación *f*
sly: on the sly a escondidas
small pequeño
sock calcetín *m*
soldier soldado *m*
spite: in spite of a pesar de
stand ponerse de pie
start empezar; **–ing from** a partir de
statue estatua *f*
still todavía
stop dejar de
story historia *f*

street calle *f*
strict estricto
student alumno *m*
subway subterráneo *m*
such tal
suddenly de pronto; de repente
suffer sufrir; **to make one –** hacerle doler
suit traje *m*
surprise sorpresa *f*; **to be surprised** extrañarse (de), sorprenderse (de)
sweetheart novio *m* or novia *f*
swell hinchar
swim nadar

take tomar; **to – possession of** apoderarse de; **to – out** sacar
talk hablar
tell decir
tennis tenis *m*
that eso
theater teatro *m*
therefore por eso
thing cosa *f*; **the best –** lo mejor
think creer
threat amenaza *f*
through por
tiger tigre *m*
time vez *f*, tiempo *m*; **at the same –** a la vez; **from – to –** de vez en cuando; **within a short –** dentro de poco; **to have a hard –** pasarlo mal
today hoy
tomorrow mañana
tonight esta noche
too también
touch tocar; **by –** al tacto
trouble dificultad *f*
try tratar (de)
turn doblar; **to be one's –** tocarle a uno; **to have one's back –ed** estar de espaldas; **to – one's back on** darle la espalda, volverle la espalda; **to – around** volverse; **to – into** convertirse en
type tipo *m*

uncovered descubierto, sin cubrir
understand comprender
unless a menos que

vain: in vain de balde
vanish desaparecer; **to – into thin air** hacerse humo
very muy; **to be – difficult** costar mucho trabajo

walk caminar, andar; **to – back and forth** dar vueltas
want querer, desear
water agua *f*; **his mouth –s** se le hace la boca agua
wear llevar, usar
Wednesday miércoles *m*
week semana *f*
what que; **– difference does it make?** ¿qué más da?
when cuando
whenever siempre que
whether si
while mientras que; **a – ago** hace un rato; **every little –** a cada rato
who quien
whole entero, total
win ganar
window ventana *f*
with con
within dentro (de); **– a short time** dentro de poco
without sin
woman mujer *f*; **the old –** la vieja *f*; **the poor –** la pobre *f*
wood madera *f*
work obra *f*; trabajar *v*; **good –s** obras buenas *f pl*
world mundo *m*
worry preocuparse; **to not –** perder cuidado
worse peor; **to get – and –** andar cada día peor
worthwhile: to be worthwhile valer la pena
write escribir

X-ray radiografía *f*
year año *m*; **for –s** hace años; **it is –s that + *v*** hace años que + *v*; **times a – . . .** veces al año

yesterday ayer
young joven; **the – man** el joven *m*